シリーズ　新約聖書に聴く

マルコの福音書に聴くⅢ

だから、目を覚ましていなさい

中島真実［著］

いのちのことば社

はじめに

「読者はよく理解せよ」（一三・一四）。

もし、筆者が拙著の中で突然にこのようなことを書き記したとしたら、読者である皆さんは何を感じるでしょうか。生意気にも上から目線で来たな、と思うでしょうか。いきなり何だ、と驚くでしょうか。あるいは、親切だなと思ってもらえるでしょうか。いずれにせよ、第一印象はさておき、再読していただくことで少なくとも筆者として読者に何かの注意を促したい、あるいは、大切なこととして強調したいことなのだろうとは感じていただけるのではないでしょうか。

マルコの福音書は主イエスの出来事を福音として記録する文章ですが、その中に一か所、冒頭の一句を出来事のただ中に書き添えて読者の注意を惹こうという箇所があります。しかも、それは登場人物の台詞の中という意外な場所です。そして、その台詞というのが主イエスの語る言葉ということですから、この一句に大多数の読者は何かハッとさせられることでしょう。福音書の著者はここで読者に対して看過できない大切なことを述べようとしているのでは、という予測が立ちます。主イエスが語る言葉の途中で「読者はよく理解せよ」と記しているのですから、言うまでもなく、これは主イエスご自身の語った言葉ではなく、主イエスの語る言葉を中断させてでも著者の言葉を間に挿入した格好で、それだけに著者として強調したい事柄があるのだということになります。主イエスの言葉を書き記しながら、著者は思わず自分の心の声を書き記したというわけです。

それならば、ここでマルコの福音書の著者が読者に注意を向けさせようとしているのは、どんなことなのでしょうか。それを知るためには、この場面で主イエスが語っている事柄の内容に目を向ける必要があります。詳しいことは本巻で後ほど述べますが、簡単に言えば、それは紀元七〇年（主イエスが語られたときから三十数年後）に実際の出来事となる都エルサレムの陥落と神殿の崩壊を指し示しています。

エルサレム神殿の壮大さに圧倒されて感動の声を上げる弟子たちに、主イエスは「ここで、どの石も崩されずに、ほかの石の上に残ることは決してありません」（一三・二）と語り、壮大な神殿が木っ端みじんに破壊されることを告げます。ローマ帝国の将軍ティトゥスに率いられた軍隊によりエルサレムが陥落する際に、神殿の宝物を略奪しようと兵卒たちがこぞって探しまくった結果、建物は土台から何から徹底的に崩されてしまうということで、あらかじめその様子を告げたのです。この言葉から始まって、マルコの福音書一三章の前半は、基本的に神殿崩壊に向けてどんなことが起きるのか、そして、その中で弟子たちの群れ、すなわち、主の教会はいかに生きるべきかについて述べていくのです。主イエスは、事が実際に起きる三十数年前にすでに弟子たちにこのことを告げて、やがて訪れるその時に備えさせる意図を持っておられたということです。

その中でマルコの福音書の著者は「読者はよく理解せよ」（同一四節）と自分の言葉を書き込んで、読者に注意を促そうというわけですから、そこに一つ、マルコの福音書の執筆事情と年代を推定する手がかりが示されていると言えます。すなわち、三十数年前に主イエスが弟子たちにあらかじめ告げたエルサレム陥落・神殿崩壊がさらに間近に迫ってきている厳しい状況下に生きる人々、その中でなおも主イエスに従う群れとして歩む教会が、直接の「読者」ということになります。そして、その厳しい状況においても耐え忍びつつ教会としてふさわしい歩みをするように、また、その中で恵みの支配に生きる幸いと力強さを証ししていけるようにと教え励ます文書として、マルコの福音書は執筆されたのだということです。

それゆえに、同じ一三章では「目を覚ましていなさい」と三回繰り返され（三三、三五、三七節）、それを受けて、後のゲッセマネの祈りの場面でも、居眠りしてしまう弟子たちを主イエスが起こす場面が三度繰り返されます（一四・三二〜四二）。厳しい状況でも、主イエスに招かれたように恵みを分かち合う交わりに仕えて生きる者たちであるように、との励ましです。状況に負けることなく目を覚まして耐え忍び、恵みを分かち合う歩みを全うするようにとの勧告です。それが三度繰り返されるわけです。そして、この三回というのは、文学的に言えば、主イエスがご自身の受難と復活を予告した言葉が具体的には三回記録されているのと対応します（八・三一、九・三一、一〇・三三〜三四）。振り返ると、これらの予告に対して三回とも弟子たちは主イエスの真意が分かっておらず、的外れなリアクションを示しますが（八・三二、九・三四、一〇・三五〜三七、四一）、主イエスは三回とも丁寧にその勘違いを修正して、彼らを訓育なさいます（八・三三〜三八、九・三五〜三七、一〇・四二〜四五）。恵みに歩むことは幸いなことだが、そこを理解しない世間にあっては妨げや困難があり、それゆえに十字架の道になるけれども、そこを突破して勝利が与えられるから、「自分の十字架を負って、わたしに従って来なさい」（八・三四）ということです。それにもかかわらず、いざという時にペテロは三度主イエスを否んでしまうというのが後のストーリー。マルコの福音書は、こうした様子を描きながら、主イエスが予告どおりに十字架の道を歩んで命を捨て、さらにそこから復活して恵みに歩む道を本当に切り拓いてくださったと説いて、主イエスの十字架・復活の事実に立つ現在、どんな厳しい状況に見舞われても、読者は恵みの分ち合いに歩んで行けるのだと励ますのです。それが主イエスの予告する首都陥落・神殿崩壊という厳しい状況であっても、そして、そこで世間とは異なる生き方を示して迫害されることがあっても、恵みを分かち合って生きることができるのだと。だから、主イエスの招きに「目を覚ましていなさい」ということなのです。

実際に歴史をひも解いてみると、カイサリアにローマ帝国の総督府が設置されて以来（紀元六年）、確かにユダヤ・パレスティナではローマ帝国の圧力とそれに対する抵抗感が激しく社会に渦巻き、不穏な緊張が高まりつつあったことが分かります。そのような状況で黙示思想（神の直接介入による世界の終末と理想郷の実現、ならびに、それをもたらすメシア到来への渇望）に基づく運動がローマ帝国の圧政に対する抵抗として様々な形で展開する中、主イエスによって神の国の福音・恵みの支配への招きがなされ、それに応えた人々を中核として原始教会（イエスこそメシア、すなわちキリストと告白し、恵みに生きて平和を証しする共同体）が生まれます。ところが、社会はなおも上述の緊張関係が厳しさを増し、ついに紀元六六年、時の総督ゲッシウス・フロルスがエルサレム神殿より十七タラントの財宝を強奪するに及び、これをきっかけにローマ帝国の支配に対する反乱が勃発して、事はユダヤ戦争に突入していきます。当初、ユダヤ側はローマ帝国のカイサリア駐留軍を一時的に撃破して士気を上げますが、東方のライバルであるパルティアを意識するローマ帝国は、その国境付近に当たるユダヤの反乱を野放しにはできず、将軍ティトゥス率いる本隊を送り込んで徹底鎮圧に乗り出します。その結果、実力に勝るローマ帝国軍が主イエスの予告のとおりにエルサレムを陥落させ、神殿は完全に崩壊することになるのです。

すなわち、マルコの福音書一三章に記録されている主イエスの言葉は、「わたしは、すべてのことを前もって話しました」（二三節）までの部分においては、このことを基本的に述べているのであり、それがより現実味を増してきた状況を察知した福音書記者が、「読者はよく理解せよ」（同一四節）と自分の言葉を挿入して注意を促すのです。それゆえに、執筆事情から言えば、マルコの福音書は、社会がこうした危機に突入していく厳しい現場において、教会が主イエスに従って恵みの分かち合いに生きていけるように、主イエスの招きを福音として書き綴った書物であると言えます。

しかしながら、このことは単純に過去の話で終わるものではありません。「わたしがあなたがたに言っていることは、すべての人に言っているのです」（同三七節）と主イエスが述べるとおり、すべての時代と地域における教会の歩みへの勧告と励ましなのです。そして、究極的に「人の子が雲のうちに、偉大な力と栄光とともに来る」（同二六節）という「その日」（同三二節）に向かって時が進んでいることを覚えるときに、すなわち、主イエスが再び来られる約束が果たされようとしていることを覚えるときに、現代の私たちはなおのこと教会としてのふさわしさを求めて、主イエスの弟子たちとして恵みを分かち合って、平和を証しする道に進むことが求められていることを知らされるのです。主イエスの受難と復活は予告のとおりに成就しました。紀元七〇年のエルサレム神殿の崩壊も予告のとおり成就しました。それならば、主イエスが再び来られることも予告のとおりに果たされると受けとめて、その日に向けて招かれたとおりに主イエスに従うことが順当ではありませんか。

本巻においては、上述のようにマルコの福音書が指し示す歴史観を念頭に、主イエスが渦中のエルサレム神殿界隈で何を語り、どのように人々を恵みの道に招かれるのか、また、どのように弟子たちを導かれるのかに注目していきます。歴史的伝統としては恵みに生きることを最も明確に指し示すシンボルである場所（神殿）で、恵みの招きが拒まれていく罪深い皮肉のただ中に主イエスは身を投じて、予告のとおりに十字架の道を歩んで行かれます。拒み倒す人々をも見捨てることなく、命がけで招くお心を示していかれます。そのためにいかなる苦難をも耐え忍んで、先に約束された恵みの道の勝利に向けて進んで行かれる姿は、私たちに悔い改めを迫り、また、なおも弟子たちとしてご自身について来るようにと招いてやみません。私たちは、直面する現実が厳しくあろうとも、恵みに生きて平和を証しする主イエスの弟子たちとしてふさわしく歩むようにとのチャレンジを受けるのです。

さあ、いよいよ主イエスがエルサレム神殿に入って行かれます。神の国の福音・恵みの招きは、そのクライマックスに向けて進んでいきます。その模様を読み解きながら、恵みの招きに目覚めて応える意味を受けとめていきましょう。

目次

58　ザ・ピースフル・ライダー

〈マルコ一一・一～一一〉

「さて、一行がエルサレムに近づき、オリーブ山のふもとのベテパゲとベタニアに来たとき、イエスはこう言って二人の弟子を遣わされた。『向こうの村へ行きなさい。村に入るとすぐ、まだだれも乗ったことのない子ろばが、つながれているのに気がつくでしょう。それをほどいて、引いて来なさい。もしだれかが、「なぜそんなことをするのか」と言ったら、「主がお入り用なのです。すぐに、またここにお返しします」と言いなさい。』弟子たちは出かけて行き、表通りにある家の戸口に、子ろばがつながれているのを見つけたので、それをほどいた。すると、そこに立っていた何人かが言った。『子ろばをほどいたりして、どうするのか。』弟子たちが、イエスの言われたとおりに話すと、彼らは許してくれた。それで、子ろばをイエスのところに引いて行き、自分たちの上着をその上に掛けた。イエスはそれに乗られた。すると、多くの人たちが自分たちの上着を道に敷き、ほかの人たちは葉の付いた枝を野から切って来て敷いた。そして、前を行く人たちも、後に続く人たちも叫んだ。

『ホサナ。

祝福あれ、主の御名によって来られる方に。

祝福あれ、われらの父ダビデの、来たるべき国に。

ホサナ、いと高き所に。』

こうしてイエスはエルサレムに着き、宮に入られた。そして、すべてを見て回った後、すでに夕方になっていたので、十二人と一緒にベタニアに出て行かれた。」


タイトルにライダーとつけましたが、仮面ライダーの新シリーズが始まった、というわけではありません。聖書にもライダーが登場します。もちろん、バイクにまたがるのではありません。その頃の一番かっこいい乗り物、軍馬に乗るわけでもありません。どちらかと言えばダサい（というのは失礼ですが、当時のイメージでもありますので）、ろばに乗ります。しかも、小さな子ろばです。どう見ても、いわゆるヒーローのようには見えません。というか、ヒーローのつもりはありません。宙返りからのキックで敵を粉砕するのではなく、柔和な姿で平和をもたらします。この子ろばに乗るピースフル・ライダーこそ、私たちの主イエス・キリストです。

この箇所は、イエスがいよいよ都エルサレムに到着・入城する模様を描きますが、イエスはここに至るまでにひたすら神の国・恵みの支配に人々を招き、恵みを分かち合う平和を示し続けてきました。「時が満ち、神の国が近づいた。悔い改めて福音を信じなさい」（一・一五）と語り、ご自身と共にある恵みの支配に歩む幸い（恵みに感謝して、恵みのゆえに安心して、恵みを分かち合う）に招き、そこに平和が生まれること（慰め、癒やし、解放、和解、社会復帰、希望など）を示し続けてきました。招かれても反発して拒み続ける人々もいれば、弟子たちのようにイエスについて行き始める人々も出てきます。しかし、弟子たちでさえ、依然として恵みに歩む本当の意味が分かっておらず、自分の都合をイエスに投影して地位や名誉を追い求める本音があり、恵みの分かち合いに仕えることができないでいます。そんな彼らに、恵みの道は平和を知らない野心家の道ではなく、平和に仕えるしもべの道であり、特に、恵みを理解しない世にあっては妨げにさらされる十字架の道になると、イエスは忍耐深く薫陶します（八・三一〜三八、九・三〇〜三七、一〇・三二〜四五）。妨げる人々から逃げることなく、なおもそのただ中に入って招き、いかなる仕打ちをも耐え忍んでいくことになるからです。そして、そのように弟子たちに語ったイエスは、そのとおりに受難の地である都エルサレムに入城していくのです。

この重要な場面で、イエスは子ろばに乗られます。そのようにして、ご自身がどんな方であるのかを示し、なおもついて来るようにと弟子たちを促します。神の恵みで治める平和の王としての姿を示しつつ、わたしについて来なさいと語りかけるのです。私たちも平和の王であるイエスに従う者として、その姿をしっかりと捉えさせていただきたく思います。

「弱材要所」のへりくだり

通常、国を治める王などの権力者や社会組織で指導的立場に立つ人々は、人事権を持っています。そして、様々な働きのためにだれかを登用する際は、適材適所ということを考えます。イエスも恵みで治める王として、恵みの招きに応えて歩み始めた者たちを様々な働きのために用いてくださいます。その際、イエスはしっかりと人を見て、確かな理解に立って任命なさるので、そこは間違いなく大きな意味での適材適所ということになります（十二弟子の任命〔三・一三～一九〕、弟子たちの派遣〔六・七～一三〕、変貌の山へ同行する三名の弟子たち〔九・二～八〕など）。しかしながら角度を変えて、任命を受ける側の人間的資質などを考えてみると、本当に適材と言ってよいのか、託される働きにふさわしい力を備えていると言えるのか、どうも心もとないというのが正直なところです。むしろ本当はふさわしくない、知恵も力もない、言わば適材ならぬ〝弱材〟と言われるべきものでしょう。けれどもイエスは、そういう者たちをあえて要所において用い、みわざを進めなさる方なのです。「弱材要所」をして適材適所となすという、まさしく、そこに恵みで治めるということの何たるかが表されます。

いよいよ都エルサレムに到着・入城するという大きな節目においても、イエスは「弱材要所」の本分を見せて、そこを弟子たちに捉えさせようとなさいます。「さて、一行がエルサレムに近づき、オリーブ山のふもとのベテパゲとベタニアに来たとき、イエスはこう言って二人の弟子を遣わされた。『向こうの村へ行きなさい。村に入るとすぐ、まだだれも乗ったことのない子ろばが、つながれているのに気がつくでしょう。それをほどいて、引いて来なさい』」（一～二節）。子ろばを借りるために、イエスが二人の弟子を遣わすという場面です。一行の進行方向にもよりますが、ご自分で交渉して子ろばを借りるのでなく、弟子たちを遣わして借りて来させるというのは、単なる交通手段の手配以上の意味があるように思えます。しかも、子ろばの縄をほどかせておいて、「なぜそんなことをするのか」と尋ねられた際の想定問答まで教授して送り出します。そこには何か意図のようなものが感じられます。それは、想定問答の内容に込められていると言えるでしょう。すぐに、「もしだれかが、『なぜそんなことをするのか』と言ったら、『主がお入り用なのです。すぐに、またここにお返しします』と言いなさい」（三節）。すなわち、弟子たち二人を遣わして、子ろばを借りる際に「主がお入り用なのです」と言わせること、これが狙いだったということです。この言動を通して、イエスがお入り用とされる、すなわちご自分の働きのために用いるのはいかなる者であるのか、それをこの体験によって弟子たちに悟ってほしいということです。都エルサレムに入城するわけですから、言ってみれば晴れ舞台、普通だったら見栄えのする乗り物を選べばいいのにというところ、主イエスが用いるのは子ろばなのかと実感させるためです。

このときに遣わされた二人がだれであったか正確なところは分かりませんが、もしかしたらゼベダイの子たち、ヤコブとヨハネだったかもしれません。彼らはつい最近、こっそりとイエスに神の国での高い地位をせがんで、たしなめられたばかりです。他の弟子たちを出し抜いて自分たちをアピールし、高い地位で用いてくださいと頼みこんで、他の弟子たちとの間に大騒ぎがあったばかりです（一〇・三五～四一）。そこで、この機会にイエスは、神の国・恵みの支配において用いられるとは、そうした世の中での感覚、権力を握って活躍して名を上げるということではなく、弱く力なき者が恵みによって召し出されて、ここぞというときに用いられ、恵みの力が証しされるということなのだ、と弟子たちにはっきりと知ってほしくて指示を出し、二人の弟子を遣わして子ろばを借りに行かせたということでしょう。

では、遣わされた弟子たちは、このイエスの指示をどう思っていたでしょうか。彼らは言われたとおりにしますが、何でまた子ろば？　と思ったことでしょう。もちろん、この時点で彼らはイエスが「神の子」、すなわち王の王という認識までは持っていなかったでしょうが、イエスの力は間近で見て知っていたし、自分たちの期待としても当時のメシア待望よろしく、都に入城するなら力強く格好いい姿を連想したでしょうし、あわよくば自分たちも意気揚々と格好よく人前を歩きたいと思っていたでしょう。本当は、イメージ的には軍馬（ローマ帝国に馬を取り上げられたユダヤの民としては、状況的に無理な話と分かっていても）、あるいは、せめて若くてりりしいラクダぐらいにしてほしかった、というような気持ちを抱いたでしょう。しかも、「まだだれも乗ったことのない子ろば」（二節）を借りて来るように、とのことです。これは、まだだれも乗せた経験がないということです。そんな子ろばを借りるといっても、「なぜそんなことをするのか」と怪訝な顔をされるのがオチ。人を乗せてちゃんと歩いてくれるだろうか、振り落とされたりしないだろうか、都に続く大通りで、行き交う人々の前でそんな姿をさらしたら笑いものじゃないか、なんて不安もよぎったでしょう。それでも言うとおりにするのは、さすがに弟子たちですが、それでも釈然としなかったことでしょう。

ちなみに旧約聖書の伝統では、くびきを負ったことのない家畜というのは、特定のことのために取っておかれたもの、主なる神の用のために聖別されたものという意味を持ちます（民数一九・一〜一〇）。その意味では、「まだだれも乗ったことのない」とは、見栄えのしない子ろばであっても「主の用なり」と言われるなら、主に用いられるために取っておかれたということになるわけです。もちろん、この場合、子ろばの持ち主がそれを分かっていて献げたわけではありませんが、「主がお入り用なのです」と聞いて差し出したとき、取っておかれたものと見なされるのです。鈍くさくて力もない子ろばですが、主のために取っておかれたのだということを弟子たちが理解するように求められているのです。そうした〝弱材〟を要所で用いて適材適所となす主の恵み深さを知ることが期待されています。

しかも、気づかされるべきは、わざわざ子ろばを用いるイエスが「主」と呼ばれていることです。「弱材要所」を敢行なさる方が「主」なのだということです。「主」という呼び方は特別な意味を持ち、マルコの福音書で登場する場面は限られています。他の人々がイエスを「主」と呼ぶのは、ツロで出会ったギリシア人の女性の場合（七・二四～三〇）と、このエルサレム入城の場面だけです。「主」とはギリシア語でキュリオス、ローマ帝国支配下の社会では皇帝崇拝に使われる称号、そして、旧約聖書を知る人々にとっては神ご自身を指し示す言葉です（旧約聖書の古代ギリシア語訳・七十人訳では、ヘブル語の神聖四文字で示される神の御名〔主〕、また、アドナイ〔わが主〕の訳語にキュリオスを当てる）。つまり、この場面、ローマ帝国社会で言えば、キュリオスならば軍馬に乗るべきところを子ろばに乗るという驚くべきへりくだり、控えめで親しみやすい態度ということになりますし、旧約聖書の伝統から言えば、神の御名で呼ばれる方が要所で子ろばを用いなさるという憐れみの姿ということになります。すなわち、「主がお入り用なのです」との発言は、ここで子ろばに乗るイエスこそ、まさしく「主」なる方だということであり、「主」であるイエスに従い、恵みの統治で用いられるのは、まさしく「弱材要所」ということなのです。権力を振りかざすことなく、弱く小さな者にも目を留めて、要所で用いてくださる方。この方によって恵みの統治がなされ、平和がもたらされるのです。

必要としてくださる憐れみ深さ

子ろばに乗るピースフル・ライダー、私たちの主イエスは、上述のように「弱材要所」をして適材適所となす方ですが、それは上からの人事ではなく、どこまでもご自身の憐れみ深さを示すための任命です。それを知ることが、用いていただく側として肝心なことです。

さて、弟子たちが子ろばを借用しようとすると、まさしくイエスが想定したとおりに事が進みます。ろばの持ち主をはじめ周囲の人々から「なぜそんなことをするのか」と尋ねられた弟子たちが想定問答のとおりに返答すると、子ろばを借用できたという展開です。つまり、弟子たちは「主がお入り用なのです」と言葉にして述べることになったわけですし、その言葉の力を経験したことになるのです（四〜六節）。

この「主がお入り用なのです」の「お入り用」（クレイア）とは、必須のものとして求められるという意味で、まさしく“I need you.”とイエスが子ろばに語りかけるようなイメージです。主がそこまでの思い入れをもって召し出し、用いてくださるということです。子ろばでさえもそうならば、弟子たちはなおさらということになります。もちろん、私たちに対しても同じことです。天地を治めたもう「主」なる方が〝弱材〟に目を留めて、思い入れをもって必要を認め用いてくださるとは、なんという憐れみの深さでしょうか。ただし、この必要とされるというのは、依存関係のようなものではありません。欠けが満たされなければ存在できないというような意味で必要とされるというわけではありません。そういう意味では、主は私たちを必要とされません（何ものにも依存しないで存在できるのは神ご自身のみで、これを自存と呼ぶ）。けれども、そういう方が「お入り用」としてくださる、そこでは「お入り用」（クレイア）のもう一つの意味、任務・役割という意味が輝いてきます。子ろばであっても役目を備え、深い思い入れをもって用いてくださるという、主の憐れみ深さが示されてくるのです。まさしくイエスは、憐れみ深い主なる方なのです。

しかもこの憐れみは、単に子ろばを用いるという表面上の出来事・方法の話というだけでなく、この出来事が指し示すメッセージの内容そのもののことだと言わなければなりません。というのも、この出来事、旧約の預言を背景に持っており、そこを紐解くことで神の憐れみがなおも深みを増して迫ってくるからです。「娘シオンよ、大いに喜べ。娘エルサレムよ、喜び叫べ。見よ、あなたの王があなたのところに来る。義なる者で、勝利を得、柔和な者で、ろばに乗って。雌ろばの子である、ろばに乗って。わたしは戦車をエフライムから、軍馬をエルサレムから絶えさせる。戦いの弓も絶たれる。彼は諸国の民に平和を告げ、その支配は海から海へ、大河から地の果てに至る」（ゼカリヤ九・九〜一〇）。ここではろばに乗る平和の王の到来が告げられていますが、それは預言者ゼカリヤのメッセージ全体から言えば次のようになります。神の恵みを知る人々として歩むようにと召し出されたユダの民でしたが、恵み深い神に背き、わがままな道を歩み、神の警告を無視して国の内外に争いを起こし、結局、打ち破られて敵国の捕虜となったにもかかわらず、憐れみ深い神は彼らを悔い改めに導いて、さらに故国の土地に連れ戻してくださいました。そこで彼らは感謝して、まず礼拝の場である神殿から再建を始めますが、困難に直面して投げ出しかけていました。そこに神のメッセージを告げるために遣わされたのがゼカリヤで、礼拝の場の再建を励まし、そこに神ご自身が宿るべく戻って来られると告げるわけです。「万軍の主はこう言われる。わたしに帰れ。――万軍の主のことば――そうすれば、わたしもあなたがたに帰る。――万軍の主は言われる」(同一・三)ということです。見捨てられても仕方のない者たちが憐れんでいただいて再建に導かれた、それなのに途中で放り投げてしまいそうになっている、そういう人々をなおも憐れみ励ますメッセージです。そして、この「わたしもあなたがたに帰る」との約束がどのように果たされるのかと言えば、子ろばに乗る平和の王として、ピースフル・ライダーとして来られるということです。そして、今やイエスのエルサレム入城によってこの約束が成就したことになるのです。

別の言い方をすれば、この神の憐れみのメッセージを告げ知らせるために、また、イエスにおいてそれが成就することを示すために、子ろばが必要だったということであり、同じようにして主は私たちも必要とし、また用いようとしてくださるということです。「主がお入り用なのです」(三節)と弟子たちが述べたとき、主が必要として用いなさるのは、主ご自身の憐れみが明確に示され、平和がもたらされるにふさわしい器なのだと告げられたことになるのです。恵みに背き、あるいは恵みを投げ出す民をなおも憐れむ方の到来。ゼカリヤが告げた平和の王、軍馬や戦車を絶えさせて、自らは子ろばに乗る主なる方の到来。弟子たちをはじめ、人々にこのことを受け取ってほしいというのがイエスのお心だったのです。そして、その平和の訪れのために用いられるのにふさわしい姿とはいかなるものか、そこを示しておられるのです。私たちも、その意味で用いていただける存在でありたく思います。

59 平和の王のパレード

〈マルコ一一・一〜一一〉

「さて、一行がエルサレムに近づき、オリーブ山のふもとのベテパゲとベタニアに来たとき、イエスはこう言って二人の弟子を遣わされた。『向こうの村へ行きなさい。村に入るとすぐ、まだだれも乗ったことのない子ろばが、つながれているのに気がつくでしょう。それをほどいて、引いて来なさい。もしだれかが、「なぜそんなことをするのか」と言ったら、「主がお入り用なのです。すぐに、またここにお返しします」と言いなさい。』弟子たちは出かけて行き、表通りにある家の戸口に、子ろばがつながれているのを見つけたので、それをほどいた。すると、そこに立っていた何人かが言った。『子ろばをほどいたりして、どうするのか。』弟子たちが、イエスの言われたとおりに話すと、彼らは許してくれた。それで、子ろばをイエスのところに引いて行き、自分たちの上着をその上に掛けた。イエスはそれに乗られた。すると、多くの人たちが自分たちの上着を道に敷き、ほかの人たちは葉の付いた枝を野から切って来て敷いた。そして、前を行く人たちも、後に続く人たちも叫んだ。

『ホサナ。

祝福あれ、主の御名によって来られる方に。

祝福あれ、われらの父ダビデの、来たるべき国に。

ホサナ、いと高き所に。』

こうしてイエスはエルサレムに着き、宮に入られた。そして、すべてを見て回った後、すでに夕方になっていたので、十二人と一緒にベタニアに出て行かれた。」


政治的なデモ行進からディズニーランドのパレードまで、パレードにもいろいろあります。いずれにしても、行列を組んで練り歩くということは、そこに何か公に表現したいメッセージがあることを意味します。特定の政策に対する反対意見かもしれませんし、ファンタジーの世界への誘いかもしれません。それが何であれ、パレードには主催者側が発信したい事柄があります。けれども、もう一方で、パレードでは主催者側の意図とは別に、参加者たちの意識も絡んで思わぬ出来事が発生したりもします。参加者は必ずしも主催者の意図をしっかりと汲み取っているとは限りません。意識のズレは必ずあります。やじ馬もいれば、わけもわからず巻き込まれる人もいます。中には、妨害の意図を持っている人もいるかもしれません。それで起こった歴史的な大事件といえば、ケネディ大統領のパレードでしょう。では、イエスが都エルサレムに入城される際にできた行列、その状況はどうだったでしょうか。

その行列は、主催者が意図的に仕組んだものとは若干趣が異なりますが、それでも自然発生的なパレードと言えるでしょう。そして、やはり例に漏れず、中心にいる方の意図と参加者たちの意識にズレができてしまっています。中心にいるイエスと行列を組む群衆とでは、その目的とするところが本当はかみ合っていません。そして、そのズレを見極めることがイエスについて行くためのポイントとなるのだ、とマルコの福音書は語ります。

そこで今一度、イエスについて行く道というマルコの福音書のテーマの意味するところから振り返ってみます。「時が満ち、神の国が近づいた。悔い改めて福音を信じなさい」（一・一五）。イエスは活動の最初から神の恵みの支配の訪れを告げ知らせ、恵みに心を向け直して歩み始めるように迫ります。神の恵みのゆえに感謝と安心に生きて、その幸いを分かち合って平和をつくるという歩みへの招きです。そして、「わたしについて来なさい」と語りかけます（一・一七、二・一四）。それで、ついて行こうと歩み始めた人々が弟子たちです。彼らはイエスの言葉とみわざに間近で接して、恵みの支配の力強さを経験しますが、その本当の意味には目が開かれていません。むしろ当時のメシア待望に引きずられ、イエスにローマ帝国支配を打ち破る革命家のイメージを投影する傾向から抜けきることができず、恵みの分かち合いに仕えるよりも自分たちの地位や名誉を追求する姿を露わにする有様でした。つまり、認識にズレがあったわけです。それゆえ、イエスは事あるたびに彼らを戒めて、イエスに従う恵みの道は幸いな道だけれども、それは恵みの分かち合いに仕えるへりくだりの道であり、恵みを理解しない世間でなおも人々を招くことのゆえに受難の道、十字架の道となると語ります。もちろん、それは受難で終わる敗北の道ではなく、死からのよみがえりも告知され、逆転勝利の道であることが語られます。それゆえに、へりくだって仕え、犠牲を払ってでも献げつつ、恵みを分かち合う交わりを形づくることができるということです。そのようにしてイエスは、弟子たちのズレを修正しようとなさるのです（八・三一～三八、九・三〇～三七、一〇・三二～四五）。そして、イエスはいよいよ受難の地と予告した都エルサレムに入城する際、その姿でもって人々のメシア待望のズレをあぶり出しつつ、ご自分に従うことの意味を明らかになさるのです。私たちもイエスに従うべく、自分たちの認識や姿勢にズレがないかどうか、確かめられる必要があるのではないでしょうか。

解放者・統治者である主イエス

「それで、子ろばをイエスのところに引いて行き、自分たちの上着をその上に掛けた。イエスはそれに乗られた。すると、多くの人たちが自分たちの上着を道に敷き、ほかの人たちは葉の付いた枝を野から切って来て敷いた。そして、前を行く人たちも、後に続く人たちも叫んだ。『ホサナ。祝福あれ、主の御名によって来られる方に。祝福あれ、われらの父ダビデの、来たるべき国に。ホサナ、いと高き所に』」（七～一〇節）。

盛り上がっていますね。イエスが都エルサレムに入城されます。イエスが通る道に上着を敷いて、人々が大歓声で迎えます。イエス一行に混じって練り歩く人々もいれば、前を歩いて先導するような人々、後に続く人々もいます。人が人を呼び、かなりの集団です。しかしながら、なぜこんなに盛り上がったのでしょうか。

まず一つ、きっかけとして考えられるのは、エリコ郊外の道端でなされたイエスのみわざ、目の見えないバルティマイという人物が癒やされた出来事です。都に続く街道筋、多くの人々の目の前でなされた癒やしのみわざです。イエスはこれまで、こうした癒やしをできる限り控えめに行ってきました（一・四〇～四五、五・三五～四三、七・三一～三七、八・二二～二六など）。そこには、病などで傷んでいる人を他の人々の好奇の目にさらさないという配慮とともに、世間にある間違ったメシア待望に火がつくとよろしくないとの判断があったわけです。ところがバルティマイの場合、多くの人々の前での癒やし、しかも、目の見えない人の目が開かれるという、メシア到来を告げるみわざ（イザヤ三五・五～六）が大っぴらになされます。それは、彼が道端で叫び続けたということもあったでしょうが、それ以上に、都に向かう街道筋、エルサレム到着は目前という旅程が関係しているでしょう。つまり、イエスはいよいよ間違ったメシア待望の真っただ中に身を投じ、命を捨てて彼らをその誤りから解き放ち、恵みに生きる本当の意味に招きなさるということです。そして、それにより信仰に目が開かれて（特に弟子たちの）、バルティマイのごとくイエスについて行く人々が起こされることを望んでおられたのです（一〇・四六～五二）。そのようにして、癒やしを目撃し触発された人々が、世間一般のメシア待望そのままに盛り上がって、ぞろぞろとイエス一行について来たというのが、パレードのきっかけの一つでしょう。

もう一つのきっかけとして、ユダヤのカレンダーとの関連が考えられます。時期的に過越の祭りの数日前です。それは彼らイスラエル人のルーツといえる出来事、古代エジプトの圧政からの解放を記念する行事で、否が応でも民族意識が高まる時期です。都に向かう往来は、過越を都で祝おうという巡礼者たちでにぎわっていたはずです。そこへ、バルティマイの癒やしを見て盛り上がった群衆が加わったので、火に油が注がれたようになったということです。彼らが過越モードで盛り上がっているのは間違いありません。それは、彼らの「ホサナ」という歓呼の叫びに明らかです。彼らが叫んでいるのは詩篇一一八篇からの賛美の言葉であり、この詩篇は過越の食事のフィナーレで歌われる賛美です。彼らとしては、過越が示す古代エジプト圧政からの解放と、現在のローマ帝国圧政からのメシアによる解放の希望とを重ね合わせて、都に入城するイエスに投影して盛り上がったということなのです。

ところが、この盛り上がりの中で、パレードの中心にいるイエスと、取り巻きの人々との間に意識のズレがあったわけです。これはズレですから、重なっているところもあり、微妙なところはあるのですが、でもズレはズレです。そこが見極められないと、本当にイエスに従っているとは言えません。当たっているところと外しているところ、そこを見極めたく思います。そこでまず、当たっているところを検証してみましょう。それは、このパレードの盛り上がりの中で、イエスが一応は受けとめていることの中に見いだされます。

「祝福あれ、われらの父ダビデの、来たるべき国に。ホサナ、いと高き所に」（一〇節）。人々がイエスを迎えて叫んでいる言葉の一節です。詩篇一一八篇が基になっていますが、この部分は人々の即興です。そして、そこにダビデの国というフレーズが出てきます。また、先のバルティマイの出来事でも、彼がイエスに向かって「ダビデの子よ」と叫んでいます。イエスご自身は自分について「ダビデの子」と表現したことはありません。ご自身の働きは「神の国の福音」を宣べ伝えることで、「ダビデの国」の福音ではありません。しかし、周りに「ダビデの子」や「ダビデの国」と言いたがる人々がいるとき、それに対してイエスは肯定も否定もしません。このパレードの場面でもそうです。ただし、後に「ダビデの子」という呼び方に対して若干の苦言を呈する場面も出てきます（一二・三七）。けれども、ここでは一応は受けとめているようです。ちなみに、マタイの福音書の記述ではもう少し積極的に評価しているようで、「ダビデの子」と叫ぶ子どもたちをかばう姿が記録されています（二一・一五〜一六）。とにかく、「ダビデの子」、すなわち、理想の王としてイエスが来られたとの人々の期待感を、一応イエスは受けとめていると言えるでしょう。

敵から民を解放し、正しく統べ治める理想の王。人々が叫んだ賛美の言葉の基となっている詩篇一一八篇には、まさしく主なる神がそうした理想の王であることが歌われています。人々の叫びをご自分のこととしてイエスが受けとめているのは、まさにこの点にあると言えるでしょう。「ああ主よ　どうか救ってください（ホーシーアー・ナー）。ああ主よ　どうか栄えさせてください。祝福あれ　主の御名によって来られる方に」（詩篇一一八・二五～二六）。この詩篇は、取り囲む敵の手から主が救い出してくださるゆえ、「主は私の力　またほめ歌。主は私の救いとなられた」（同一四節）と歌い、この方が治めたもうことを喜んで、「主に身を避けることは　君主たちに信頼するよりも良い」（同九節）と語ります。イエスはこの詩篇を、ご自分のエルサレム入城の出来事を指し示すと受けとめて、人々の賛美の中をパレードして行かれるのです。イエスは、神の恵みから私たちを引き離す勢力を打ち負かして解放してくださる解放者、そして、恵みで治めてくださる統治者です。心開いて、「ああ主よ。どうか救ってください」と祈るなら、「主は私の救いとなられた」と言わせるみわざをなしてくださいます。この点についてはた見まごうことなく、イエスについて行きたく思います。

平和への解放・平和の統治

人々が歌った詩篇一一八篇が示すように、イエスは神に立てられた解放者・統治者であることは間違いありません。しかしその実像は、この世のイメージ、すなわち革命家・権力者のようではなく、まさしく平和の王です。解き放つとはいえ、平和に向かって平和的に解き放つ方であり、平和でもって統べ治める方なのです。そこを見間違ってはいけません。本当にイエスについて行くには、その見極めが肝心です。

「それで、子ろばをイエスのところに引いて行き、自分たちの上着をその上に掛けた。イエスはそれに乗られた。すると、多くの人たちが自分たちの上着を道に敷き、ほかの人たちは葉の付いた枝を野から切って来て敷いた」（七～八節）。このパレード、読めば読むほど奇妙な感じがします。通り道に上着を敷くのは王の即位式で敬意を示す慣習を踏襲したもので（Ⅱ列王九・一三）、どうぞこの上をお通りくださいということですが、相手がよほどの人物でないとできない行為です。それだけ人々の期待は大きかったということです。

ところが、人々の上着が敷かれたその上を進むのは、さえない子ろばと柔和な顔のイエスです。彼らが本当にイエスをそういう方として歓迎し、畏れ敬い、聞き従うならよかったのですが、彼らの盛り上がりには別の期待感がありました。つまり、意識にズレがあったのです。

「ダビデの国」という群衆の呼び声。この言葉で表現される群衆の期待感の内容が、イエスの目的と違っているということです。人々がイエスに期待しつつ投影していたのは、ローマ帝国の圧政を覆す革命のヒーローというメシア像でした。征服者をやっつけて、自分たちに都合のいい社会にしてくれることを期待していたのです。しかし、それはイエスの目的ではありませんでした。むしろ、そうした暴力や搾取、恨みや復讐心、高慢や蔑みといった罪深い構造からの解放、そして、そこに神の恵みによる共同体の統治をもたらすということ。イエスの目的はそこにありました。なので、人々の「ホサナ」の歓声には、イエスの目的への誤解が相当に含まれていたのです。

そして、群衆の期待が誤りであるということは、詩篇一一八篇の意味するところからも指摘できるでしょう。この詩篇が歌う主なる神の解放と統治は、「主の右の手は力ある働きをする」(一五、一六節)と歌うごとくに、出エジプトの出来事を原型として指し示しています(出エジプト一五・六以下の紅海徒渉直後の賛美を参照)。それゆえ過越で賛美されるのは適切ですが、出エジプトは革命ではありません。それは脱出としての解放であり、さらに、新たな社会構築への解放です。エジプト的な圧政という社会を自分たちは踏襲しない、むしろ、奴隷であった自分たちを憐れんでくださった神の憐れみに倣って、憐れみ深い社会を構築するという神の民のあり方。そこに向けての解放です。そうした神のみわざに感謝して礼拝し、その意味を踏まえた者となろうというのが、詩篇一一八篇の、また、それを賛美する過越祭の意義なのです。それゆえ、どんなに形ばかり「枝をもって 祭りの行列を組め 祭壇の角のところまで」(詩篇一一八・二七)と真似してみても、イエスを迎えるこのパレードに群がる群衆は、その意義から外れていることになるのです。

子ろばに乗って都エルサレムに入城されるイエスは、その姿さながら平和の王です。神の恵みの分かち合いに人々を招き、平和で治める方です。平和を平和的にもたらす方です。革命のヒーローではありません。イエスを歓呼で迎える群衆は、ここを勘違いしていました。そして、この認識のズレが明らかになるのが、「こうしてイエスはエルサレムに着き、宮に入られた。そして、すべてを見回った後、すでに夕方になっていたので、十二人と一緒にベタニアに出て行かれた」（一一節）という行動です。夕方になったから帰っただけのように見えますが、盛り上がっていた人々からすれば、全く当てが外れる行動です。せっかく盛り上がって都に着いたのに、どうして都から出て行くのか、クーデターを敢行するなら暗くなってからのほうがよい、これを見逃すとは何事か、という感覚です。しかしイエスにとっては、そんなことはどこ吹く風、そういう空気に対して完全に肩透かしを食らわせます。そして、このがっかり感が、最後には「十字架につけろ」（一五・一三）という叫びに発展するのです。

人間の罪がいかに深く醜いものであるかを見せつけられます。平和の王の招きを退けて、自分たちの期待に沿わないなら棄ててしまえと、ひどい仕打ちで応じること。あなたにそういう何かはありませんか。あなたの心や生活に、そういう姿はありませんか。イエスは、そういう人間の罪深さを背負って十字架についてくださいました。残酷な罪深い私たち人間をあきらめないで、恵みに生きて平和で治める者たちとなるように招き続け、招きに対してひどい仕打ちをしてしまう罪一切を背負って、命を捨てて招いてくださいました。これが平和の王、イエスの姿です。あなたはその招きにきちんと応答しておられますか。イエスに従う平和の道、恵みの支配は、そこから始まります。

60　祈りの家の大掃除

〈マルコ一一・一五～一九〉

「こうして彼らはエルサレムに着いた。イエスは宮に入り、その中で売り買いしている者たちを追い出し始め、両替人の台や、鳩を売る者たちの腰掛けを倒された。また、だれにも、宮を通って物を運ぶことをお許しにならなかった。そして、人々に教えて言われた。

『「わたしの家は、

あらゆる民の祈りの家と呼ばれる」

と書いてあるではないか。それなのに、おまえたちはそれを「強盗の巣」にしてしまった。』　祭司長たちや律法学者たちはこれを聞いて、どのようにしてイエスを殺そうかと相談した。群衆がみなその教えに驚嘆していたため、彼らはイエスを恐れていたのである。夕方になると、イエスと弟子たちは都の外に出て行った。」

大掃除はお好きですか。日常の掃除も大切ですが、普段は手の届かないところまできれいにするのも、快適な暮らしのためには大切ですね。同じように信仰生活においても、神の恵みから遠ざけるガラクタを片づけたり、みことばの光を取り込む窓を磨いたり、否定的な感情を流し去るパイプの詰まりを取り除いたりと、大掃除に準ずることが必要になります。

そこで、この箇所、イエスが神殿を大掃除するというエピソードです。大掃除といっても掃除機やモップで掃除するのではなくて、神殿での礼拝にふさわしくないことをきちんと整理するということです（宮きよめ）。イエスはエルサレムに到着した日、神殿に入り、「すべてを見て回った後」（一一節）、これではいけないということで、改めて翌日、神殿に入り、片づけをなさいました。なので、これはイエスが突然にブチ切れて暴れ回ったということでは全くなく、きちんとした観察と判断に基づいて行動なさったということなのです。大掃除するとは、まず、このままでは汚くてよろしくないということを意味します。この場合、神殿で行われている事柄がそうだということです。けれども同時に、大掃除するということは、見込みがないわけではなく、きれいにしたい、きれいにすれば何とかなるということです。この場合、それは礼拝の民ということでしょう。同行してきた弟子たちがイエスの言動から大切なことを学び、恵み深い神を礼拝する人々としてふさわしく、恵みの分かち合いに誠実になること、そして、神殿にいた人々も悔い改めて、その交わりに加えられること、そこを望んでの行動であったということです。

振り返ってみると、マルコの福音書が示すイエスの中心メッセージは、「時が満ち、神の国が近づいた。悔い改めて福音を信じなさい」（一・一五）でした。恵みの支配はイエスとともに訪れているゆえに、心を向け直して（悔い改め）、招いてくださる方に信頼して歩み出すように（信仰）ということです。そして、この宮きよめの出来事でも、やはり悔い改めと信仰への迫りのメッセージが響いているのです。すでに弟子たちはイエスのこの迫りに触れて、また、「わたしについて来なさい」（一・一七、二・一四）との召しに応答して歩み始めています。けれども、イエスについて行くという本当の意味に目が開かれておらず、再三にわたり勘違いゆえのハプニングを起こし、そのたびごとにイエスにたしなめられて、修正の薫陶を受けています。すなわち、イエスに従うとは恵みに生きる幸いな道だけれども、それは世間的な意味でお得な道ではなく、恵みの分かち合いに仕える道であり、また、その招きには悔い改めの迫りがあるゆえ、そこを受け入れられない世間から排斥される受難の道であると語られます。そして、この宮きよめの場面、礼拝の場が恵みの分かち合いにふさわしくない様相だったので、イエスは恵みの分かち合いに仕えるための行動をして人々に悔い改めを迫るのです。それで印象が悪くなることは承知の上で、それでも人々を恵みに招くのです。その姿でもって弟子たちも恵みに歩む本当の意味を知るように、そして、なおもついて来るようにと、イエスは宮きよめをなさったと言えるでしょう。礼拝の民としてふさわしい姿に人々を招き、弟子たちもさらに整えられることを望んで、宮きよめがなされたのです。私たちも恵みの神を崇める礼拝の民としてのふさわしさを教えられて、恵みの分かち合いに本当に仕えていく者たちでありたく思います。

礼拝はすべての民に開かれているか

恵みの神を崇める礼拝の民としてのふさわしさとは、どういうことでしょうか。この宮きよめの出来事が示す一つのことは、礼拝の場・交わりがすべての民に開かれているかどうかが大切なポイントとなる、ということです。すなわち、何か人間的な要素で特定の人々を締め出して、仲間内だけの閉じた交わりをつくり出してしまっていないか、ということです。

「イエスは宮に入り、その中で売り買いしている者たちを追い出し始め、両替人の台や、鳩を売る者たちの腰掛けを倒された。また、だれにも、宮を通って物を運ぶことをお許しにならなかった。そして、人々に教えて言われた。『「わたしの家は、あらゆる民の祈りの家と呼ばれる」と書いてあるではないか。それなのに、おまえたちはそれを「強盗の巣」にしてしまった』」(一五～一七節)。イエスの発言によれば、この行動を取った理由は、祈りの家・礼拝の場である神殿が「強盗の巣」になってしまっているからだということです。状況を見ると、「売り買いしている者たち」がいたということですから、礼拝の場が市場のようになっていたようです。イエスがなしたことは、要するに、市場のようになっていたところを整理して、礼拝の場として場所をしっかり確保するということだったと言えるでしょう。

ところが、市場のようなことをしていた人々からすれば、自分たちは礼拝と無関係のことをしていたのではなく、むしろ、礼拝に関わること、礼拝に貢献することを行っていると思っていたでしょう。やはりユダヤ人ですから、さすがに神殿が何であるかを全く無視して事を行うとは考えられません。しかも、ローマ帝国の支配を覆すメシアを待望する空気の中で、民族意識のシンボルである神殿をあからさまに無視して、そこに無関係のマーケットを開くなど考えられません。なるほど、神殿に開かれていた市場は一般生活用品のマーケットではなく、礼拝に関係する売店の数々であったということです。鳩を売っている人がいます。礼拝で献げるいけにえとなるものです。両替人がいます。神殿で献げる献金としての通貨に換金する目的です。それゆえ、追い出された側としては、礼拝に関係することをやっているのに、それの何が悪いのかと、驚き半分、怒り半分というような気分だったでしょう。

しかしながら、イエスはその問題点を見抜いていました。まず、やはり場所が問題です。そこは神殿の中でも異邦人の庭と呼ばれるスペースでした。ユダヤ人以外でも、天地の創造主・イスラエルの歴史を導いてきた真の神に惹かれて、神殿で礼拝をささげようという人々がいて、彼らのために設けられていたはずの礼拝スペース・祈りの場です。それなのに、礼拝する人々を追い出し、店を構えて市場のようにしてしまうという、そこが問題だということです。どんなに異邦の人々が神を求めて礼拝をささげようとしても、締め出されてしまっています。本来なら、異邦人とユダヤ人とで礼拝する場所を区別すること自体が問題なのですが、それに輪をかけて、せっかく異邦人のために確保された場所すら奪い取ってしまうというのは、礼拝の民のすることでしょうか。

さらに、市場でなされている事柄そのものの問題もありました。鳩が売られています。しかし、本当は鳩を売り物にしてはいけません。鳩は本来、貧しい人々が神に近づくために認められたささげ物です。経済的に厳しく、献げる家畜を所有していない人々が、それでもささげ物を携えて礼拝できるようにとの配慮で、家の軒に巣を作る鳩をささげ物として神に近づくようにとの、憐れみ深い神の取り計らいなのです（レビ五・七、一二・八、一四・二二など）。それなのに、その鳩を売って利益を得ようとは何事でしょうか。さらに、両替人がいます。献金のための通貨ということですが、一般市場の通貨・デナリは異邦人社会でも流通しているローマ帝国の通貨です。異邦人支配を毛嫌いする社会風潮において、それを神殿に献げるなどけしからんということで、両替が要求されていたわけです。ユダヤ社会に伝統的なシェケルという銀の単位に限定して神殿礼拝ではささげ物として認められるということです。それで、両替でもって手数料を取るというのが、両替商のしていたことです。これまた貧しい人々にとってはつらい話です。なるほど、イエスが「強盗の巣」と呼ぶのもうなずけます。

結局、神殿でなされていたのは、異邦人や貧しい人を礼拝から遠ざけるという、あってはならないことだったのです。そしてその背後には、神殿を取り仕切る人々とそこに意気揚々とやって来る人々の中にある差別意識、さらには、その裏返しのエリート意識、その上に乗っかっている利権構造であったのです。イエスが大掃除しなければと考えたのは、まさしくこの部分です。そう考えると、はたして私たちの教会はどうでしょうか。もちろん、食事の販売やバザーの活動という話ではなく、特定の人間的要素でもって礼拝からだれかを排除する、あるいは、そこまでではないにせよ、仲間内で交わりを固めてしまって他を寄せつけないとか、そういうことがあるとすれば、イエスによる大掃除の対象になるということです。

イエスはイザヤ書の言葉を引用して言われます。「『わたしの家は、あらゆる民の祈りの家と呼ばれる』と書いてあるではないか」(一七節〔イザヤ五六・七〕)。神殿とは何であるか、すでに旧約預言者によってその本質が明らかに語られているということです。そこをしっかりと受けとめよ、全くそうなっていなかったことを悔い改めよ、礼拝の場はすべての民に開かれているということを回復・実践せよ、という情熱溢れる迫りです。神の恵みの味わいを求めて礼拝に来る人々は、だれであってもその場から締め出されてはなりません。イエスが招く恵みの支配は、すべての人に開かれているからです。ここまでのイエスの活動を振り返っても、墓場で叫んでいるゲラサ人、ツロで出会ったギリシア人の女性、デカポリス地方の四千人の群衆など、求める異邦人にイエスは近づいて神の恵みを示し、また、ツァラアトに冒された人など諸事情で貧しさの中にある人や、貧しさのゆえに異邦人サイドに加担しなければ生きていけなかった取税人にも近づいて、イエスは神の恵みを分かち合ってこられました。そのごとくに、神はすべての人々をご自身の恵みの支配に招いておられるゆえ、礼拝の場にすべての人々が招かれなければならないのです。

それゆえ、そうなっていなかった神殿の現実に対して、イエスは厳しく臨まれるのです。確かにこの場面は、子ろばに乗って都に入城したイエスの姿からすればギャップを感じさせます。けれども、恵みへの真剣な招きという意味で、メッセージは同じです。追い出すとか、腰掛けを倒すとか、激しさはありますが、むしろ、それほどまでに、礼拝の場がすべての人に開かれることをイエスは真剣に訴え、悔い改めを呼びかけなさるのです。ならば、今一度、私たちの礼拝も省みてみる必要があるのではないでしょうか。

礼拝は祈りの場になっているか

恵みの神を崇める礼拝の民としてのふさわしさとは、どういうことでしょうか。この宮きよめの出来事が示すもう一つのことは、礼拝の民として共に集う場が祈りの場になっているかが大切なポイントとなる、ということです。もちろん、礼拝に集えば祈ります。けれども、それが祈りの場としてふさわしいあり方であるのか、そこが問われるということです。

「『わたしの家は、あらゆる民の祈りの家と呼ばれる』と書いてあるではないか。それなのに、おまえたちはそれを『強盗の巣』にしてしまった」（一七節）。イエスの発言は、祈りの家なのに祈りの家になっていない神殿の様子に向けられます。確かに、いけにえは献げられ、儀式は行われ、見かけ上は祈りの場のようになっていたでしょう。けれども、祈りの場としてふさわしくないというのは、直接にはすべての人々に開かれていないということなのですが、その根っこは実はさらに深いところにあります。

「祭司長たちや律法学者たちはこれを聞いて、どのようにしてイエスを殺そうかと相談した。群衆がみなその教えに驚嘆していたため、彼らはイエスを恐れていたのである」（一八節）。ここに神殿の問題の根深さを見て取ることができます。神殿を司る立場の人々が、イエスの宮きよめの言動に対して怒り、殺害計画を練り始めたということです。これはただごとではありません。もっとも、イエスは活動の最初から反対者たちに命を狙われることがしばしばありました（三・六）。反対者たちが殺意を抱くのは、イエスに反対する立場が行き詰まってどうしようもないので、実力行使に及んででも社会から排除しようという事情からです。では、この場合、祭司長たちは何に行き詰まったのでしょうか。もちろん、自分たちの縄張り・利権を荒らされたことへの憤りがあったでしょう。そこでイエスになびく群衆の存在が危機感を煽ります。イザヤの預言に訴えるイエスの主張の正当性と力強さに押し込まれながらも、そこを認めたくないというプライドが高じ、殺害計画に至ったという側面があります。ここに間違いなく、人間の罪深さが露わになっています。

そして、それとともに、当時の社会情勢がイエス殺害を計画する祭司長たちの危機感に影を落とします。それは、簡単に言えば神殿で騒ぎを起こされたくない、ということです。騒ぎが起きれば、ローマ総督ポンティオ・ピラトが軍隊を差し向けて、鎮圧に乗り出してくるかもしれません。それで神殿をローマ軍に制圧されてしまったら、異邦人に神殿を荒らされかねません。実際、ローマ総督府にしてみれば、民族意識高揚の拠点である神殿は常に警戒すべきスポットでした。騒ぎになって神殿で礼拝ができなくなっては大変だ、火種は早めに完全に除いておかないと、というのが祭司長たちの危機感としてありました。神殿の儀式が自分たちの方法で守られていくことをメシア到来の必要条件のように考えていた彼らとしては、急いで潰さなければならない事案であったのです。ローマ帝国は憎い、だから対ローマ革命のヒーローの到来を待ち望む、けれども、ローマ帝国は怖い、だから下手に刺激してはならない、日頃からマークされている神殿に乗り込まれては困る、しかるに、自分たちの神殿祭儀にケチをつけるというメシアであろうはずもない者に神殿で騒ぎを起こされた日にはとんでもないことだ、というわけだったのです。

利権構造、縄張り意識、異邦人支配への憎悪と恐怖心。当時の神殿は、こうしたものの上にあったのです。とても祈りの家とは言いがたい様相です。形ばかりの祭儀で、そこで神を畏れ敬い、その恵みを分かち合う姿勢など、全く吹き飛んでしまっています。

何としても「あらゆる民の祈りの家」として礼拝の場が確保されるようにと望み、宮きよめを断行されたイエスのお心には、その言葉のとおり、イザヤ書の言葉がありました。「また、主に連なって主に仕え、主の名を愛して、そのしもべとなった異国の民が、みな安息日を守ってこれを汚さず、わたしの契約を堅く保つなら、わたしの聖なる山に来させて、わたしの祈りの家で彼らを楽しませる。彼らの全焼のささげ物やいけにえは、わたしの祭壇の上で受け入れられる。なぜならわたしの家は、あらゆる民の祈りの家と呼ばれるからだ」(イザヤ五六・六〜七)。民族意識高揚の市場と化した神殿、そして、祭司長たちの憎悪むき出しの態度と真逆なのは、一目瞭然です。本来、礼拝とは、みんなで恵みの神を崇めて、その幸いを喜び楽しむ祈りの場、神との交わりの場であり、そこに恵みを分かち合う交わりが社会的な障壁を越えて成立していく場なのだということです。「イスラエルの散らされた者たちを集める方、**神**である主のことば——すでに集められた者たちに、わたしはさらに集めて加える」(同八節)。私たちの礼拝もこのようでありたく願います。

こうした礼拝を望んで行われたイエスの宮きよめは、文字どおり、命がけの行動でした。イエス殺害を計画し始めた祭司長たちの反応を見れば、それは明らかです。もちろん、イエスは承知の上です。かねてより告知してきたとおり、受難の地はエルサレム。イエス自ら十字架の道を歩み、恵みの支配に人々を招くためにご自分の命をも投げ出すのです。招きを拒んで殺害する人々の罪をも背負って、なおも招くお心を示されるのです(一〇・三二〜三四)。そこまでして礼拝の民を回復したいとのイエスのお心、その招きにあずかった私たちは、まさしく祈りの家として教会の礼拝を建て上げていくべく召されているのです。

61　信仰の応答に「旬」はあるのか

〈マルコ一一・一二〜二一〉

「翌日、彼らがベタニアを出たとき、イエスは空腹を覚えられた。葉の茂ったいちじくの木が遠くに見えたので、その木に何かあるかどうか見に行かれたが、そこに来てみると、葉のほかには何も見つからなかった。いちじくのなる季節ではなかったからである。するとイエスは、その木に向かって言われた。『今後いつまでも、だれもおまえの実を食べることがないように。』弟子たちはこれを聞いていた。

こうして彼らはエルサレムに着いた。イエスは宮に入り、その中で売り買いしている者たちを追い出し始め、両替人の台や、鳩を売る者たちの腰掛けを倒された。また、だれにも、宮を通って物を運ぶことをお許しにならなかった。そして、人々に教えて言われた。

『「わたしの家は、

あらゆる民の祈りの家と呼ばれる」

と書いてあるではないか。それなのに、おまえたちはそれを「強盗の巣」にしてしまった。』祭司長たちや律法学者たちはこれを聞いて、どのようにしてイエスを殺そうかと相談した。群衆がみなその教えに驚嘆していたため、彼らはイエスを恐れていたのである。夕方になると、イエスと弟子たちは都の外に出て行った。

さて、朝早く、彼らが通りがかりにいちじくの木を見ると、それは根元から枯れていた。ペテロは思い出して、イエスに言った。『先生、ご覧ください。あなたがのろわれた、いちじくの木が枯れています。』」

春はたけのこ（あけぼのよりも）、夏はアユ、秋には栗で、冬にブリ……。季節ごとに美味しいものがあって、それを「旬」と言いますね。その旬になぞらえて、ブレイクして売れ出したタレントや一皮むけて活躍し始めたスポーツ選手などを指して、今が旬だ、なんて言ったりもします。人生にも、事と次第によっては旬と言われるものがあるようです。

それならば、信仰生活ではどうでしょうか。確かに、順調な時も逆境の時もあります。けれども、それは自然のサイクルのようなものではありませんし、本人の印象と実際の歩みとで異なっていることもしばしばです。教会暦ではクリスマスが好きで心燃やされる人もいれば、夏のキャンプで張り切る人もいますが、そうした行事の表面をなぞるだけでは信仰生活の質について十分に語ったことにはなりません。外側からの刺激と自分の気分で信仰を語ってしまうのは、かなりあやしいものです。むしろ、聖書は「私はあらゆるときに、主をほめたたえる」（詩篇三四・一）、「いつも喜んでいなさい。絶えず祈りなさい。すべてのことにおいて感謝しなさい」（Ⅰテサロニケ五・一六〜一八）、「みことばを宣べ伝えなさい。時が良くても悪くてもしっかりやりなさい」（Ⅱテモテ四・二）など、タイミングに関係なく信仰の応答としての生活があることを示します。確かに、「時が来ると実を結び」（詩篇一・三）とも言いますが、それは神がなしてくださるみわざの結果の話で、私たちの側で信仰の応答について旬を決めることはできません。同じ詩篇が「昼も夜も　その教えを口ずさむ人」（二節）と述べています。それゆえ、信仰の応答については旬の有無などを語るものではなく、常に注がれる神の恵みに心覚ましていることが大切ということになります。けれども、どうしたわけか、信仰の応答を迫られたときに、「タイミングが悪い」「きっかけがない」「そういう流れにない」などと言い訳をして、応答しようとしない人がいます。あるいは、応答の決断に際して、タイミングやきっかけに依存してモノを言う人がいます。しかし、それでは主の招きに自ら本当に向き合ったとは言いがたいでしょう。主イエスが「わたしについて来なさい」と声をかけてくださっているのに、タイミングだのきっかけだのと成り行きのせいにして、まともに向き合うことをしないのなら、大変に残念なことです。

実は、マルコの福音書にもそうした残念なケースが記録されています。「時が満ち、神の国が近づいた。悔い改めて福音を信じなさい」（一・一五）とイエスが人々を恵みの支配に招いておられるのに、応答できない人々の様子です。満ちたと言われる時なのに、タイミングでないからとスルーしたり反発したりするパターンです。安息日に憐れみのみわざに参与することをためらう人々（一・三二）、財産へのこだわりを捨てきれずにイエスのもとを去ってしまった金持ちの青年（一〇・一七～二二）、イエスからの問いに答えられずに怒って殺意を抱くパリサイ人たち（三・一～六）などです。この場面でも、宮きよめという悔い改めへの迫りに逆切れして殺害計画を練る祭司長たちの姿があります（一八節）。しかし、恵みの招きに応えられないということは、神の恵みの事実への感謝もなく、恵みの神が共にいるゆえの安心もなく、恵み注がれる幸いの分かち合いもないという、大変に残念な世界に取り残されることを意味します。本当にイエスに従うのであれば、こうであってはいけません。

そこで、この点を明確に知ってほしくて、イエスは弟子たちに不思議な出来事を経験させるのです。自分のタイミングやきっかけにこだわって、「時が満ちた」との神の召しに応えられないのは、自らの旬に依存する植物のようだというのです。イエスとしては、せっかく従い始めた弟子たちが献げることを惜しんで恵みに応答できなくなるのではなく、どんなときも常に恵みの召しに応答して立つことができることを望んで、「自分を捨て、自分の十字架を負って、わたしに従って来なさい」と語られるのです（八・三四）。

神の召しは成り行き任せではない

「翌日、彼らがベタニアを出たとき、イエスは空腹を覚えられた。葉の茂ったいちじくの木が遠くに見えたので、その木に何かあるかどうか見に行かれたが、そこに来てみると、葉のほかには何も見つからなかった。いちじくのなる季節ではなかったからである。するとイエスは、その木に向かって言われた。『今後いつまでも、だれもおまえの実を食べることがないように。』弟子たちはこれを聞いていた」（一二～一四節）。ここだけ切り取って読むと、イエスは随分と無茶なことを言うと思ってしまいそうです。しかも、これがいちじくの季節であるなら腹が立つのも分からなくもないですが、季節ではありませんから実がないのは当然です。それなのに、こんなひどいことを言うとは、無茶苦茶な感じがします。

イエスはいちじくの季節を知らなかったのでしょうか。まさか、そんなはずはありません。ユダヤの人々にとっていちじくの季節はだれもが知っている、心浮き立つ素晴らしい季節です。感覚的には日本人にとっての桜の季節のようなものです。ユダヤ・パレスティナでは、いちじくの木はどこにでも生えている親しみ深い植物で、その実は食用のほか、医薬品や香料としても用いられ、その年の気候が他の作物の収穫にどう影響するかを示すバロメーターにもなりました。木の大きさも手ごろで木陰に憩うのにちょうどよいということで、平和と繁栄のシンボルでもあります。なので、イエスがその季節を知らないなんてことはありません。実際、この場面、過越の祭りの数日前ですから、まだ春先です。いちじくの結実は初夏ですから、実を求めたって、あるはずはありません。それなのにイエスがこんなことを言うなんて、弟子たちは唖然としたことでしょう。

このエピソードの本当の意味を知るには、もう少し先まで読んでみる必要があります。この後に記されているのは、宮きよめの出来事です。そして、再びいちじくの話に戻ってきます。つまり、いちじくの話に挟み込まれて宮きよめの出来事があるという構図です。それゆえ、このエピソードの意味を知るには、宮きよめの出来事を知らなければなりません。

それならば、宮きよめの出来事とは何であるかということですが、イエスはエルサレム入城を果たしたその足で神殿まで行き、その詳細を見て回り（一一・一一）、そのうえで翌日に改めて神殿入りして、前日の現場検証で問題ありと判断したことについて整備を行ったということです。そこで問題となっていたのは、礼拝の場から弱い人・貧しい人・異邦人が締め出されており、民族意識高揚の市場と化していたということで、イエスは締め出されている人々の礼拝の場を確保しようと行動したわけです（一五〜一七節）。イエスが実のないいちじくにきつい一言を放つのは宮きよめの直前で、まさしくこの神殿の様子が実を期待されながら結実のなかったいちじくのようだということなのです。礼拝の場なのに礼拝になっていない姿です。見かけ上、儀式は行われてはいるが、恵みの神が崇められているわけではなく、むしろ利権構造、縄張り意識、異邦人への憎悪と恐怖と復讐心を下敷きにした権威主義の牙城に成り下がってしまっています。宮きよめという荒療治に対しても素直に悔い改めの応答をすることなく、むしろ、神殿運営のトップがイエス殺害の計画を練り始めています（一八節）。そこでは礼拝の民の姿という、求められるべき実を見つけることができませんでした。

「ああ、なんと悲しいことだ。私は夏の果物を集める者のよう、ぶどうの取り残しの実を取り入れる時のようになった。食べられる房は一つもなく、私の好きな初なりのいちじくの実もない。敬虔な者はこの地から消え失せ、人々の間に、心の直ぐな者は一人もいない」(ミカ七・一〜二)。神殿の様子を目の当たりにしたイエスは、預言者ミカと同じ心持ちだったでしょう。このままだと、神殿といえども捨てられてしまうことが目に見えています。「あなたを見張る者の日、あなたの刑罰の日が来る。今、彼らに混乱が起きる」(同四節)。かつて、神の恵みに生きることを見失ったユダの国がバビロンによって神殿を崩されたのと同じだ、いつか来た道をたどっている、としか言いようがない様相だということです。

求めた実がないのは季節ではないからと、植物ならば言い訳が立ちます。しかし、礼拝の場での礼拝の民の姿という結実は、季節に関係ありません。常に求められる実であり、常にあるべき実です。なぜなら、神の恵みは常に注がれているからです。恵みへの応答は、旬がどうのという話にはならないのです。ローマ帝国の圧政の中にあるからタイミングが悪いとか、都合のいいヒーローがメシアとして登場したらきっかけになるとか、そういうことではありません。恵みの神を崇め、恵みの分かち合いに生きるのは成り行きを超えることで、そこへと召し出す神の御声はいつでもかけられているのです。それこそ預言者の昔からずっと、さらにその前からずっと、ということです。

あなたは信仰の応答を成り行き任せにしていませんか。タイミングやきっかけを何かの言い訳にして、神の恵みに応えることを先送りにしていませんか。あなた的な時間の感覚を超えて、神はあなたに御声をかけてくださっているのではないでしょうか。

神の時は満ちている

「さて、朝早く、彼らが通りがかりにいちじくの木を見ると、それは根元から枯れていた」（二〇節）。宮きよめの直前、実を求めたのになかったのでイエスがきつい一言を木に言い放った日の翌朝の出来事です。つまり、そのごとくに礼拝の場にふさわしい結実が見当らず、イエスが宮きよめを断行した翌日の早朝です。宮きよめも衝撃的でしたが、いちじくの木への一言もまさかの一言ですから、弟子たちの心に深く刻み込まれていたことでしょう。なので、翌日に同じ所を通れば、あれはどうなったかと気になるところ、なんと根元から枯れた状態で発見されます。またまたビックリですね。昨日まで葉は茂っていたわけですから、翌朝、こんな姿になっているなんてだれも予想できないことです。

そこで、驚いたペテロがイエスに言います。「先生、ご覧ください。あなたがのろわれた、いちじくの木が枯れています」（二一節）。ペテロはイエスが木を呪ったと言っています。確かに、そうとも取れなくない一言ではあります。「今後いつまでも、だれもおまえの実を食べることがないように」（一四節）とのご発言。けれども、これは呪いなのでしょうか。イエスは「枯れてしまえ」とは言っていません。「枯れよ」と言ってすぐに枯れたら呪ったことになるでしょうが、そうではありません。イエスが述べているのは、「だれもおまえの実を食べることがないように」ということです。季節が来れば実を結ぶかもしれないが、それはだれの食物にもならないだろうと言っているのです。そして、人の役には立たないだろうと告げたら、翌日、なんと枯れていたということです。なので、イエスが呪って滅ぼしたということではありません。予告したら、時間を早送りしたかのように、弟子たちが確認できる形で明確にそのとおりになったということです。季節になって実がなったのにだれも食べないということを実証するには時間がかかりすぎるので、ということでしょう。滅ぶことがイエスの願いではないし、積極的に滅ぼそうとなさっているわけでもありません。

ただ、イエスはこの先の神殿の姿をはっきりと見通すことができました。実がないこのいちじくの木が枯れてしまうのと同様に、礼拝の結実が見いだされない神殿は滅んでいくということです。大変に残念なことですが、このまま悔い改めることなく進めば滅びが待っている、間もなくそうなってしまうだろう、ということです。なので、荒療治ではあるけれど、宮きよめを断行したのです。愛と厳しさをもって警告したのです。

そして実際に、警告のとおりに神殿は破壊されることになります。約四十年後、蓄積されたローマ帝国への憎悪と復讐心に火がついて戦争になり、結局、軍事力に優るローマ帝国に鎮圧されて、都と神殿は木っ端みじんに破壊されるのです。イエスの言葉に耳を傾けて悔い改め、祈りの家としてのふさわしさを取り戻し、恵みを分かち合う礼拝の民としての実を結んでいければ、そこに突っ走ることはなかったはずなのに、それができませんでした。逆に、せっかく招いてくださったイエスを拒んで殺害計画を立て、十字架で命を奪うことを決行していきます。ローマ帝国への憎悪、復讐心、異邦人や貧しい人への差別意識、利権構造、それを取り繕う見かけ倒しの敬虔さ、それでよしとして高位に居座る高慢、すべての背後に恵みの神をまともに崇めない不信仰……。これらがいかにひどい事態を引き起こすのか、イエスは身をもって示しつつ、その結果を一身に引き受けて、命を捨ててまで悔い改めを迫るのです。しかし、彼らの多くは悔い改めず、振り向くこともせず、突っ走っていきます。

それゆえ、いちじくの木のエピソードで言われているのは、イエスは何か抜き打ちで突然やって来て、実がないからといって一息に見捨てて滅ぼすということではありません。イエスが働きの最初から招き続けた恵みの支配に応えようとしない結果、しかも、命まで捨てて招いたことに応えようとしない結果、そうなってしまうということです。しかも、イエスご自身は突然に現れたのではなく、少なくとも旧約預言者の昔からその招きが語り継がれていました。イエスが引用しているイザヤしかり、先述のミカしかり、そして、神殿への警告として語られる「強盗の巣」という表現の出所・エレミヤしかりです（エレミヤ七・一〜一一）。神ご自身としては、忍耐を尽くして悔い改めを迫り、ついにイエスご自身が命まで捨てたのに、その結果、こうであったということなのです。警告どおりですから、神の計画が失敗したということではありません。むしろ、そこから現神殿とは別の形で礼拝の民が起こされて実を結ぶということですから、それは神の勝利です（四・一〜三二）。ただ、ここまでの時点で、恵みに招く神のみわざとしてなすべきことは、なされたのだということです。決定的なことはすでに完了した、すなわち、時が満ちたということなのです。満期とは、計画段階で約束されてきたものが、時期が来て実行に移されるということですが、イエスの招きは、神の計画においてまさしくそういうことだったのです（一・一五）。

神の側としては時が満ちて決定的な招きがなされているのに、受け取る側が自分のタイミングでないからと応答しないなら、その結果の責任は受け取る側に託されるということなのです。これは脅しではなく、忍耐を尽くしたうえでの真剣な招きです。しかも、求められているのは、完璧な実ではありません。イエスは「その木に何かあるかどうか見に行かれた」（一三節）わけで、そこに何かあればよかったのです。必ずしも、高値がつくような見事な実が要求されたわけではありません。しかし、「何も見つからなかった」（一三節）ので、残念な結果になったということです。恵みの招きに対して、悔い改めの迫りに対して、完璧な対応でなくとも、少なくとも何か、せめて「応えたい」「応えなくては」という気持ちがあるかどうか、そこが問われます。神の側ではすでに時が満ちて、恵みの招きがなされています。すでにイエスのみわざはなされています。招きの言葉を聞いている今こそ、応えるべき時なのです。

62　望まれた信仰の結実

〈マルコ一一・一二～二五〉

「翌日、彼らがベタニアを出たとき、イエスは空腹を覚えられた。葉の茂ったいちじくの木が遠くに見えたので、その木に何かあるかどうか見に行かれたが、そこに来てみると、葉のほかには何も見つからなかった。いちじくのなる季節ではなかったからである。するとイエスは、その木に向かって言われた。『今後いつまでも、だれもおまえの実を食べることがないように。』弟子たちはこれを聞いていた。

こうして彼らはエルサレムに着いた。イエスは宮に入り、その中で売り買いしている者たちを追い出し始め、両替人の台や、鳩を売る者たちの腰掛けを倒された。また、だれにも、宮を通って物を運ぶことをお許しにならなかった。そして、人々に教えて言われた。

『「わたしの家は、
あらゆる民の祈りの家と呼ばれる」
と書いてあるではないか。それなのに、おまえたちはそれを「強盗の巣」にしてしまった。』祭司長たちや律法学者たちはこれを聞いて、どのようにしてイエスを殺そうかと相談した。群衆がみなその教えに驚嘆していたため、彼らはイエスを恐れていたのである。夕方になると、イエスと弟子たちは都の外に出て行った。
さて、朝早く、彼らが通りがかりにいちじくの木を見ると、それは根元から枯れていた。ペテロは思い出して、イエスに言った。『先生、ご覧ください。あなたがのろわれた、いちじくの木が枯れています。』イエスは弟子たちに答えられた。『神を信じなさい。まことに、あなたがたに言います。この山に向かい、「立ち上がって、海に入れ」と言い、心の中で疑わずに、自分の言ったとおりになると信じる者には、そのとおりになります。ですから、あなたがたに言います。あなたがたが祈り求めるものは何でも、すでに得たと信じなさい。そうすれば、そのとおりになります。また、祈るために立ち上がるとき、だれかに対し恨んでいることがあるなら、赦しなさい。そうすれば、天におられるあなたがたの父も、あなたがたの過ちを赦してくださいます。』」

反省という言葉には、どうもマイナスのイメージがつきまとうようです。親や先生や先輩などから「反省しなさい」と言われるときは、たいてい、よろしくない何かがあるときです。けれども、反省という言葉自体は、過去のことを振り返って省みるということですから、本当はマイナスに限ったことではありません。反省は何のためにするのかといえば、本来は何が望まれていたのか、そのために何が必要なのか、何を改めればよいか、何を補えばよいかということを振り返り、今後の歩みに生かすということです。

イエスが都の神殿に入ったとき、本来、そこは礼拝の場であり、礼拝の民の姿という望まれた結実があるはずなのに、それが全く見当たらないというのが実情でした。礼拝の場であるのに排除されてしまう人々があり、その背後には利権構造や異邦人支配への憎悪がありました。恵みの神を崇めて、恵みを分かち合う姿は見当たりませんでした。なので、イエスはその場を礼拝の場として回復するようにと迫り、整理なさったわけです（宮きよめ）。厳しく反省を求めたということです。そのうえで、悔い改めの実を結ぶように、ということです（一五～一九節）。その時の神殿は、あたかも、いちじくの木に実を求めたのにまるで実がなかった様子と同じである、そして実のないいちじくの木が無用の長物であるように、神殿がこのままであるなら同じことになると、ご自分の行動をもって示されました（一二～一四節）。厳しい物言いですが、本来は結実が望まれていたのだということを受けとめ直してほしいゆえです。そして、神殿にいる人々に対してもそうですが、同行している弟子たちにもそこを分かってほしいというのがイエスのお心でした。

イエスが人々を恵みに招き、悔い改めと信仰を迫ってきたのは（一・一五など）、望まれた信仰の結実に至ってほしいからです。イエスが「わたしについて来なさい」（一・一七、二・一四）と語り、実際について行き始めた弟子たちを薫陶するのは、望まれた信仰の結実に至ってほしいからです。イエスの招きは恵みの招き、だから幸いな道であるけれども、それは恵みの分かち合いに仕える道、そして、恵みを理解しない世にあっては妨げに遭う受難の道、十字架の道となります。しかし、そこを受けとめて従ってこそ、望まれた信仰の結実に至るのだとイエスは弟子たちに語るのです（八・三一～三八、九・三〇～三七、一〇・三二～四五）。神殿の様子はその逆を行ってしまっていますが、弟子たちにはそれを反面教師的に受けとめて学んでほしいということで、さらにイエスは、実際に望まれた信仰の結実とはどういうことかを弟子たちに語りなさるのです。

信頼に基づく神との豊かな交わり

イエスの招きに応えて恵みに生きる人々として望まれる信仰の結実とは、まず、神との信頼関係に基づく豊かな交わりだと言えます。神は恵み深いお方、そのように心から信頼して、そのみわざを期待し、神もそれに応えて恵みのみわざを進めてくださり、また人々がそれを喜んで受け取り、感謝して期待するという、双方向の豊かな交わりに生きるということです。

「さて、朝早く、彼らが通りがかりにいちじくの木を見ると、それは根元から枯れていた。ペテロは思い出して、イエスに言った。『先生、ご覧ください。あなたがのろわれた、いちじくの木が枯れています。』 イエスは弟子たちに答えられた。『神を信じなさい』」（一一・二〇～二二）。宮きよめの翌日の早朝、つまり、実のないいちじくの木にイエスが厳しい一言を放った翌日の早朝、その木が枯れているのを発見した時の様子です。ペテロをはじめ、弟子たちが驚くのは無理もないことですが、それに答えてイエスが言われるには「神を信じなさい」ということ。ここだけ切り取って読んでしまうと、神を信じれば即座に木を枯らせるほどのマジカルな力を持つようになるというふうに、間違って解釈してしまいそうです。まず確認すべきは、イエスは枯らせるために木を呪ったわけではなく、神殿の実情に対する宣告を嘆きとともに象徴的に述べたということです。望まれた信仰の結実がなかった神殿も、このままだとだれのためにもならず捨てられることになるという警告を、いちじくの木を材料に表現したのです。結果、翌日に枯れていたというのは、弟子たちに目に見えて分かりやすい教材となすという意味と、実際に危機は差し迫っているという示唆を与える意味と、両方あったと言えるでしょう。それでも警告ですから、間に合わないことはありません。嘆きとともに発せられる警告は、悔い改めへの切実な迫りです。ただ、その迫りさえ、イエスへの殺意で返してしまうあたり、ほぼ見込みがないと言えます（一八節）。しかし、せめて弟子たちには分かっていてもらいたいということで、望まれた結実とは何であったのか、イエスはそのエッセンスを説き明かされるのです。

「神を信じなさい。まことに、あなたがたに言います。この山に向かい、『立ち上がって、海に入れ』と言い、心の中で疑わずに、自分の言ったとおりになると信じる者には、そのとおりになります」（二二〜二四節）。神を信じれば山をも動かすマジカルな力が与えられて、人々を驚かせることができるなんて意味ではないことは先に述べたとおりです。確かに、神ご自身はそうした力を持っておられますし、信じる者の祈りに応えてくださる方です。けれども、マジカルな力で自分をアピールするというのは、恵みを分かち合うために召し出された人々としては方向が違います。どちらかと言えば、神殿を出入りする人々においては、そうした超自然的な力でローマ帝国を打ち負かす英雄的メシアを待望する風潮が主流だったでしょう。しかしイエスは、異邦人憎悪の温床と化した神殿の姿を宮きよめによって批判して、悔い改めを迫ったわけです。その点から言えば、動かされなければならない山とは、イエス一行が目の前に見ている都エルサレムの丘、神殿の丘であると言えそうです。確かに、イエスと弟子たちは前日の宮きよめの後、一度エルサレムから出て、改めて翌日、エルサレムに向かっている途中ですから（一九～二〇、二七節）、ちょうど行く手に神殿の丘が見えていたはずです。その状況で「この山に向かい」と言えば、今、目にしているあの山のことかということになりそうです。もちろん、イエスは「海に入れ」と言って山を呪っているわけではありません。ただ、神殿の丘を嘆かわしい思いで見て、その行く末に厳しい状況が待っていることを予見しておられました。いちじくの木への厳しい一言と同じことです。そう考えると、ここでイエスが弟子たちに教えようとしている望まれた結実とは、眼前の丘にそびえる神殿に期待されながら見当たらなかったもの、ということになるでしょう。

そして、それこそが山をも動かす力ある神への信頼ということなのです。当時の神殿にはこれがなかったので、社会状況に呑まれる形で異邦人憎悪に流されてしまっていました。力強い恵みの神への信頼があれば、こうした社会状況に負けることなく、恵みに生きる人々として歩めるはずでした。異邦人支配の中だって神が守ってくださるから大丈夫だ、と立つことができるからです。しかし、それを見失い、逆方向に走り、迫られる悔い改めに反発するという姿は、皮肉なことに、動かされなければならない「山」になるわけです。それが都の中心にドーンと存在していてはいけません。邪魔な山だということです。私たちの歩みの中には、力強い恵みの神への信頼を阻むものはないでしょうか。邪魔する山は動かされなければなりません。そして、神への率直な信頼、その上に成立する豊かな交わりを回復させていただかなければなりません。それこそが望まれた結実なのです。

「ですから、あなたがたに言います。あなたがたが祈り求めるものは何でも、すでに得たと信じなさい。そうすれば、そのとおりになります」（二四節）。「神との豊かな交わり」という観点で改めて二二節から読み直すと、イエスがそのような関係を大切なこととして強調しておられることがよく分かります。前節では「まことに、あなたがたに言います」（二三節）と述べており、大切なことを繰り返して言おうという意図が感じられます。ちなみに、イエスのこうした言い方は、ご自身を神の国の到来を告げるしるしとする発言や（八・一二）、復活を予告する出来事を示唆する発言など（九・一）、大切なことを告げる場面で出てきます。それゆえ、この場面で語られる、望まれた信仰の結実としての神との率直な信頼関係と豊かな交わりもまた、同じくらいに大切なのだということです。

それだけに、きちんと確認しておかなければならないのは、それは信頼関係と交わりの構築の話であるということです。つまり、「そうすれば、そのとおりになります」（二四節）ということを、信じれば何でももらえるというように、信心に対するご利益と考えるのは間違いだということです。あるいは、願いがかなわないのは信仰が足りないからだというのも違います。ここは、もらえるものや願いがかなうことが中心ではなく、恵み深い神は守ってくださる、祝福してくださる、分かってくださる、自分のような者の祈りも喜んで聴いてくださる、だから安心してお委ねできるという、神との信頼関係と豊かな交わりの話です。信頼して委ねますという告白のことです。こう告白されたら、それに応えたいと思うのは人間同士でもそうですが、まして相手は恵み深い神です。私たちの想像をはるかに超える最善を喜んで用意してくださいます。こうした神との信頼関係に生きることこそが、望まれた信仰の結実です。ぜひとも、私たちはこの実を結んでいきたく思います。

祈りから出る自発的な赦し

イエスの招きに応えて恵みに生きる人々として望まれる信仰の結実とは、神との信頼関係に基づく豊かな交わりのことだと述べました。では、その核心にある事柄は何でしょうか。言わば、望まれた信仰の結実の主成分に当たるものは何でしょうか。恵み深い神に信頼して祈るとき、その祈りが真実ならば、そこに必然的ににじみ出てくること、それは赦しです。

「また、祈るために立ち上がるとき、だれかに対し恨んでいることがあるなら、赦しなさい。そうすれば、天におられるあなたがたの父も、あなたがたの過ちを赦してくださいます」(二五節)。望まれた信仰の結実でありながら神殿には見当たらなかったのは恵み深い神との信頼関係だと述べた後、イエスは赦しについて語られます。これは、無関係の別の話題に移ったのではなく、つながっているテーマ、というか、表裏一体とでも言うべきものです。「あなたがたが祈り求めるものは何でも、すでに得たと信じなさい。そうすれば、そのとおりになります」(二四節)。だから赦しなさい、と続くのです。

ところが、残念ながら神殿には望まれた信仰の結実、すなわち、神との信頼関係に基づく豊かな交わりは見当たりませんでした。ということは必然的に、赦しという信仰の結実の主成分がなかったということです。確かに、異邦人のために開放されていた礼拝の場所さえ占拠して市場とし、異邦人が恵みの神に近づくことを妨げている様子の背後には、異邦人支配への憎悪があり、赦すこととの逆方向に事が進んでいます。そこで醸成されるメシア待望は、要するにローマ帝国の圧政を覆す復讐者への期待というわけですから、それによって赦しを知らない世界に拍車がかかることになります。そして、イエスの宮きよめに対して憤慨し、殺害計画を立てたとなると、これはもはや、赦しに生きる可能性を自ら破棄していることになります(一五〜一八節)。神との信頼関係に基づく豊かな交わりがなく、赦しを生きることから遠のいていくのです。

62　望まれた信仰の結実

しかしこれは、考えてみれば、それほど複雑なからくりではありません。信頼関係があれば、生ける神は恵み深く、この方に心開くならば恵みで生かされていることが分かる、この方が必要なものを備え、守り導いてくださる、なので心配事に負けることはない、委ねて安心できる、そして恵みを分かち合って平和が生まれる、という展開へと導かれます。しかしこの信頼関係を築けないと、事は逆に動きます。恵み深い神の守り導きに心から信頼しないで不安や不満を自分で背負うと、それらを委ねる先がなくなり、我慢も限界に達すると、その解消のために手段を選ばなくなります。相手に脅威を感じている間は、譲歩しつつも憎悪を募らせて復讐の機会をうかがい、やがて積年の恨みから暴力に舵を切ることになります。赦しに生きることを見失っていくのです。当時の神殿の様子はまさしくそれで、その意味で望まれた信仰の実を結ぶことができていませんでした。結果、あのいちじくの木が翌日に枯れてしまったように、この後四十年もたたないうちに、ユダヤ人はローマ帝国に反逆し、返り討ちに遭い、都エルサレムは木っ端みじんに打ち砕かれることになるのです（紀元七〇年・エルサレム陥落）。

それでイエスは、心に嘆きを覚えつつ人々を悔い改めに招きますが、見込みの薄い実情に、せめて弟子たちには望まれた信仰の実を結んでいってほしい、その主成分が赦しであるところの豊かな交わりを神との信頼関係のうちに生きる人々になってほしいと、語りかけなさるのです。「また、祈るために立ち上がるとき、だれかに対し恨んでいることがあるなら、赦しなさい。そうすれば、天におられるあなたがたの父も、あなたがたの過ちを赦してくださいます」(二五節)。「祈るために立ち上がる」という言い方は、神殿で祈る人々の格好を意識させますが、祈りは格好ではなく、必然的に赦しを伴う中身が大切なのだということです。恵み深い神の守り導きに信頼して祈り、様々な困難や不利益があっても神が事を正しく治めてくださるとお委ねをして、恨みに思うことがあっても引きずることなく、復讐から身を引くこと、そして、気持ちの上でも相手を受け入れることができるように願い進むことです。恵み深い神は私たちの祈りを聴いて、願うところを満たしてくださる方なので(二四節)、信頼して祈る祈りのうちに他者を赦すことができるようにしてくださるということなのです。つまり、他者を赦すことは、祈る者のうちになされる神のみわざなのです。ということは、裏を返せば、祈りなくして赦そうとしても無理だということです。表面を取り繕う程度のことは祈りなしでもできるでしょうが、そんな取り繕いはそのうちに破れていくでしょう。そうではなく、祈って恵み深い神に信頼することを体得するとき、赦しはそこに成立していくのです。たとえうまくいかない場面があっても、祈りに立ち返って再び始めることができるのです。望まれた信仰の結実とは、こういうことです。

しかも、イエスによれば、そうした赦しは自発的なものとなるということです。自発的に赦すことは人の力では相当に難しいでしょうが、祈りによって神との信頼関係に生きるなら、そのように導かれるというのです。相手がどうであれ、周りがどうであれ、恵み深い神が事を治めてくださると信じることができるからです。それゆえに、自分から赦すことが可能になるのです。「また、祈るために立ち上がるとき、だれかに対し恨んでいることがあるなら、赦しなさい」(二五節)。ここには神への信頼以外に赦しの条件はありません。赦しは神との信頼関係に支えられた自発的なものなのです。「赦しなさい。そうすれば、天におられるあなたがたの父も、あなたがたの過ちを赦してくださいます」(同節)とは、条件のように読めますが、そうではありません。自分が赦さなければ神に赦してもらえないから、神に赦してもらうために自分も赦すということではありません。そうではなく、恵み深い神との信頼関係のうちに他人への恨みを自分から去らせるならば、神はそれを喜び、神ご自身がその負い目を負い、また事実関係にも働きかけて、恨みを去らせてくださるということです。神に信頼して委ねて祈る、その祈りから赦しに生きるという実が結ばれてくるのです。信仰の実として望まれているのは、こういうことなのです。私たちもこうした実を結ぶ者たちでありたく思います。

63　恵みが分からない人々へ

〈マルコ一一・二七〜三三〉

「彼らは再びエルサレムに来た。イエスが宮の中を歩いておられると、祭司長たち、律法学者たち、長老たちがやって来て、こう言った。『何の権威によって、これらのことをしているのですか。だれがあなたに、これらのことをする権威を授けたのですか。』イエスは彼らに言われた。『わたしも一言尋ねましょう。それに答えなさい。そうしたら、何の権威によってこれらのことをしているのか、わたしも言いましょう。ヨハネのバプテスマは、天から来たのですか、それとも人から出たのですか。わたしに答えなさい。』すると、彼らは論じ合った。『もし、天から来たと言えば、それならなぜ、ヨハネを信じなかったのかと言うだろう。だが、人から出たと言えば――。』彼らは群衆を恐れていた。人々がみな、ヨハネは確かに預言者だと思っていたからである。そこで、彼らはイエスに、『分かりません』と答えた。するとイエスは彼らに言われた。『わたしも、何の権威によってこれらのことをするのか、あなたがたに言いません。』」

分かる・分からないには、実際、様々な意味があります。初心者で全く分からないというレベル、多少は分かるがはっきりとは分からないというレベル、分かっているけれども知るほどには知らぬと謙遜するレベル、熟知しているけれどもなおも探求すべきことがあるというレベル……。しかしここで注目したいのは、そういう意味での分からないということではなく、むしろ、分からず屋、分かろうとしない、あるいは、内心は分かっていても認めようとしない、認めたくない、そういう人々です。これは理解力の問題ではなく関心の問題、さらには権威の問題です。関心がなければ、何を言っても、その人のうちに入っていきません。しかし、内心、実は関心があるのに入っていかないとなると、これは権威の問題です。この意見は気に食わない、だから言われても聴かないということで、聞くべき事柄に権威を認めない、認めたくないという態度です。さらに言えば、聴くに値するかどうかを決めているのは自分自身であり、その意味で自分が権威になっている状態です。

聖書のみことばから説教が語られるとき、あなたの態度はいかがですか。キリスト者は本来、そのように自分を権威にしてしまうところが打ち砕かれて、神の前に出た人々、否、神の前に出ている人々です。けれども残念ながら、自分を権威にする傾向があるという方はいませんか。あるいは、周りにそういう人がいて、心を痛めて祈っているという場合があるかもしれません。そのように恵みの招きに対して分からず屋になっている人々に、イエスはいかに語りかけなさるのでしょうか。そこを学ぶことで、もしあなた自身が分からず屋になりかかっていたのならば、みことばに耳を傾け直す謙虚な姿勢を取り戻していただきたく思います。また、周りにそういう人がいて心を痛めている人は、イエスの対応を知り、その取り計らいに委ねていきましょう。いずれにしても、イエスは、どんな分からず屋であっても恵みの招きに応える人になってほしいと導きなさる方です。厳しい態度で臨む場合でも、「わたしについて来なさい」（一・一七、二・一四）との招きに変わりはありません。

「時が満ち、神の国が近づいた。悔い改めて福音を信じなさい」(一・一五)。イエスは活動の最初からこのように宣べ伝え、人々を恵みに歩むようにと招いてきました。これに応じるとは、それまで神の恵みに背いて歩み、自己中心で傲慢で、罪の中にあったことを認めてへりくだり、悔い改め、また、そんな自分でもお招きいただいたことに感謝して、招いてくださった方を信頼して歩み始めることを意味します。それで招かれて、ついて行き始める人々もいます(弟子たち)。けれども、心を頑なにして反抗的になる人々もいます。悔い改めを迫られ、厳しいことを言われて逆切れし敵対する人々、せっかく恵みの道に招かれているのに聴く耳を持たず、分からず屋に陥ってしまうパターンです。しかしイエスは、そういう人々をも招き続けます。それはまさしく命がけの行為、十字架の道です(八・三一、九・三一、一〇・三三~三四)。結果、イエスは敵対する人々の手にかかって命を捨てることになりますが、それはそこまでして恵みに招きなさるということなのです。分からず屋のために命を献げて恵みに招くお姿です。私たちもそうやって招いていただいたのだということを心に銘記しなければなりません。

悔い改めを拒む人々への沈黙

「何の権威によって、これらのことをしているのですか。だれがあなたに、これらのことをする権威を授けたのですか」（二八節）。権威に関する質問です。該当する行為に関して、正当な権威が認められるかどうかという話です。簡単に言えば、こんなことをするなんて「何様のつもりか」ということです。

この質問は、イエスが都エルサレムの神殿を整理して、そこから締め出されて祈ることもできないでいた異邦人や貧しい人々のために改めて場所を設けるという行為（宮きよめ）に対して向けられたものです。神殿に関する事柄全般を取り仕切る祭司長たち、律法学者たち、長老たちが、翌日改めて神殿にやって来たイエスに対してぶつけた質問です（二七節）。彼らとしては、自分たちが誇りと責任をもって行っている事柄に対して、イエスが何の許可もなく勝手に批判的な騒動を起こしたとして、糾弾する意図をもって問い詰めようとしているわけです。そこには批判されて誇りを傷つけられたことへの怒りもさることながら、起こされた騒ぎに反応してユダヤ駐留のローマ軍が取り締まりにやって来たら、神殿の取り仕切りを任せてもらっている自分たちの立場が危ないという恐れがありました。神殿をローマ軍に占拠されて祭儀を禁じられたら、メシア到来の希望も遠のくという危機感がありました。それで、これ以上イエスを自由に活動させてはならないとの認識を持っていたわけです。実際、すでに彼らは昨日の段階でイエス殺害計画を立て始めていますので（一一・一八）、その感情は推して知るべしというところです。

それゆえ彼らには、イエスの言葉に耳を傾けようなんて気持ちはハナからありません。質問をしてはいますが、それは分かりたくて尋ねているのではなくて、否定したくて揚げ足を取ろうとしているのです。権威を問題にするということは、正当性を疑っている、というか、認めたくないということで、要するに聴く気はない、分かりたくないという、分からず屋の姿です。イエスが旧約預言者の言葉をもって悔い改めを迫っているのに（一一・一七）、素直に応じないばかりか、逆に潰しにかかるという態度。これでは、イエスの恵みの招きに応えて歩むというわけにはいきません。

そんな彼らの問いに対して、イエスは逆質問の形でお答えになります。「わたしも一言尋ねましょう。それに答えなさい。そうしたら、何の権威によってこれらのことをしているのか、わたしも言いましょう」（二九節）。質問を受けて逆質問で答えるケースは、政治家などが記者会見で答えたくない質問をぶつけられたときに煙に巻くパターンを連想しますが、イエスはそうではありません。「わたしも言いましょう」と言っていますから、答えるつもりはあるわけです。ただ一つ、その前に確かめたいことがあるので、尋ねると言っているのです。それは何かといえば、神の恵みの招きに対する彼らの態度についてです。そこを明確にしないことには、今ここで答える義理はないということです。実は、この点についてイエスのほうから答えるにはここぞというタイミングがあり、イエスが狙っていたのは「過越の子羊を屠る日」（一四・一二）だったということが後に判明します。

さて、イエスが彼らに尋ねた逆質問は、「ヨハネのバプテスマは、天から来たのですか、それとも人から出たのですか」（三〇節）というものでした。バプテスマのヨハネを引き合いに出して、その活動の権威についてどう考えるかという問いです。イエスはバプテスマのヨハネとの連携を示しながら、後者の活動に権威を認めるなら、前者もそうだという論法で応答を迫るわけです。バプテスマのヨハネといえば、イエスの先駆者として人々の心を神に向け直す悔い改めのバプテスマ運動を展開し、集まって来た人々にイエスを紹介する役目を果たした人物です。そして、そのようにして備えられた道に連なって、イエスは恵みの支配の訪れを告げ知らせ、人々を恵みに生きるように招くわけです（一・一～一五）。この連携のゆえに、バプテスマのヨハネの活動に権威を認めるならばイエスに対してもそうでなければならず、逆もまた真ということになります。そのあたりをどう考えているのかと、イエスは彼らに問い返すわけです。

バプテスマのヨハネの働きは天からか人からかという問いは、単純に二者択一です。正解の確率は五十％という問いです。悩まなくても答えることくらいできそうな問題ですが、彼らは悩みます。「すると、彼らは論じ合った。『もし、天から来たと言えば、それならなぜ、ヨハネを信じなかったのかと言うだろう。だが、人から出たと言えば――』」(三一～三二節)。イエスが招く恵みの支配に応答しない彼らは、ヨハネが迫る悔い改めにも応じませんでした。なので、天からの権威を認めているわけではないのですが、世間の趨勢から簡単にそうとも言えず、結局、答えは「分かりません」(三三節)。白紙回答では点数になりません。「するとイエスは彼らに言われた。『わたしも、何の権威によってこれらのことをするのか、あなたがたに言いません』」(同節)。

どうして彼らは答えなかったのでしょうか。心理的な側面から言えば、それは自負心、プライドということでしょう。自分たちが誇り、また、希望を託す神殿祭儀を踏みにじるやつの言うことに権威など認めたくない、そいつの誘導尋問に引っかかって馬脚を現してしまうのも恥だということで、返答先延ばしの選択になったということです。痛いところを図星で突かれて、自負心を刺激されて強がるというパターンです。背後には、立場や利権を失うことへの恐れ、異邦人支配に対する脅威と憎悪、人前で威厳だけは保ちたいという欺瞞などが渦巻いています。それで、悔い改めの迫りにも恵みの支配の招きにも応えられないでいるのです。それは、言われていることの内容が分からないのではなく、認めたくないということなのです。

そんな彼らにイエスは、これ以上、何も言うことはないということで、返答を差し控えます。もちろん、彼らが答えればイエスも話すということでしたので、これはアンフェアなことではありません。そして、これは彼らを見捨てたということでもなく、依然として、悔い改めの迫りと恵みの招きは彼らに突きつけられています。何も話すまいとは、この際、言うべきことはすでに言われている、あとはあなたがたがどうするかだというメッセージなのです。沈黙が、拒む人々への招きとなるのです。これは後に、彼らがイエスを十字架につけて拒むという結論を出したとき、イエスが黙々と十字架を背負っていく姿へとつながっていきます。分からず屋に対して、沈黙によってなおも強烈に悔い改めを迫り、恵みの招きを提供しているのです。私たちもこうやって招かれたということを心に刻まなければなりません。

神よりも人を恐れる人々への啓示

「ヨハネのバプテスマは、天から来たのですか、それとも人から出たのですか」（三〇節）とのイエスの逆質問に対して、祭司長、律法学者、長老たちはどう答えるべきか論じ合うものの、答えを出すことができませんでした。ヨハネの悔い改めの迫りに対して取り合うことをせず、イエスの恵みの招きに敵対する彼らとしては、そこに天来の権威など認めたくないというのが本音でした。さりとて、人間由来の運動にすぎないと言ってしまえば、それもまたまずいことになりそうだという判断です。そして、この煮えきらない判断の背後には、「彼らは群衆を恐れていた。人々がみな、ヨハネは確かに預言者だと思っていたからである」（三二節）という事情がありました。群衆を刺激して騒ぎになれば、取り締まりのために総督府から派遣されたローマ軍が神殿に乗り込んで来るという最悪の事態に陥りかねないという心配がありました。そのようにして人目を気にする、人を恐れるという姿です。

悔い改めと信仰の招きに素直に応えられないとき、実は人目を気にしている、人を恐れているということがあります。あなたはいかがですか。周りを見回し、そこに合わせて、あるいは、自分に同調してくれる仲間を探して、寄らば大樹、それで自分の正当性を確保して、神からの迫りにまともに応えない口実を作ろうとする傾向はありませんか。

祭司長、律法学者、長老たちは、実は人を恐れていました。しかし、ここに大きな矛盾があります。彼らはユダヤ社会のトップに立つ人たちです。立場上、恐れる人などいないはずです。なのに、庶民を怖がっているということです。確かに、表向きは威風堂々、威厳のある雰囲気で威張ってみたり、人を見下したり、権威を振りかざす態度を取ったりしています。けれども、その内心は人を恐れるという自己矛盾。そして、さらに大きな矛盾は、彼らが自分たちの権威を神からのものと自負していたことにあります。それが本当に神からの権威ならば、イエスの逆質問に対峙しても、人を恐れずに堂々と答えればいいのに、それができません。こういう態度では事実上、自分たちが恐れている周りの人々が自分たちの言動を左右する規範のようになっており、その意味で周りの風潮や社会構造に権威を売り渡していることになります。本当の意味で神の権威の前にへりくだっているとは言えません。それなのに、神からの権威は自分たちにありという自己欺瞞に陥っているのです。

そんな彼らに対してイエスは答えます。「わたしも、何の権威によってこれらのことをするのか、あなたがたに言いません」（三三節）。先述のように、これは沈黙ですが、招きです。そして、もう一つ。本当の権威はどこにあるのか、よく考えよという挑戦です。沈黙のうちに、権威の本当の所在について挑戦的な形で示しておられるのです。確かに、この場面、事柄の展開をよく見てみると、実は権威をもって主導権を握っているのはイエスだと分かります。祭司長、律法学者、長老たちはイエスの権威について難癖をつけようとやって来ますが、その彼らが実は人を恐れていることが暴露されます。逆にイエスは、実に落ち着き払って堂々としています。彼らがイエスの逆質問に答えればイエスも話す、しかし、答えられなかったので話すことはないということで、イエスが主導権を握り、その主導のとおりになったということです。これ以上、何も言うことはないと述べつつ、イエスの沈黙が権威の本当の所在を雄弁に語ります。神からの権威を啓示しているのです。そして、このように黙々と、しかし、明確に権威の所在を示すイエスの姿は、後の十字架の姿につながっていきます。十字架の姿は一見、追い詰められて殺されていく惨めな姿で、権威のかけらもないように思えます。しかし、イエスは逃げ隠れすることなく、自ら黙々と十字架へと向かって行かれます。恵みの招きに反抗して悔い改めることをしない人々の罪を背負い、自らそこを耐え抜いて、命を捨ててまでそのような罪深い人々を招かれるのです。全く人を恐れることなく進まれます。十字架の死さえもイエスの恵みの招きをやめさせることはできませんでした。主導権は、最後までイエスにあったのです。これが神からの権威の所在を裏づけるのです。もちろん、死んで終わりではなく、イエスはこの権威を明示すべく予告どおりに死を打ち破ってよみがえります。その権威をもって、今も恵みに歩むようにとイエスは私たちを招かれるのです。人を恐れなくてもよい、真の権威は恵みに招くご自身にありと示しながら。

64　神の国の主権者

〈マルコ一二・一～一二〉

「それからイエスは、たとえで彼らに話し始められた。『ある人がぶどう園を造った。垣根を巡らし、踏み場を掘り、見張りやぐらを建て、それを農夫たちに貸して旅に出た。収穫の時になったので、ぶどう園の収穫の一部を受け取るため、農夫たちのところにしもべを遣わした。ところが、彼らはそのしもべを捕らえて打ちたたき、何も持たせないで送り返した。そこで、主人は再び別のしもべを遣わしたが、農夫たちはその頭を殴り、辱めた。また別のしもべを遣わしたが、これを殺してしまった。さらに、多くのしもべを遣わしたが、打ちたたいたり、殺したりした。しかし、主人にはもう一人、愛する息子がいた。彼は「私の息子なら敬ってくれるだろう」と言って、最後に、息子を彼らのところに遣わした。すると、農夫たちは話し合った。「あれは跡取りだ。さあ、殺してしまおう。そうすれば、相続財産は自分たちのものになる。」　そして、彼を捕らえて殺し、ぶどう園の外に投げ捨てた。ぶどう園の主人はどうするでしょうか。やって来て、農夫たちを殺し、ぶどう園をほかの人たちに与えるでしょう。あなたがたは、次の聖書のことばを読んだことがないのですか。
「家を建てる者たちが捨てた石、
それが要の石となった。
これは主がなさったこと。
私たちの目には不思議なことだ。」』

彼らは、このたとえ話が自分たちを指して語られたことに気づいたので、イエスを捕らえようと思ったが、群衆を恐れた。それでイエスを残して立ち去った。」

国民主権は日本国憲法の柱の一つです。近代民主主義国家の理念に立つ国の憲法として極めてまっとうであり、特に先の戦争に対する反省を踏まえてのことであるので、実に大切な、譲ってはならないところです。その理念が実際に実現しているかについては微妙なところもありますが、主権を託されている私たちが主体的に考えて政治に関わることは大切です。

さて、それならば、神の国はどうでしょうか。そこでの主権者はいったいだれなのでしょうか。イエスは人々を神の国に招くのに、「わたしについて来なさい」(一・一七、二・一四)と語りかけます。ついて行く人々はイエスの弟子となりますが、それは主権者になることとは意味が違います。もちろん、イエスの招きに応えるとは恵みに主体的に生きるということで、その意味では具体的な生活の場において恵みの統治に参与することです。しかし、それは従順な弟子となること、謙遜について行くことで、主権者になることではありません。むしろ、神の国である以上、その主権者は神ご自身であり、神の恵みで治めるべく王（「神の子」）として立てられたイエスご自身であると言わなければなりません。すなわち、私たちが主と呼んで従う方のことです。あなたはだれを主と呼んでいますか。主と呼ばれるイエスに従っているでしょうか。イエスを主と呼びながら、自分が主権者として振る舞ってはいないでしょうか。イエスが示す恵みの神ご自身が主権者であられることを受け入れて、その方を畏れ敬い、その導きに信頼して従っているでしょうか。神の国に生きるとは、そういうことなのです。それならば、私たちが畏れ敬い、聞き従うべき神の国の主権者たる神とはどんな方なのでしょうか。

心砕かれた者に寄り添う聖なる方

「それからイエスは、たとえで彼らに話し始められた」（一節）。この場面は、イエスが都エルサレムの神殿を本来のように「あらゆる民の祈りの家」（一一・一七）となすべく整理・解放した後、それに憤りを覚えた祭司長、律法学者、長老たちがイエスに論争を仕掛けたのに、イエスから逆質問されて答えに窮してしまった、その流れでイエスが語り始めたというところです。このときの論争のテーマは、イエスの行為は何の権威によってなされているのかということですが、イエスは彼らの詰問には直接にお答えになりません（一一・三三）。しかしながら、直接に答えずとも、彼らが何をしているのかをたとえ話によって風刺することで、実は彼らが神の権威に逆らっていることを示そうとなさるのです。

「ある人がぶどう園を造った。垣根を巡らし、踏み場を掘り、見張りやぐらを建て、それを農夫たちに貸して旅に出た。収穫の時になったので、ぶどう園の収穫の一部を受け取るため、農夫たちのところにしもべを遣わした」(一～二節)。この話を聞きながら、祭司長、律法学者、長老たちは旧約聖書のある箇所を連想したはずです。彼らはその道の専門家ですから、すぐにピンときたことでしょう。「わが愛する者は、よく肥えた山腹にぶどう畑を持っていた。彼はそこを掘り起こして、石を除き、そこに良いぶどうを植え、その中にやぐらを立て、その中にぶどうの踏み場まで掘り、ぶどうがなるのを心待ちにしていた」(イザヤ書五・一～二)。なるほど、イエスのたとえ話とよく似ています。というか、イエスはイザヤ書のこの箇所(いわゆる、ぶどう園の歌)を念頭に語り始めたと言うべきでしょう。

それならば、このぶどう園の歌は何を意味しているのでしょうか。イエスの時代から遡ること七百五十年、ユダの人々は神の恵みに生きてその証しを立てるべく導かれてきたにもかかわらず、神の恵みを忘れて自分勝手に歩み、私利私欲を追求して他を顧みず、周りの国々と力関係を巡る争いに明け暮れる有様でした。平気で不正や暴虐がなされているのに、エリート意識が強く高慢になっているという状態です。預言者イザヤが記したぶどう園の歌はこうした状態の人々に向けて語られた神の言葉で、その内容は実に厳しい神の迫りです。せっかく恵みに生きる人々の麗しい姿という結実が期待されていたのに、「酸いぶどうができてしまった」（同二節）というのです。あまりにも残念なので、神は言われます。「今、エルサレムの住民とユダの人よ、さあ、わたしとわがぶどう畑との間をさばけ。わがぶどう畑になすべきことで、何かわたしがしなかったことがあるか。なぜ、ぶどうがなるのを心待ちにしていたのに、酸いぶどうができたのか」（同三〜四節）と。そして、その後は、「わたしはその垣を取り払い、荒れすたれるに任せ、その石垣を崩して、踏みつけられるままにする。わたしはこれを滅びるままにしておく」（同四〜五節）と言います。背きの罪の中に進むに任せて、滅びを身に招く結果を引き受けさせるということです。これが罪人に対する神の裁きの形です。厳しい宣告です。けれども、これは心が引き裂かれる悲しみにおける警告と言うべきものです。悔い改めないならこうなることは目に見えている、けれども本当はそうなってほしくないという叫びです。厳しい中に悔い改めを迫る憐れみが燃えたぎっています。では、何を悔い改めるべきなのでしょうか。「彼らが万軍の主のおしえをないがしろにし、イスラエルの聖なる方のことばを侮ったからだ」（同二四節）。ここを何とかしなくてはいけないのです。

しかし、そう言われても、人間の力では何ともならないのが人間自身の罪深さ。そのような中で神が憐れみをもって立ち上がってくださるというのがイザヤ書の述べるところです。まずは、イザヤ自身が聖なる神の前に出ます。すると、神の宣告を告げてきた自分自身が実は汚れていたことに気づき、打ちのめされます。しかし、そこで心砕かれてへりくだったイザヤに神は近づき、寄り添って彼に触れ、自覚された汚れを取り除いてくださいました（同六・一〜七）。そしてイザヤを再び立ち上がらせ、預言者として遣わし、人々がその告知によって悔い改めに導かれるように、たとえわずかであっても恵みに生きる人々が生み出されるように用いると約束なさるのです（同八〜一三節）。つまり、聖なる神は、心砕かれてへりくだる人を憐れんできよめてくださるということです。これが神の聖なのです。

イエスは、イザヤ書が描くこのような事柄を念頭に、祭司長、律法学者、長老たちに対してぶどう園のたとえ話を語り始めたと考えられるのです。それゆえに、このたとえの結末が厳しい風刺で終わっても、その心は悔い改めへの迫りであり、そこにはへりくだる者を憐れむ聖なる神の言葉が響いていると言えるでしょう。そして、このたとえ話がイエスの示す神の国の権威に関する論争を背景に語られていることを念頭に置けば、神の国の主権者である神ご自身は心砕かれた者に寄り添う聖なる方なのだということがここに示されていると言えるでしょう。神の恵みに生きることを拒むとは、神の国の主権者を認めないことを意味しますが、神はそのような人々に悔い改め、すなわち、主権の明け渡しを迫ります。しかし、強硬に奪取するのではなく、燃えたぎる憐れみをもって迫り、また、それによって心砕かれてへりくだる者には寄り添ってくださるのです。今、そのように神に迫られている方はいらっしゃいませんか。ぜひとも、心ひれ伏して、神の招きに心を向けてください。

謙遜と忍耐の限りを尽くして恵みに招く方

「ぶどう園の主人はどうするでしょうか。やって来て、農夫たちを殺し、ぶどう園をほかの人たちに与えるでしょう」（九節）。イエスが語るたとえ話は、何とも物騒な結末で締めくられます。ここだけだと、どう考えても謙遜や忍耐は見えない感じがします。しかしながら、語り出しから展開を追っていくと、なるほど、謙遜と忍耐という姿が見えてきます。

上述のとおり、このたとえ話は、その念頭にイザヤ書五章のぶどう園の歌が置かれていまず。これを聴く祭司長、律法学者、長老たちはそれを連想できたはずですので、この後に酸いぶどうができてしまい、ぶどう園が荒れ廃れるのに任せられるという展開を予測したでしょう。ところが、イエスの話は「収穫の時になったので、ぶどう園の収穫の一部を受け取るため、農夫たちのところにしもべを遣わした」（二節）という展開です。そうか、まともな収穫があったのかと、一瞬、胸をなでおろします。けれども、その後の展開がとんでもないことになります。ぶどう園を任された農夫たちが、ひどい裏切り行為をやらかしていくのです。神が整えたご自身所有のぶどう園になぞらえられる神の民の社会、それなのに、管理を任された者たちが神のみこころを裏切っているとの厳しい指摘です。

そこで、この農夫たちの裏切り行為について、話の順を追いつつ、その特徴を整理してみましょう。まず、指摘すべきは主権の強奪です。このぶどう園の所有者は言うまでもなくこれを造営する主人です。雇われて働く農夫たちではありません。それゆえ、収穫も本来、主人のものです。もちろん、主人が遠い外国にいて、収穫に関する取扱いを実際に働く農夫たちに任せるという契約はあり得ることですが、それでも主人の所有であるはずです。したがって、「ぶどう園の収穫の一部を受け取るため」（二節）とは、実際にそういう契約であったにしても、かなり農夫たちに譲歩した感じがします。そして、この奇妙な空気感そのままに、話は農夫たちが集団で主人を裏切り、ぶどう園を勝手に自分たちの所有にするという企みが実行されていくことになります（三～八節）。これについては、当時、異邦人の地主に対する抗議でユダヤ人農民の労働争議が頻繁になされたことが一つ社会的背景として指摘できるでしょうが、それにしても相当に誇張された話になっています。異邦人支配への憎悪もさることながら、エルサレムの神殿の任務を担う人々が神の主権を強奪する様子の風刺として、強烈なインパクトを持っていると言えるでしょう。

次に指摘すべきは、使信の拒否です。たとえ話では、ぶどう園の主人は「農夫たちのところにしもべを遣わした」（二節）のですが、農夫たちは聴く耳を持ちません。むしろ、派遣されたしもべにひどい仕打ちをして、手ぶらで追い返してしまいます（三節）。それを何度も繰り返し、仕打ちのひどさはエスカレートします。命を奪われる者さえ出てしまいます（四～五節）。派遣された者は主人の代理であり、その言葉を伝える役目です。そのような人々にひどい仕打ちをするということは、主人の言葉を拒み、主人をないがしろにする態度です。主権者だと全く思っていないということです。イザヤ書五章のぶどう園の歌を背景に鑑みて、ぶどう園の主人を神ご自身だとすれば、派遣されるしもべたちは神のメッセージを告知する預言者たちということになります。その預言者たちにひどい仕打ちをするというのは、神の使信を拒否するということです。悔い改めて恵みに生きよとの神のメッセージを拒むとなれば、もはや恵みの支配に生きているとは言えません。

そして、もう一つ。最後通告の拒否です。派遣したしもべたちがひどい仕打ちに遭うなら、最後の手段に出るしかないと、ぶどう園の主人は自分の息子を派遣します。まさしく自分の代理として尊敬をもって接してくれるだろうとの考えです（六節）。ところが、「農夫たちは話し合った。『あれは跡取りだ。さあ、殺してしまおう。そうすれば、相続財産は自分たちのものになる。』　そして、彼を捕らえて殺し、ぶどう園の外に投げ捨てた」（七〜八節）という結果。残酷な仕打ちであると同時に、実に愚かな判断です。息子を殺せば財産が雇い人のものになるなんて、どういう理屈でそう考えたのでしょうか。確かに、当時、相続人なしで地主が亡くなった場合、しかも遠国で亡くなって連絡の取りようがない場合、その土地は使用者のものとなったということなので、それを狙った犯行にも見えますが、この場合、地主は元気に生きています。それなのにこんなことをするとは、愚かとしか言いようがありません。文字どおり、ぶどう園の主権を強奪しようと、最後通告をも拒んで犯行に及んだということです。そして、この描写が示す様子、すなわち、預言者たちの使信に応えることを拒んできた者たちが、神からの最後通告として派遣されてきた方をも拒んで、その命を奪うというのは、まさしく祭司長、律法学者、長老たちがしようとしていることなのです（一一・一八）。しかし、これは彼らだけの問題ではありません。だれでもイエスによる恵みの招きを拒むならば、同じことをしていることになるのです。

しかしながら、このぶどう園のたとえ話は、恵みの招きを拒む人々の愚かで残酷な姿を暴き出すと同時に、こうした人々を恵みに招く神がいかに謙遜で忍耐深い方であるかを明確にします。イザヤ書五章のぶどう園の歌を背景として鑑みれば、それは明らかです。神ご自身を指し示すところのぶどう園の主人は、その造園に際して自ら労を執り、収穫を期待して農夫たちにぶどう園を託します。収穫はすべて所有者である主人のものであるはずなのに、受け取り分として一部を農夫たちに求めます。派遣されたしもべたちが農夫たちによってひどい目に遭わされても、何度も派遣します。それでだめなら「愛する息子」（六節）までも遣わすのです。いやいや、この場合、危険すぎて、一番派遣してはいけない人です。なのに、自分の代理として尊敬してくれるだろうなんて、何を根拠にそう考えるのでしょうか。しかし、結局、息子を派遣してしまいます。そして、案の定、最も無残な目に遭ってしまいます。なぜここまでするのでしょうか。本当は主権者ですから、いつでも強硬な手段に訴えることはできるはずですが、そうしないで、農夫たちの反逆を耐え忍び、彼らが自ら気づいて主権者を認め、誤りを認めて謝罪し、態度を改めることを期待するのです。これは、人間ドラマのレベルで理解できるものではありません。ここまでの忍耐と謙遜でもって相手が自ら気づくのを待ち、真っ当な応答を求めて招くのは、神の愛以外の何ものでもありません。神の国の主権者の姿です。

そして、これはイエスの十字架の出来事に連なります。神に背いて恵みを無視して歩む人々のただ中にイエスは来られました。父なる神の「愛する息子」として派遣されてきたのです。そのみこころを果たすために、イエスは反逆する人々をも恵みに招いてやまない、命がけの招きをなさいます。逃げずに招く結果が予告どおりの十字架の死です。十字架を背負わされても、十字架で命を捨てても忍耐し、罪人たちが悔い改めるように呼びかけ続ける姿です。ぶどう園のたとえ話では、その結末は警告としての厳しい審判の描写となっていますが、実際にはそこを含めての悔い改めへの招きです。イエスの十字架の招きにさえ応答しないで悔い改めを拒むのであれば、その帰結は恵みを拒む世界に巻き込まれて滅びるということです。史実としては神殿崩壊（七〇年）にその実現の一部を見ることになりますが、いずれにしてもイエスの十字架は悔い改めへの命がけの招きであり、謙遜と忍耐の限りを尽くして恵みに招く神の国の主権者の心そのものであるということです。この神の国の主権者からの招きに、あなたはふさわしい態度で応えているでしょうか。

65　礼拝の再構築というミラクル

〈マルコ一二・一〜一二〉

「それからイエスは、たとえで彼らに話し始められた。『ある人がぶどう園を造った。垣根を巡らし、踏み場を掘り、見張りやぐらを建て、それを農夫たちに貸して旅に出た。収穫の時になったので、ぶどう園の収穫の一部を受け取るため、農夫たちのところにしもべを遣わした。ところが、彼らはそのしもべを捕らえて打ちたたき、何も持たせないで送り返した。そこで、主人は再び別のしもべを遣わしたが、農夫たちはその頭を殴り、辱めた。また別のしもべを遣わしたが、これを殺してしまった。さらに、多くのしもべを遣わしたが、打ちたたいたり、殺したりした。しかし、主人にはもう一人、愛する息子がいた。彼は「私の息子なら敬ってくれるだろう」と言って、最後に、息子を彼らのところに遣わした。すると、農夫たちは話し合った。「あれは跡取りだ。さあ、殺してしまおう。そうすれば、相続財産は自分たちのものになる。」　そして、彼を捕らえて殺し、ぶどう園の外に投げ捨てた。ぶどう園の主人はどうするでしょうか。やって来て、農夫たちを殺し、ぶどう園をほかの人たちに与えるでしょう。あなたがたは、次の聖書のことばを読んだことがないのですか。

『家を建てる者たちが捨てた石、
それが要の石となった。

これは主がなさったこと。

私たちの目には不思議なことだ。』」

彼らは、このたとえ話が自分たちを指して語られたことに気づいたので、イエスを捕らえようと思ったが、群衆を恐れた。それでイエスを残して立ち去った。」


「私たちの目には不思議なことだ」(一一節)。世にも不思議なことと言われるものがあります。古代遺跡の謎から現代の怪事件まで、あるいは、宇宙の諸現象から深層心理の諸事象まで。しかしながら、数ある不思議なことのなかでも、不思議中の不思議、奇跡中の奇跡といったら何でしょうか。様々な答えがあるでしょうが、キリスト者としては、神が私たちをご自身に近づく礼拝の場へとお招きくださった事実を外すことはできません。そもそも私たちは限りある存在で、全宇宙の大きさからすれば塵にもならない小さな者たち。虚弱で頼りない私たちを、宇宙のつくり主、偉大な神ご自身が御前にお招きくださるというのですから。しかも、そんな私たちを神は愛して恵みで生かしてくださっているのに、恩知らずにも私たちはそれを無視して自己中心と傲慢に歩み、本来ならば捨てられても仕方ないところ、なおも神は忍耐の限りを尽くして御前に招き、私たちが悔い改めて恵みに歩むことができるように臨んでくださっているのですから。それゆえ、礼拝はミラクルだと言わなければなりません。厳密に言えば、本来、礼拝しつつ恵みに歩むように生かされているのに、そこを崩してしまった私たちを捨てないで、再び礼拝へと招いてくださったという意味では礼拝という奇跡の再構築と呼ぶべきことで、それはまさしく奇跡中の奇跡ということになります。

そして、このミラクルにおいて中心的な役割を担ってくださったのが、福音書の証しする主イエスなのです。イエスは「わたしについて来なさい」と語りかけてくださるお方です(一・一七、二・一四)。神の恵みに心開いて、その支配の中に生きるようにということです。それで、ついて行き始めた人々が弟子となります(私たちを含めて)。弟子たちはイエスの招く恵みの道の力強さを経験していきますが、それは単なる個人的な癒やしとか内面的な解放とかを超えて(そうしたことも大切ですが)、礼拝の民が社会の中に形づくられていくことを目指します。すなわち、十二弟子の任命が旧約以来の礼拝の民の再構成・再出発を象徴的に示すように(三・一三〜一九)、イエスに従うことにおいて恵みの神への礼拝がふさわしい形で回復されることが目指されるのです。イエスについて行くのはご利益のためでもなく、弟子の中で昇進して偉くなるためでもありません。むしろ、そうした自己中心や傲慢の縛りから解放されて、神の恵みの分かち合いに進むことですから、帰するところ、恵みの神の前にへりくだり、感謝をささげる、すなわち礼拝の回復へと向かうということなのです。ゆえにイエスは、礼拝の場として最たるものであるはずの神殿がそれにふさわしくない状況に対しては厳しく臨み、礼拝を立て直し、礼拝の民を改めて形づくるわざに進まれるのです（宮きよめ）。それは、神殿を権威のしるしや活動の拠点とする人々から憎まれて、命を狙われるのは覚悟の上ということで、まさしく十字架への道となります（一一・一五〜一九）。このことは、悟りの鈍い弟子たちを訓育するのにイエスが繰り返し語ってこられたことと軌を一にします。イエスは犠牲を惜しまず恵みへの招きに尽くすしもべとして十字架の道を進む姿を示し、ご自身に従うとはへりくだって恵みの分かち合いに尽くすしもべとなることだと教えてこられました（八・三一〜三八、九・三〇〜三七、一〇・三二〜四五）。そのようにして礼拝の民が再構築されるようにというのがイエスのお心で、私たちが礼拝の場に招かれたのも、イエスがそこまでしてくださったからなのです。なんという憐れみ、驚くべきミラクルでしょうか。その点を明確に捉え、私たちの礼拝がさらに生き生きしたものとなりますように。

捨て石が礼拝再建の礎となる

「家を建てる者たちが捨てた石、それが要の石となった。これは主がなさったこと。私たちの目には不思議なことだ」（一〇〜一一節）。この言葉は詩篇一一八篇からの引用で、宮きよめの出来事をきっかけに神殿の責任者たちがイエスに対して殺意を抱きつつ挑んだ権威論争の締めの言葉として、イエスが述べたものです。通常、詩篇一一八篇は過越の祭り（出エジプトの出来事、すなわち、憐れみ深い神による救いのみわざの記念）でささげられる賛美です。そして、イエスがエルサレムに到着し、宮きよめをなさったのはちょうど過越の祭りが行われる週でした。つまりイエスは、子羊の血のしるしによって神に従う人々とそうでない人々が区別され、前者が奴隷の地エジプトから救出された出来事を念頭に、それを記念する時期にかなった言葉として引用しつつ、ご自分がなしていることを説明・宣言なさったということです。恵みの招きに殉じてご自分が十字架で命を献げる・血潮を流すという出来事により、まさしく恵みに心向ける人々が罪と死の縛りから解放され、神のものとしていただけるのだというイエスのご自覚と言えばよいでしょうか。このイエスのみわざにより神のものとされて、恵みの神をふさわしく礼拝する人々が起こされてくるということなのです。

ちなみに、この詩篇一一八篇は、エルサレムに入城するイエスに向かって群衆が叫んだ言葉の中にも出てきます。群衆もやはり過越の祭りの週であることを意識していました。「ホサナ。祝福あれ、主の御名によって来られる方に」（一一・九）。つまり、過越の祭りとイエスの出来事との深い関連は、イエスの自覚だけでなく実際の出来事によっても明確に指し示されているということです。

それならば、この詩篇一一八篇はいったいどんな内容なのでしょうか。その全体を読んでみると、神がご自分の民を苦難や敵から解放してくださる、そして、その力強さはいかにも頼もしいと歌われています（詩篇一一八・一四～一六）。しかし話はそこで終わらず、さらに解放された人々が神を礼拝する者としてふさわしく応答していく様子、形づくられていく様子が描かれます（同一九～二九節）。解放されるだけでなく、礼拝の民としての応答が引き出され、その姿が整えられるところにまで神のみわざは及ぶということなのです。なるほど、過越の出来事が本来意味しているのはそういうことで、それゆえに詩篇一一八篇が過越の祭りで賛美されるのは的を射ていると言えるでしょう。その中の一節として出てくるのが、「家を建てる者たちが捨てた石、それが要の石となった。これは主がなさったこと、私たちの目には不思議なことだ」（同二二～二三節）というイエスが引用した一句なのです。

それならば、この一句が詩篇一一八篇の文脈で直接に描こうしているのは、どんなことでしょうか。場面としては、礼拝の民として召し出されたはずの人々が恵み深い神から離れた結果、大国バビロンの捕虜となって連れ去られ、神殿も破壊された、その後の復興の場面です。すなわち、捕虜となって七十年後、神の憐れみの中で彼らは解放されて戻ることができ、その中で悔い改めに導かれ、その信仰において礼拝の場を整えるべく神殿の再建に着手しようと、まずは土台を据えるというところです。しかし、かつての神殿は跡形もなくなっており、その土台石さえ捨てるだけの代物になってしまっています。ところが、神はそれを土台に神殿を再建させ、礼拝を再構築してくださるというのです。確かに、力強い神のみわざ、「私たちの目には不思議なことだ」（同二三節）、ミラクルだというわけです。

ところが、イエスの活動当時には、せっかく再建された神殿も礼拝の場としての態をなしておらず、利権優先の市場と化していました。異邦人や貧しい人々が礼拝から締め出され、民族意識の高揚とローマ帝国への憎悪の温床となっていました。神を崇め、その恵みを分かち合うという姿からは程遠いものでした。そこでイエスが敢行したのが宮きよめでした。崩れてしまった礼拝を回復させるために、礼拝の場を整理して人々に悔い改めを迫ったわけです（一一・一五～一七）。しかし、神殿の活動を取り仕切り、その権威をほしいままにしている祭司長、律法学者、長老たちはこれに憤慨して、イエスを抹殺する計画を練り始め（同一八節）、最終的にはそれを実行していきます。それが十字架の出来事です。まさしく、「家を建てる者たちが捨てた石」さながら、イエスご自身が打ち砕かれて捨てられるところを通ります。しかし、事はそれで終わりません。父なる神はイエスを死からよみがえらせ、イエスが招いた恵みの道こそ真の礼拝なのだと明らかにされます。つまり、「家を建てる者たちが捨てた石、それが要の石となった。これは主がなさったこと」となるのです。

したがって、ここで詩篇一一八篇二二～二三節を引用することによって、イエスはこれからご自分に起きる事柄とその意義をあらかじめ語ったのです。イエスの招く道は、利権稼ぎの役には立ちません。他者を妬んで叩きのめすにも役立ちません。そうした流れに生きる人々からすれば不要な、捨てられるべき代物に見えます。それだけでなく、そこに悔い改めを迫るイエスの招きは邪魔にさえ思えるでしょう。しかし、イエスはそうして捨てられる石となり、それが逆説的にも礼拝再建の礎となるのです。

別の言い方をすれば、神は礼拝の民を起こして整えることを必ず成し遂げたもう方だということです。すなわち、礼拝の民へと召し出された人々が、それに全くふさわしくない姿に崩れていても、存在をかけて礼拝再建に尽力し、捨て石を土台石となすミラクルによってそれを成し遂げたもう方なのです。私たちが今、イエスの招きに従って真の礼拝にあずかっているのは、まさしく神のなせるわざであり、「私たちの目には不思議なこと」であるのです。あなたは、それだけの喜ばしい驚きと心震える感動を覚えて礼拝に集っているでしょうか。

礼拝再建のために自ら捨て石となる

「家を建てる者たちが捨てた石、それが要の石となった。これは主がなさったこと。私たちの目には不思議なことだ」（一〇～一一節）。礼拝再建のミラクルを語るイエスは、土台石となる捨て石とはご自分のことだと予告します。つまり、一度は捨てられることを承知しているということです。それを承知の上で逃げることなく、抵抗することなくイエスはその道を進まれるわけで、つまりそれは、礼拝再建のために自ら捨て石となるということです。

イエスは詩篇一一八篇二二～二三節を引用する直前に、ぶどう園の農夫たちのたとえを語っていますが、そこからも自ら捨て石になるイエスの決意を読み取ることができます。このたとえの示すところは、礼拝の民として召し出されたはずの人々が神に背き、恵みに生きて分かち合う礼拝の歩みから離れてしまい、神が遣わした預言者たちの警告にも耳を貸さず、むしろ、預言者たちを迫害して神のみこころを痛め続けるのに、神はなおも忍耐をもって招きなさるという姿です。その神の忍耐は、最終的に「愛する息子」を遣わすという出来事にまで及びますが、人々は「愛する息子」さえも殺害してしまうというのが話の結末です（一～八節）。イエスはご自分がこうなることを承知しているということです。そして、このたとえの結末は、イエスの宮きよめに憤慨してイエス殺害計画を練り始めた祭司長、律法学者、長老たちの目論見（一一・一八）を風刺しています。彼らもまた、自分たちのことが言われていると察知します。彼らはこの時点で手出しはしないものの、怒りは増していきます。このことは、イエスにとっては状況がさらに危険になることを意味します。しかし、イエスはこうなることを承知の上で、あえて彼らにたとえを語り、さらに念押しのようにして詩篇一一八篇を引用し、自らが捨て石となって礼拝を再建すると述べたのです。

イエスはそこまでの真剣な思いでもって、崩れてしまった礼拝の状況を憂い、人々に悔い改めを迫るのです。その厳しい迫りに人々が反発しても、一歩も引きません。最終的に自らのいのちを犠牲にすることさえいとうことなく、イエスは進んで行かれるのです。なぜでしょうか。それほどまでに真の礼拝を再構築したいとの思い、すなわち、恵みの神を崇め、その恵みを分かち合う人々になってほしいという熱意のゆえです。その招きのためならば、命を捨てても惜しくないという愛のゆえです。礼拝しつつ恵みに生きる存在として召されながら、自己中心と傲慢、暴虐に進む人々の罪を背負って犠牲になっても彼らを招くということです。招きを挑発と誤解して逆上し、イエスの殺害へと進む人々の罪のために十字架で命を捨てても、招きを止めないという憐れみのゆえです。これを不思議と言わずに何と言いますか。

そして、実際に事はイエスの予告と覚悟のとおりに進みますが、このイエスの十字架により神の招きを知った人々が、その愛と憐れみに応えて恵みに生きる礼拝の民として歩み始めることになります。弟子たちを中心とした原始キリスト教会のスタートです。「家を建てる者たちが捨てた石、それが要の石となった。これは主がなさったこと。私たちの目には不思議なことだ」（一〇～一一節）。これが事実となるのです。そして私たちもまた、今日、その一員として歩むべく招かれたわけです。すなわち、真の礼拝を再構築すべく自ら捨て石となって十字架で命を捨ててまで神の恵みに招いたイエスの愛と憐れみのゆえに、礼拝の民としていただいたのです。まさしく、「驚くばかりの恵み」です。「私たちの目には不思議に見える」ということです。礼拝はミラクルです。その事実にありったけの感動をもって、日頃の礼拝に臨みたいものです。

66 「社会」への貢献か　神への賛美か

〈マルコ一二・一三～一七〉

「さて、彼らはイエスのことばじりをとらえようとして、パリサイ人とヘロデ党の者を数人、イエスのところに遣わした。その人たちはやって来てイエスに言った。『先生。私たちは、あなたが真実な方で、だれにも遠慮しない方だと知っております。人の顔色を見ず、真理に基づいて神の道を教えておられるからです。ところで、カエサルに税金を納めることは、律法にかなっているでしょうか、いないでしょうか。納めるべきでしょうか、納めるべきでないでしょうか。』　イエスは彼らの欺瞞を見抜いて言われた。『なぜわたしを試すのですか。デナリ銀貨を持って来て見せなさい。』　彼らが持って来ると、イエスは言われた。『これは、だれの肖像と銘ですか。』　彼らは、『カエサルのです』と言った。するとイエスは言われた。『カエサルのものはカエサルに、神のものは神に返しなさい。』彼らはイエスのことばに驚嘆した。」

かなり挑戦的なタイトルですね。こんな言い方をすると、驚いてしまう人も多いかもしれません。普通、こういうことは二択の話ではないとか、本当は二つで一つのはずではないかとか、お叱りも受けそうです。確かに、社会貢献と神賛美は一つであるべきでしょう。しかしながら、ここではあえて二択の言い方をしました。一般的に社会貢献は素晴らしいことです。私たちは一市民として、特にキリスト者としてできることに加わり、よい社会を目指すのは当然のことです。けれども、あえて二択の問いにしてみたのには理由があります。

まず問い直したいのは、「社会」は一枚岩なのかということです。ここで社会を「社会」と表記したのには意味があります。私たちは会話の中で「社会は……」と述べるとき、何をどこまでくくっているのでしょうか。そして、それは実際に一くくりにできるものなのでしょうか。よく考えると、その中には様々な思想、感性、システム、グループが乱立しており、様々な分野とレベルで複雑に絡まってはいますが、一つになっているわけではありません。雑然としたモザイクのようです。一つではないので、ある立場から見れば社会貢献と言われるものが、別の立場からすると迷惑と言われるような微妙な場合も少なくありません。

もう一つ問い直したいのは、「社会」のシナリオはだれが書くのか、そして、それは正当と言えるのか、ということです。様々に存在する思想潮流やシステム、組織の中でも勢力の強弱があります。勢力の強いところが実権を握る傾向にあり、それが「社会」を代表すると主張する、あるいは、そう理解されることが多々あります。しかし、はたしてそれでよいのでしょうか。大本営発表が常に正しいと信じ込まされて、実はとんでもないことが起きていたなんてこともあります。なので、そこは立ち止まって考えてみる必要があり、特にキリスト者として信仰の観点から問い直す意味で、「社会」と信仰を並べて二択的に考えてみる意義は深いと思われます。

そうした観点から言うと、マルコの福音書のメッセージは実に力強い響きがあります。そこには、「わたしについて来なさい」（一・一七、二・一四）と語るイエスが描かれています。ついて行くとどうなるかといえば、イエスと共にある恵みの支配に生きることが始まります。神の恵みの事実に心開き、その幸いを分かち合い、そこに平和が形づくられます。しかし、それは「悔い改めて、福音を信じなさい」（一・一五）と言われるとおり、意識的に恵みに向き直り、招く方に信頼して歩み出すということで、そうでない人々とは意識において異なるものです。たとえ一つの行動・一つの取り組みが表面的に同じであっても、ついて行く方が違うので、そして世界の見え方も違うので、その意味合いも違ってきます。常について行くべき主なる方を自覚するので、事実上、周囲とは異なる歩みになり、場合によっては摩擦や妨げを経験し、実際に二択の課題に迫られることもあるのです。弟子たちはイエスについて行きつつ、恵みに生きることについて薫陶を受け、世間的な期待感に由来する勘違いを指摘・修正されます。イエスについて行くとは、恵みを分かち合う交わりに仕えるしもべとなるということであり、そこに人々を招くことで世間から迫害を受けても耐え忍ぶ十字架の道になるのだ、と。そして、事実、まずイエスご自身が十字架の道を選び取って、進んで行かれるのです（八・三一～三八、九・三〇～三七、一〇・三二～四五）。この方を主と呼ぶ以上は、私たちも世間にそのまま流されるのではなく、従うべき主を見上げて世間を問い直し、恵みに生きる道筋を確かめつつ歩むべきです。

社会のシナリオを信仰的に吟味する

「カエサルに税金を納めることは、律法にかなっているでしょうか、いないでしょうか。納めるべきでしょうか、納めるべきでないでしょうか」（一四節）。これを単純に納税の話だとすれば、納税は義務なのだから、こんなことを尋ねるのはどうなのかという感想も出てきそうです。しかし、これはイエスの時代の話です。ローマ帝国の属国であったユダヤへの課税は、本国を経済的に潤すために搾り取られるだけのもので、それが自分たちの生活に還元されることはありません。場合によっては、その財政で雇われた軍隊によって圧力をかけられ、取り締まられるようなことさえ起きてきます。この課税は正当なのかというのが当時のユダヤ人の偽らざる気持ちと言うべきでしょう。

この問いかけは、エルサレムの神殿でイエスが人々と問答したときに、イエスに対して投げかけられた質問で、「イエスのことばじりをとらえようとして」（一三節）という悪意あるトラップでした。属国という立場、不当と思える課税、人々の不満を背景に、二択の質問で追い詰めてやろうという魂胆です。それならば、この問いかけ、実際は何を問題にしているのでしょうか。そこを明らかにするには、質問者を特定しなければなりません。

「パリサイ人とヘロデ党の者を数人、イエスのところに遣わした」（一三節）。パリサイ人、そしてヘロデ党員もいます。しかし、彼らを遣わした黒幕が首謀者のようです。その正体は、神殿が礼拝にふさわしくない場となっていたのをイエスが整理し、人々に悔い改めを迫った出来事（宮きよめ）に憤慨して殺害計画を練り始めた人々、すなわち祭司長をトップとする神殿組織の責任者たち、いわゆるサドカイ系の人々です（一一・一八、一二・一二、一八）。神殿を牛耳ってユダヤ社会の権威を自認している彼らとしてはイエスの言動を許すことができず、何とかして言質を取り、捕縛の口実を得ようと躍起になっていたわけです。

それにしても、サドカイ系の目論見にパリサイ人とヘロデ党が協力するなんて例外も例外、通常はあり得ないことです。サドカイ人は神殿を守ることを最重要課題とする人々で、それによってメシアが到来してローマ支配を覆してくれると期待していた人々です。なので、本心はローマ支配を憎悪していますが、神殿が保たれていないと話にならないので、ローマ総督が神殿を潰しに来ない限りは騒動を避ける意味で妥協するという態度を取ります。それに対して、パリサイ人は世俗政治に妥協的なサドカイ人に批判的で、歴史的にもサドカイ人からひどく迫害されたこともあり、両者犬猿の仲です。また、メシア待望において律法を重視するパリサイ人は、人々の律法順守を妨げているローマ支配（重税による貧困助長からのさげ物の減少、食習慣の異なる文化との接触による食物規定の危機など）を憎悪しており、その態度はサドカイ人よりもあからさまです。一方、ヘロデ党はローマ帝国にすり寄ることで地位を保つガリラヤ領主ヘロデの一派ですから、ローマ帝国を真似て重税を課し、建築事業を展開することに夢中、神殿礼拝や律法についてはさほど熱心でないという人々です。つまり、本来はこの三者は互いに反目しており、どうやってもまとまりようのない人々だということです。それなのに、ここで手を組んでやって来たということは、とりもなおさず、イエスという強力な共通の敵に対抗する目的で一応結託したということなのでしょう。逆に言えば、結託していても、決して一枚岩ではないということです。

そういう彼らがイエスに言います。「先生。私たちは、あなたが真実な方で、だれにも遠慮しない方だと知っております。人の顔色を見ず、真理に基づいて神の道を教えておられるからです」（一四節）。本気で尊敬している言葉ではありません。半分は嫌味、半分は挑発して罠にかける餌です。そして、これに続くのが先ほどの納税に関する質問、すなわち、ローマ帝国への納税の可否を○×《まるばつ》式に問うという質問なのです。ここで問われた通りに単純に○《まる》と答えれば、ヘロデ党は納得、しかし、パリサイ人を含めて多くの庶民が嫌悪していること、特に貧しい人々を苦しめている事柄に賛成することになります。貧しい人々をも神の恵みに招くイエスとしては、矛盾を抱えることになります。逆に×《ばつ》と答えれば、多くの人々は喝采を送るでしょうが、ローマ帝国とヘロデ党を敵に回すことになりますし、これが独立運動に発展して騒動にでもなれば、サドカイ派はイエス捕縛の口実を得ることになります。ということで、いずれにせよ答えにくい質問を彼らはぶつけてきたわけです。彼らは解答が欲しいのではなく、ただイエスを陥れたいだけだったのです。

しかし、イエスは慌てることなく、「彼らの欺瞞を見抜いて」言われます。「なぜわたしを試すのですか。デナリ銀貨を持って来て見せなさい」（一五節）。ここで注目すべきは、デナリ銀貨を持って来させて、イエスが尋ね返した点です。「これは、だれの肖像と銘ですか」（一六節）。イエスはご自分の回答を述べる前に、デナリ銀貨を吟味させるわけです。デナリ銀貨はローマ帝国の通貨で、納税にも使われています。そこにはローマ皇帝の肖像と銘だけでなく、全地は皇帝のものという皇帝崇拝の謳い文句が彫られていました。イエスは彼らにそこを注目させて、この内容をそのまま承認するのかと、問い返しているわけです。

問い返すという姿勢は大切です。特に、このような○×式の挑発に対しては、なぜこのように問題を単純化するのか、その裏には何か目論見があるのではないかと、立ち止まって考えるということです。○×式もまた、物事の捉え方・シナリオの一つにすぎないのであって、そのように描いて見せる何かの意図があるのです。イエスはこの○×式の設問の裏に、自分への罠だけでなく、皇帝崇拝をどう考えるかという課題まで見通して、これについて恵み深い神を信じる信仰においてどう判断するのか考えよと、逆に挑戦したというわけです。私たちも、世間が「社会」の課題について○×で回答を要求してくるとき、それに簡単に乗ってしまうのではなく、恵み深い神を見上げる信仰の観点から、設問の背後にあるシナリオまで思い巡らして、それを吟味する必要があります。なぜなら、私たちの主は恵みに招くイエスご自身であって、世間の潮流ではないからです。

神への賛美に基づく社会行動へ

ローマ帝国への納税に関して○×式の質問を受けたイエスは、デナリ銀貨を持って来させて、「これは、だれの肖像と銘ですか」と逆質問します（一六節）。そこには、全地は皇帝のものと記されています。それを見て、一同、頭をひねります。それもそのはず、本来、全地は主なる神のものであり、そのことについて認める世界観と伝統に一応は生きている人々ですから、デナリ銀貨の文言について本当は受け入れられるはずはありません。「地とそこに満ちているもの　世界とその中に住んでいるもの　それは主のもの」（詩篇二四・一）との宣言に異を唱えることはできませんし、まして皇帝崇拝などもってのほか、人間を神に奉り上げることもさることながら、強大な経済力と軍事力を盾に侵略する者を崇めるなど、あり得ないことです。しかし、デナリ銀貨の文言は、そうした皇帝崇拝を推進する尊大なローマ帝国の姿勢を物語っています。

実際、デナリ銀貨の文言のような世界観はローマ人の好むところで、彼らは広大な領土に皇帝の権威を確立して、世界に自分たちの力を誇示することに価値を感じる人々です。デナリ銀貨そのものは、第二代皇帝ティベリウスの時代に造られたものですが、世界は皇帝のものという言い方自体は、初代皇帝アウグストゥスも好んで用いたようです。たとえば、ルカの福音書は「全世界の住民登録をせよという勅令が、皇帝アウグストゥスから出た」（二・一）と記して、その空気感を伝えています。

もちろん、人間だれ一人として全世界を自分のものだなんて言えるはずはなく、また、言ってはいけないことです。全世界をつくったのは主なる神であり、それゆえに全地は主のものので、つくられた人間はみな、神の前にひれ伏さなければなりません。それなのに、人間はすぐに傲慢になって、神の前にへりくだるどころか尊大な口をたたきます。そういう「社会」の潮流の中で物事をどう捉えるのか、そして、どのように行動するのかということ。これがイエスの逆質問の意味するところです。全地は恵み深い主なる神のもの、しかし、デナリ銀貨には皇帝のものと記されている、これをどうするつもりかということです。

逆質問をしておいて、イエスは「カエサルのものはカエサルに、神のものは神に返しなさい」（一七節）と語られます。何だか回答になっていないようにも感じますが、「彼らはイエスのことばに驚嘆した」（一七節）ということです。表面だけ読むと、税金は税金、献金は献金、どちらも大事とだけ常識的に述べているように思えます。しかし、上述のように、問題はデナリ銀貨の文言、これによってローマ帝国が主張しているプロパガンダです。全地は皇帝のものという主張を受け入れるならば、全地を皇帝に帰することになります。税制一つとっても自己中心で薄情、憐れみのかけらもない体制です。属国の庶民生活に還元されない重税、しかも単純な頭割りの人頭税ですから貧しい人ほど大変で、家族が多いほど苦しくなります。こういう体制に全地を帰してしまってよいのか、というチャレンジです。そうではなく、すべてを恵みとして注ぎたもう神の統治に生きるほうが幸いではないか、ということです。そして、恵みの神の統治を受け入れるとは、全地は神のものと告白して賛美をささげ、この告白・賛美に基づいて行動するということです。全地は皇帝のものではありません。力づくで奪い、自分たちだけを富ませようとする傲慢な体制のために全地があるのではありません。そのことを行動でいかに表現するか、それが課題となります。

イエスはここで具体的なことは述べていません。全地は皇帝のものではなく、神のものであることを表現する行動の具体案には様々な選択肢があるでしょう。そこをよく考えるようにということです。たとえば、税の有益な使途について訴えることができるかもしれません。軍備に投資をするお金があるなら、生活に困窮する人々への福祉政策に回してもらえないかとか。税の納め方をコミュニティで考えることもできるでしょう。頭割りの人頭税ではなく、もっと貧しい人々に配慮した形を考えられないかとか。カエサルのものはカエサルに返すと言っても、返し方があります。全地は神のものという賛美から始めて、これに貫かれて社会の中での行動を考えるということです。全地はカエサルのものという「社会」のシナリオは受け入れず、それに抗う別の生き方を考えて、選択していくのです。もちろん、抗うといっても、反乱・暴動の類は全地の主なる神を信頼する姿勢と矛盾します。むしろ、全地の主ではないカエサルと同じ路線を行くことになってしまいます。なので、方法もまた、カエサルとは別の道で、全地の主なる神の憐れみを互いに反映できる仕組みや関係を願って祈り、行動することが求められているのです。

そして、そのように祈り行動するには、当然のこと、神のものは神に返すという姿勢に徹しなければなりません。全地は主なる神のものと賛美するのであれば、与えられたものを神にお返しする姿勢が求められます。全地の主の恵みによって今日も生かされていることを感謝して、神に献げるのです。そのささげ物が用いられて、それによって神のわざがさらに進み、神の恵みを知る人々がさらに起こされ、全地は主なる神のものという賛美のヴィジョンが実際の出来事になっていきます。私たちの日常生活は、全地は主なる神のものという賛美に貫かれているでしょうか。恵みとして神が与えてくださったものを感謝し、その神を示すべく献げる生活になっているでしょうか。神にお返しする気持ちで生きているでしょうか。経済活動、時間の使い方、人との接し方、趣味や話題はいかがですか。ぜひとも、全地は主なる神のものとの賛美にふさわしい生き方でありたく思います。このような賛美の生活の中から、イエスに従い恵みに生きる者としての社会行動が生まれてくるのです。

67　この世の秩序を超える希望

〈マルコ一二・一八～二七〉

「また、復活はないと言っているサドカイ人たちが、イエスのところに来て質問した。『先生、モーセは私たちのためにこう書いています。「もし、ある人の兄が死んで妻を後に残し、子を残さなかった場合、その弟が兄嫁を妻にして、兄のために子孫を起こさなければならない。」さて、七人の兄弟がいました。長男が妻を迎えましたが、死んで子孫を残しませんでした。次男が兄嫁を妻にしましたが、やはり死んで子孫を残しませんでした。三男も同様でした。こうして、七人とも子孫を残しませんでした。最後に、その妻も死にました。復活の際、彼らがよみがえるとき、彼女は彼らのうちのだれの妻になるのでしょうか。七人とも彼女を妻にしたのですが。』イエスは彼らに言われた。『あなたがたは、聖書も神の力も知らないので、そのために思い違いをしているのではありませんか。死人の中からよみがえるときには、人はめとることも嫁ぐこともなく、天の御使いたちのようです。死人がよみがえることについては、モーセの書にある柴の箇所で、神がモーセにどう語られたか、あなたがたは読んだことがないのですか。「わたしはアブラハムの神、イサクの神、ヤコブの神である」とあります。神は死んだ者の神ではなく、生きている者の神です。あなたがたは大変な思い違いをしています。』」

希望を持つことは、生き生きと喜んで生きるために必要なことです。将来、素晴らしいことがあると信じればこそ、今の生活に明るさが増してきます。ただ、そんな中でも大切なのは、その希望の中身と根拠です。希望というからには、きっと何かいいことがあるという程度の漠然とした希望ではなく、確かなものが欲しいところです。

ところが、そこで問題になるのは、自分の未来に確かな希望を持つ以前に、自分には本当に未来があるのかという根本的な問いです。いつ訪れるとも知れぬ死、その先に自分の未来はあるのでしょうか。ここでしっかりしたことが言えないと、苦労続きの人生、行き先不明で不安なまま終わることになってしまいます。しかし、この世の秩序や日常の経験の範囲だけではそれらしいものは見つかりません。それらにはすべて終わりの時が来るからです。それで結局は不安定なままさまよっているという感じになります。残念ながらそういう方々が多いように思いますが、あなたはいかがでしょうか。

それゆえ、確かな希望を持つには、この世の秩序を超えるところにその根拠を見いださなければなりません。そこで聖書は語ります。主イエスがその根拠となるものをもたらしてくださったのだ、と。そして、心を開いて求め、信頼して受ける人々にそれを下さるのだ、と。

それは何でしょうか。主イエスの復活が示すところの、死に打ち勝ついのちのことです。

もちろん、マルコの福音書にとっても、イエスの復活は不可欠のテーマです。この書は確かに十字架へと向かうイエスの姿を浮き彫りにしていますが、それは死んで終わる十字架ではありません。実際、イエスはご自分が歩む十字架の道について語るとき、必ずご自分の復活についても語っていますし(八・三一、九・三一、一〇・三三〜三四)、ご自分が死の力を超えるいのちを持っていることを示すみわざもなさいます(五・二五〜四三、九・一〜九)。

そして、それは予告だけでなく、実際の出来事となるのです(一六・一〜八)。したがって、イエスの十字架の道は、イエスご自身が語るごとく福音なのです(一・一、一・一四〜一五)。それは、死を打ち破るいのちの希望に通じています。すなわち、恵みの支配に生きるべく招くイエスに従うということは、確かに幸いな道ですが、恵みを無視する世の中にあっては妨害されたり、憎まれたりします。それでも恵みを分かち合う交わりを形づくるべくしもべとなって仕えるということですから、十字架の道となります。けれども、それは死を打ち破るいのちに通じているので、やはり福音なのです(八・三四〜三五)。それは、この世の秩序を超える神の力にあずかることなのです。この復活の希望のゆえに、私たちはイエスに従う道を福音として受けとめて歩むことができます。また、そのようにして恵みに生きるなら、その行き着く先は死を打ち破るいのちなのだということです。ぜひとも、この世の秩序を超える希望を受け取って、心強く歩んでいきましょう。

復活を実現する神の力

「また、復活はないと言っているサドカイ人たちが、イエスのところに来て質問した」(一八節)。ここで登場するサドカイ人とはエルサレムの神殿における祭儀に関わる祭司たちとその周辺の人々のことで、そのトップは祭司長です。紀元一世紀のユダヤ社会は度重なる異邦人支配からの革命的解放を願うメシア待望が社会全般を覆っていましたが、サドカイ人は神殿を守ることでメシアが到来すると考えており、その意味でも自分たちの役目に誇りと使命感を持っていました。ところが、そこへイエスがやって来て、礼拝の場であるはずの神殿が利権稼ぎや異邦人・弱者排除の温床と化している様子を批判して悔い改めを迫ったので(宮きよめ)、彼らは怒ってイエスを抹殺すべく論争を仕掛けてきたというわけです。

ちなみに、宮きよめ以降、イエスに仕掛けられる論争の背後には祭司長をトップとするサドカイ人がいて、対立派閥であるはずのパリサイ人やヘロデ党と組んでまでイエスを陥れようとしていました(一一・二七〜一二・一七)。それだけ激しく憤っていたわけです。ここではサドカイ人単独で、自分たち独自の主張を振りかざしてイエスに難題を突きつけ、揚げ足を取ろうとしているのです。その論争のトピックとして取り上げられたのは、サドカイ人こだわりの復活否定の主張でした。

「復活はないと主張しているサドカイ人たち」ということですが、彼らはなぜこのように主張していたのでしょうか。まず前提として確認しておきたいのは、現代人のように科学的かどうかという点で復活を否定しているのではないということです。「先生、モーセは私たちのためにこう書いています」（一九節）と彼らは言葉を続けますが、モーセの出来事として有名な紅海徒渉（海が分かれてできた道を通ってエジプトから脱出する）の奇跡など、科学的な証明はできないことを彼らは信じていたわけです。神は人間の理解を超える不思議をなさる、そこに救いがあるのだということは、彼らも受けとめていました。

それならば、なぜサドカイ人は復活否定にこだわるのでしょうか。その理由は二つあって、一つは彼らの社会的立場に関わることです。彼らはユダヤ社会の権威の中心である神殿の働きに携わっていたので、地位・名誉・財産に関して困窮するという事情はなく、そうした現在の生活の豊かさこそ神の祝福で、死後のことは詳しく問わなかったということです。もう一つの理由は、彼らのたどった歴史的経緯に関わることです。神殿の保持を至上命令と受け取る彼らは、そのためなら世俗権力と妥協することもいといませんでしたが、それを受け入れないパリサイ人の反発を買いました。実際、抗争の果てにパリサイ人を徹底的に迫害するという出来事も起きています（アレクサンドロス・ヤンナイオスの治世。前一〇三～七六年）。それ以来、パリサイ人は恨みに思いつつ、迫害の果てに殺された人々がこのままで終わるなんてあり得ないと、死後の復活による報いを熱心に主張し始めます。それでサドカイ人は、その向こうを張って意固地になり、復活はないと主張していたわけです。迫害の正当性を奪われることを恐れたとも言えるでしょう。そうした事情で復活を否定していたサドカイ人は、イエスもまた神の恵みに生きる招きの根拠に復活の希望を語っていると知っていたので、復活信仰の陳腐さを見せつけ、かつ陥れてやろうと挑発的に質問したのです。

そこでサドカイ人の質問の内容ですが、「もし、ある人の兄が死んで妻を後に残し、子を残さなかった場合、その弟が兄嫁を妻にして、兄のために子孫を起こさなければならない」（一九節）というモーセの律法における婚姻規定、いわゆるレビラート婚（申命二五・五）をだしにして、復活信仰の陳腐さをアピールしようというものです。すなわち、七人の兄弟が、結婚した長男から順に子が与えられる前に死に、弟たちは順にレビラート婚をするも、結局、子は与えられず、妻も含めて全員が亡くなった場合、七人兄弟全員の妻になった彼女は復活の時にはだれの妻になるのかという問いです（二〇～二三節）。ちなみに、このレビラート婚は古代社会の婚姻システムで、夫に先立たれた女性を経済的苦境から守り、財産や土地が他の人の手に渡らないようにするという、この世での経済活動を念頭に定められたものです。それを転用して復活信仰を批判してやろうというのがサドカイ人の魂胆だったのです。

これに対してイエスはお答えになります。「あなたがたは、聖書も神の力も知らないので、そのために思い違いをしているのではありませんか。死人の中からよみがえるときには、人はめとることも嫁ぐこともなく、天の御使いたちのようです」（二四～二五節）。まずは一喝、あなたがたは神の力を知らないのか、と。神の力はこの世の秩序を超えています。だから、神はそれをつくり変えることができる、復活の身体とは世の秩序を超えたものなのだ、ということです。

しかしながら、「死人の中からよみがえるときには、人はめとることも嫁ぐこともなく「天の御使いたちのようです」とは、そういうことです。

「よみがえる」とは、イエスの復活がそうであるように、身体の復活です。復活ですから、その身体は生前の本人と分かる身体であるはずです。イエスご自身の復活もそうでした。弟子たちは、最初は驚いたり疑ったりしましたが、その方がイエスだと分かったわけです。そうであるなら、私たちが将来あずかる身体の復活も、だれなのか分かるということ、なので、愛する人との再会の希望があるということです。それは大変に慰めに満ちた希望です。さらに考えを巡らせると、身体の復活ですから、男性は男性に、女性は女性に復活するということです。つくり主なる神がその人に与えた性に復活するのです。別の何かに生まれ変わる輪廻転生ではありません。その人はその人です。そうなると、やはり「人はめとることも嫁ぐこともなく」とはどういうことなのでしょうか。

そこで再び注目すべきは、イエスが語る「神の力」です。この世の秩序を超えて、それをつくり変えることができる神の力です。復活は、その人がその人であることに変わりないのですが、復旧ではありません。ただ単に元に戻るのではなく、現在の諸問題が乗り越えられるということです。この世での生活において、結婚の問題をはじめ、男女の関係・性別を巡る問題は様々ありますが、復活の暁にはそれらがすべて乗り越えられるということです。大きな慰め、そして希望です。それがこの世での生の枠組みにおいては克服できない痛みであっても、神の力は来たるべき日に復活の身体でもってそれを解消し、その希望によって今より慰めを与えてくださるのです。したがって、「死人の中からよみがえるときには、人はめとることも嫁ぐこともなく」とは、性においては無垢な存在として互いに関わることができるということでしょう。そして、性の事柄にとどまらず、この世の枠組みの中で私たちが直面する様々な悩み、たとえば健康や気質の問題、社会環境の限界などについて、復活の暁には克服させていただけるということです。この世の秩序を超える神の力は、信頼する者たちを復活の恵みにあずからせて、今ある苦しみから解き放ってくれるのです。

聖書の神は生ける神

「あなたがたは、聖書も神の力も知らないので、そのために思い違いをしているのではありませんか」（二四節）。サドカイ人がややこしいケースを盾にしてイエスを陥れようと質問をぶつけたとき、イエスはこのようにお答えになりました。聖書の専門家・聖書解釈の権威を自負する人々を相手に言ってのけた大胆な一言です。つまり、彼らの聖書解釈は肝心なところが抜け落ちており、それゆえに思い違いをしている、との指摘です。

実際、サドカイ人の質問は、旧約聖書の一節から掘り起こされたものです。「モーセは私たちのためにこう書いています」（一九節）と述べて、申命記に記されているレビラート婚の規定を引用します。そこでイエスも旧約聖書に言及しつつ、お答えになります。「死人がよみがえることについては、モーセの書にある柴の箇所で、神がモーセにどう語られたか、あなたがたは読んだことがないのですか。『わたしはアブラハムの神、イサクの神、ヤコブの神である』とあります。神は死んだ者の神ではなく、生きている者の神です。あなたがたは大変な思い違いをしています」（二六～二七節）。サドカイ人の質問が律法の細部に焦点を当てるのに対して、イエスは律法全体を捉えて解答を導き出します。すると、レビラート婚の規定が読まれるべき文脈が明確になり、その観点から見ればサドカイ人の質問こそ陳腐であることが判明し、さらに死者の復活が予見される前提が立ち現れてくるのです。

すなわち、イエスは神ご自身がモーセに現れて自己紹介をした「わたしはアブラハムの神、イサクの神、ヤコブの神である」との言葉を直接に引用して（二六節、出エジプト三・六）、神は先祖たちにそうであったように、ご自身に信頼する人々を憐れみ深く導くとの約束を果たす方で、しかも、その導きは老いたアブラハムから息子イサクを生まれさせるという、無から有を創造する力、満天の星空を創造した力によるものだと明言します。その際、「モーセの書にある柴の箇所」と言うことで、神が「『わたしはある』という者」（出エジプト三・一四）と語ったことも暗示しつつ、神は他の何ものにも頼ることなく存在し、かつ、すべての存在をつくりたもう創造主であるという前提も主張していることは間違いないでしょう。神のすべての戒め・あらゆる律法の規定はこの枠組みにおいて捉えられるべきで、レビラート婚も例外ではありません。イエスは、まずそのことを確認させます。

　そこを踏まえると、レビラート婚の規定は、サドカイ人が主張するような復活否定の材料に成り下がるものではなく、あくまでも生ける神の憐れみを反映した規定であることが明らかになります。これは神の憐れみを共有する社会制度の一つであり、その基軸となる思想は、まさしく互いに憐れみ深い人々になるように導く神は生ける神、つくり主、いのちの主であるということです。したがって、この創造主なる神の力はこの世の秩序を超えて死者の復活を実現することができ、また、この死者の復活という出来事は、この世の生涯の不条理を乗り越えさせる枠組みの新創造ということで、いずれにしても旧約聖書が語る神の性質との整合性を持っていることになります。レビラート婚は、この世の生涯という一時期のプロセスの中で経験する不条理をできるだけ軽減する憐れみの制度で、死者の復活は不条理に満ちたこの世の生涯の枠組み自体を乗り越える憐れみの出来事ということになります。生ける神の視線では両者に矛盾はなく、むしろ、思想的に同一線上にあるというわけです。

　しかも、それは思想の話だけではありません。この神は今も生ける力をもって憐れみ深いみわざをなしてくださいます。まさしく、「モーセの書にある柴の箇所」（二六節）に示されるように、神の憐れみは尽きることがありません。モーセは神から召命を受けた時、荒野で自然発火した柴はすぐに燃え尽きるはずなのに、燃え尽きることのない柴の光景を目にしました（出エジプト三・一〜六）。それは尽きることのない神の憐れみを示しており、その後モーセは、幾多の困難と自分の限界のゆえに燃え尽きそうになりながらも、古代随一の王国エジプトから奴隷の民を解放して神のものとなすという尽きることのない憐みのみわざに用いられていきます。

そして時を経て、この生ける神の尽きない憐れみは、ついにイエスの出来事において頂点に達し、罪と死の力の奴隷になっていた私たちを解放すべく復活のみわざが成し遂げられていくのです。山の上で栄光の姿を弟子たちに見せて復活の予告となした出来事において、モーセが登場したことを思い起こしますが（九・二〜八）、まさしくイエスがなそうとされたのは出エジプトの出来事が指し示すことです。実際、この後にイエスが十字架の死と復活のみわざを成し遂げることになりますが、それは意味的に過越の祭りを踏まえてのことです（一四・一二以下）。恵みの道に招いて命を捨て、罪と死の奴隷であった私たちは解放されるために復活したイエスのみわざによって、実際に道が開かれていることを明らかにするのです。そして、招かれたごとく、恵みに応えて歩みゆくことができるのです。そのためにここまでしてくださる神の憐れみ、まさしく燃え尽きることなく成し遂げられたみわざです。そして、この憐れみ深い神は生ける方、いのちの主、生かしてくださる方です。信頼して恵みに生きる人々をご自身の民として生かし、この世の秩序を超えて生かし、生涯の不条理を乗り越えさせるために復活のいのちを与えたもう方です。「神は死んだ者の神ではなく、生きている者の神です」（二七節）。それゆえに、私たちも信頼して心強く、イエスの招く神の恵みの道を進んで行くことができるのです。

68　恵みの概念から恵みの生活へ

〈マルコ一二・二八～三四〉

「律法学者の一人が来て、彼らが議論するのを聞いていたが、イエスが見事に答えられたのを見て、イエスに尋ねた。『すべての中で、どれが第一の戒めですか。』 イエスは答えられた。『第一の戒めはこれです。「聞け、イスラエルよ。主は私たちの神。主は唯一である。あなたは心を尽くし、いのちを尽くし、知性を尽くし、力を尽くして、あなたの神、主を愛しなさい。」 第二の戒めはこれです。「あなたの隣人を自分自身のように愛しなさい。」 これらよりも重要な命令は、ほかにありません。』 律法学者はイエスに言った。『先生、そのとおりです。主は唯一であって、そのほかに主はいない、とあなたが言われたことは、まさにそのとおりです。そして、心を尽くし、知恵を尽くし、力を尽くして主を愛すること、また、隣人を自分自身のように愛することは、どんな全焼のささげ物やいけにえよりもはるかにすぐれています。』 イエスは、彼が賢く答えたのを見て言われた。『あなたは神の国から遠くない。』 それから後は、だれもイエスにあえて尋ねる者はいなかった。」

「ちゃんと片づけなさい。」「分かってるってば。」「やってないじゃないの。」……お子さんのいる家庭ではあるあるの会話です。分かっていることとできていることは同じではありません。言われていることの内容を理解しても、実行していないのなら、どんなに分かっていると力説したところで、言い訳として通用するでしょうか。信仰生活においても、聖書に書かれていることは何となく分かる、けれども招きに応えられないとなると、それは言い訳の立つこととは言えず、むしろ大変に残念なことと言わなければなりません。生涯の最後まで恵みの招きを拒んでしまったら、取り返しはつきません。チャンスのあるうちに応えて、実際に恵みに生きる者でありたく思います。

その点について、マルコの福音書は実に明確な告知をしてくれています。キリスト者になるとはイエスの弟子になることだと分かっているだけでなく、実際にイエスを主として従うことなのだと。そもそも、主イエスが「わたしについて来なさい」（一・一七、二・一四）と召し出してくださったこと自体、もったいない話で、まさしく福音です。イエスに従うことこそ人生の真の目的と幸いにあずかる道であると、招いてくださっているわけです。この良い知らせに応答してイエスについて行くのがキリスト者の歩みですから、それは概念理解で終わることではなく、生活になるということです。「神の国が近づいた。悔い改めて福音を信じなさい」（一・一五）とは、伝達事項の理解や心の中の観念に尽きるものではなく、神の恵みで治められる生活へと展開していくものなのです。

ところが、人間はそのように歩むことを阻む何かに捕らわれてしまっています。イエスの弟子たちもそうでした。恵みを分かち合う交わりに仕えるよりも、自分が偉くなって自在に事を動かせることを求めがちでした。弟子たちでさえそうであるなら、イエスについて行く気のない人々や招きに反発する人々がそうであったのは言うまでもありません。それでもイエスは人々を恵みに招き、十字架の道を進まれます。弟子たちに対しても、十字架の道であってもご自身に従って来るようにと語ります。恵みに歩むとは概念で尽きるものではなく、生活となるものです。それゆえ、それが十字架の道（へりくだって恵みの分かち合いに仕え、そのための苦難も甘受する歩み）であっても、具体的に生きられるものだということです。私たちもイエスの招きに応えて恵みに歩むべく、それが抽象概念ではなく具体的生活となるように心していきたく思います。そのためには、どんなことに心を向けるべきでしょうか。

恵みにおける命令を聴いているか

恵みとはいただくものですから、命令なんて関係ないと思う人がいるかもしれません。けれども、そうではありません。命令も事と次第で大きな恵みになります。そもそも天地のつくり主に語りかけていただけるだけでも大きな恵みです。弱く小さな私たちにも大切ことを命じてくださるということは、それだけ期待してくださっている信用の証しと言えるでしょう。そして、命じていただけるということは、なすべきことがはっきりするということで、迷いやすい私たちとしては、これまた感謝なことです。もちろん、神の命令は、すでに注がれている恵みを前提としてそれに応答することですから、まさしく恵みにおける命令ということになります。これをきちんと聴いているかどうかが、具体的に恵みの生活を形づくるのに大切なチェック・ポイントになるのです。

「律法学者の一人が来て、彼らが議論するのを聞いていたが、イエスが見事に答えられたのを見て、イエスに尋ねた」(二八節)。宮きよめをきっかけにユダヤ社会の権威ある者たちがイエス抹殺を企てるようになり(一一・一八)、何とかイエスを訴える口実を得ようと論戦が繰り広げられてきました。しかし、それに対してイエスは見事に答え、逆に論戦を挑んだ連中の矛盾が暴露されていきます(一一・二七～一二・二七)。そんな様子を見ていた一人の律法学者が進み出て、イエスに質問したというのがこの場面です。

「すべての中で、どれが第一の戒めですか」(二八節)。旧約聖書の真髄を問う質問です。これは、ここまでの論争とは異なり、悪意からではなく純粋に尋ねたということでしょう。もちろん、まるで分からなくて質問しているわけではありません。彼は彼なりに意見を持っており、そのうえでイエスなら何と答えるのか興味があったのでしょう。これまでの議論に見事に答えられたイエスに感心し、この方なら旧約聖書を読み解く鍵としてどの箇所を取り上げるだろうか、自分の意見と照らし合わせてみたい、そう思っていたことでしょう。

したがって、その態度に好意的な雰囲気はあるのですが、よく見ると、実は微妙な立ち位置にいることも判明してきます。彼の問いに対してイエスが答えます。「第一の戒めはこれです。『聞け、イスラエルよ。主は私たちの神。主は唯一である。あなたは心を尽くし、いのちを尽くし、知性を尽くし、力を尽くして、あなたの神、主を愛しなさい。』第二の戒めはこれです。『あなたの隣人を自分自身のように愛しなさい。』これらよりも重要な命令は、ほかにありません」(二九～三一節)。イエスの答えに対して彼がコメントします。「先生、そのとおりです。主は唯一であって、そのほかに主はいない、とあなたが言われたことは、まさにそのとおりです。そして、心を尽くし、知恵を尽くし、力を尽くして主を愛すること、また、隣人を自分自身のように愛することは、どんな全焼のささげ物やいけにえよりもはるかにすぐれています」(三二～三三節)。自分と同意見、我が意を得たりとばかりに「そのとおりです」と述べてはいますが、自分もこれに生きる者とされて感謝です、というような具体的な生活にまで話は及ばず、理解の段階にとどまっています。「そのとおりです」とは自分が基準で評価を下す言葉にも聞こえます。そこから「信じて従います」というへりくだりが出てくるでしょうか。イエスを「先生」と呼ぶ律法学者は、自分も「先生」の一人であり、イエスを同格の存在と考えて、先生同士の会話を楽しんだという感じに思えます。

この微妙な感じを捉えて、マルコの福音書は「彼が賢く答えた」と表現しています。確かに、彼のコメントはイエスの見解と基本的に同じ方向にあるので、その点で純粋に賢いという意味が一つ。しかし、それで神の戒めに実際に従うかどうかについては明確ではなく、逃げ道ができそうな感じから言えば、ずる賢いという部分もあるでしょう。それゆえに、イエスの返事も微妙になります。「あなたは神の国から遠くない」(三四節)。本来、イエスの招きは「神の国が近づいた(エーンギケン)」(一・一五)であり、恵みの支配の決定的な接近であることを考えると、神の国から遠くないという言い方はかなり微妙です。

遠くないというのは、近いのでしょうか、近くないのでしょうか。それは、質問した律法学者の実際の生活がどうなのかによるのでしょう。おそらくイエスは、神の戒めについての理解以上に生活を暗に問うたと思われます。それゆえ、あえて微妙な言い方をしたイエスの表情も微妙な感じだったかもしれません。確かに、律法学者のコメントは間違っているわけではないので、そこは喜ばれたでしょう。以前、金持ちの青年が戒めのすべてを守っていると述べたとき、彼を見つめていつくしんだイエスの表情が思い起こされます(一〇・一七〜二二)。しかし、彼の場合と同様に、やはり少し外している様子がこの律法学者にも見受けられます。理解以上に生き方が問われるのです。この点について、微妙な感じになっている人はいませんか。神の国から遠くないと言われてしまいそうな人はいませんか。惜しい感じで終わってはいませんか。それでは残念なことです。神の国から遠くない人々ではなく、神の国の人々にならせていただきたいものです。

それならば、この律法学者の微妙さはどこからくるのでしょうか。一つは、先ほど触れたように、「そのとおりです」という態度に潜んでいると言えるでしょう。これは「お見事、正解です」ということで、言ってみればクイズの出題者目線、あるいは、解答を評価する審査員・ご意見番目線です。これでは、イエスの回答、すなわち、戒めの中心を語る旧約聖書のみことばに対して、アーメンと信じて従う姿が出てくることはないでしょう。

さらに、彼の微妙さは、旧約聖書のみことばをいかなる言葉として受けとめているかという点に表れています。すなわち、イエスが明確に申命記六章四節を引用して第一の戒めを示し、さらにレビ記一九章一八節を引用して第二の戒めを示し、いずれも主なる神の命令として語るのに対して、この律法学者は引用を崩して言い換え、しかも命令ではなく事柄として述べています。「愛しなさい」が「愛すること」になっています。確かに、述べている内容はほぼ同じですし、言い換えることがいけないわけでもありません。しかし、明確な命令を事柄として述べてしまえば、ニュアンスが軽くなることは否めません。事柄ならば、遠くから見て解釈を施すこともできるでしょうが、命令ならば、そうはいきません。自分自身が直面する課題となります。主なる神がじかに語りかける言葉として響くのです。

さらに言えば、この律法学者はイエスが引用している「聞け、イスラエルよ」を省略しています。この言葉は神の戒めにおいて不可欠の前提で、命令が押し付けではなく恩寵であることを保証するものです。言うまでもないことだからなのか、簡潔に述べるためなのか、理由は分かりませんが、そこをスルーしています。本当は「聞け、イスラエルよ」との語りかけに「愛するわが民よ」との響きを聞き取り、ひたすら恩寵で贖われて神の民とされた人々への神の尽きない愛と憐れみを受け取るところに、神の戒めに生きる生活は成立するのですが、その大切なことが抜け落ちています。本来、神からの命令は恵みにおける命令です。いかなる犠牲を払っても惜しくない愛をもってご自身のものとなし、真実を尽くして導いてくださる神の命令であるから守れるはずだ、ということです。命令を聞かせていただけること、守らせていただけることが恵みというわけです。ところが、その恵みの前提を省略し、命令を事柄として述べ、ご意見番目線で語るとなれば、やはりこの律法学者、知識はあっても生活になっていたかは疑問です。「神の国から遠くない」（三四節）という微妙な立ち位置だったのでしょう。私たちはそうではなく、神の恵みにおける命令を明確に聞いて、知識以上に生活が神の民としてふさわしいものであるように歩みたく思います。

恵みの論理に徹しているか

恵みに生きることが実際のこととなるには、恵みにおける命令に聴かなければならないのは上記のとおりですが、それは恵みの論理で貫かれなければなりません。恵みにおける命令は恵みの論理で貫かれています。ゆえに、それに聴く側も恵みの論理に徹して聴かなければなりません。では、恵みの論理に徹するとはどういうことでしょうか。

「あなたは神の国から遠くない」とイエスに評されるだけあって、この律法学者、やはり恵みに生きることに徹しきれていないようです。彼の返答の最後の部分に注目してみましょう。「隣人を自分自身のように愛することは、どんな全焼のささげ物やいけにえよりもはるかにすぐれています」（三三節）。これは旧約聖書の大切なメッセージの一つです。「わたしが喜びとするのは真実の愛。いけにえではない。全焼のささげ物よりむしろ、神を知ることである」（ホセア六・六）などを念頭に置いたものと思われます。しかしながら、なぜ彼がこの内容を持ち出したのか、イエスの回答に新たな情報を付け加えるような形で言及したのはなぜなのかと考えてみると、純粋に信仰の話という以上に、何か別の動機があったのではないかと勘繰りたくなります。イエスの回答に新たな情報を加えるのは、上述のように彼がコメンテーターの位置にいるからなのですが、それに加えてもう一つ。「全焼のささげ物やいけにえ」が引き合いに出されるのは、神殿祭儀を司るサドカイ人を意識してのことではないかと考えられるのです。神殿祭儀よりも大切なものに言及するからには、おそらく、この律法学者はサドカイ人のライバルであるパリサイ系の律法学者なのでしょう。事実、この直前にイエスがサドカイ人の悪意ある質問に「見事に答えられ」、彼らを返り討ちにしたのを見ており、それでイエスに対して好意的なムードで質問しています（二八節）。ライバルが論破されるのを気持ちよく眺めた後で、イエスの言葉をだしに自分の論理を勝ち誇ろうという魂胆が見え隠れします。述べていることは旧約聖書のメッセージとして正しいものですが、それを持ち出す動機がライバルをやっつけて喜ぶという、とても恵みの命令に徹する論理とは言えないものであったのです。これでは、恵みに生きることにはなりません。

さらに、この律法学者の発言からは肝心なことが省略されています。すでに指摘したように、「聞け、イスラエルよ」を省いているので、神の愛と憐れみの響きに欠ける感があります。すると、愛と憐れみに満ちた神の語りかけに、命をかけて生きていくという熱い応答が引き出されにくくなります。むしろ、事は頭で理解する概念で終わりがちになります。それが証拠に、申命記を引用したイエスの言葉と、それに対する律法学者の返答を比較すると、後者に足りないものがあります。イエスが「心を尽くし、いのちを尽くし、知性を尽くし、力を尽くして、あなたの神、主を愛しなさい」（三〇節）と述べるところ、律法学者は「心を尽くし、知性を尽くし、力を尽くして主を愛すること」（三三節）と述べています。つまり、「いのちを尽くし」が抜け落ちているのです。いのちと訳されている言葉はギリシア語ではプシュケー、一般的には魂を意味します。ちなみに、引用元の申命記ではヘブル語でネフェシュ、やはり魂を意味する言葉が使われています。つまり、本来、神の愛に応えて神を愛するのは、存在の根底から人生をかけてなすべき生き方そのものであるのに、その点が弱められているのです。まさしく、神を愛することから魂が抜かれる事態が起きていると言えるでしょう。「愛しなさい」という命令が「愛すること」という事柄として表現されているのも、このあたりと関係があるのでしょう。こうして命をかけた生き方に逃げ道ができてくるのです。

さらに、この律法学者の発言を精査すると、述べられている事項とその組み合わせ方によって、イエスの回答からニュアンスがずらされていることが分かります。個々の事項は等しい内容でも、組み合わせ次第でニュアンスを調整・操作して、別の含みを持たせることは可能です。この場合、「聞け、イスラエルよ」という恵みの呼びかけを省き、神の唯一性の主張をトップに持ってきます。そして、神への愛と隣人への愛をセットにして一息に事柄として述べています。すると何が起きるでしょうか。恵みの前提が抜け落ちて、命令が事柄になっていることは前述のとおりです。それに加えて、神の唯一性が前提となり、それにくられて神への愛と隣人への愛がセットになるという構造によって、愛に生きることが神の唯一性の枠内にあるという含みを持たせることになります。教義として間違いないように見えますが、恵みの前提がない中で愛が、特に隣人愛が語られると、唯一の神を崇めない異邦人などは対象外にされかねません。そうなると、隣人愛は内輪への優しさという限られた概念で終わってしまうかもしれません。現に律法学者は、「あなたの隣人を」とイエスが述べた「あなたの」という言葉も省略しています。ということは、「あなた」が「あなた」を呼ぶだれかと出会った現場でその人の隣人となるという、ライブな実際の交わりが抜け落ちて、どこまでが隣人の範疇かという議論が起こることになるでしょう。また、「聞け、イスラエルよ」と語る申命記で前提とされるところの、かつてエジプトにおいて在留異国人で奴隷であった自分たちの歴史経験とそこで味わった神の憐れみが省略されているので、それが「あなた」なのだという自覚が十分に生まれず、在留異国人や貧しい人々に憐れみ深くあるようにとの神の戒めの具体的実践に届かないということが起こり得るのです。

それに対してイエスは、実に明快に神の戒めの内実を具体的な生き方まで見通して述べています。そもそも律法学者から尋ねられた質問は第一の戒めについてだったのですが、イエスは第二の戒めにまで言及します。神への愛と隣人愛は不可分だということです。そして、すべての前提は神の恵みの事実、特に憐れみを受けた歴史経験であり、神の唯一性は神への愛とともに第一の戒めを構成する要素になっています。それゆえ、隣人愛は範疇の議論で狭められることなく、むしろ、「あなたの」をきちんと引用しているので、ライブな現場での交わり形成を促すものになります。そして、それは唯一の神を魂を込めて愛することから生まれるのだという、恵みの神を見上げる信仰の世界観が広がります。すでに大きな恵みと憐れみを注いでくださっている唯一の神を魂を込めて愛し、この方の民にしていただいた自覚を持つこと。そして出会う人々の隣人となって恵みを分かち合う交わりを形づくり、そこに仕えていく生き方。ここから逃げる道をこしらえることなく、むしろ、恵みの論理に徹してここに歩み続けること。神の戒めとはそういう生き方を意味していると、イエスは明確にされたのです。それゆえ、私たちはイエスが明確にされたことに対してお茶を濁して微妙な応答をするのでなく、アーメンと実際に歩みゆく者でありたく思います。

69　イエス・キリストの王権

〈マルコ一二・三五〜三七〉

「イエスは宮で教えていたとき、こう言われた。『どうして律法学者たちは、キリストをダビデの子だと言うのですか。ダビデ自身が、聖霊によって、こう言っています。

「主は、私の主に言われた。
『あなたは、わたしの右の座に着いていなさい。
わたしがあなたの敵を
あなたの足台とするまで。』」

ダビデ自身がキリストを主と呼んでいるのに、どうしてキリストがダビデの子なのでしょう。』
大勢の群衆が、イエスの言われることを喜んで聞いていた。」

現在、日本の社会において、王は一応いないことになっています。「一応」というのは、統治の仕組みとして王制を採っていないので、その意味で王という立場の人はいないということです。けれども、民主主義社会は、各人が自分自身の領域について統治権が認められることを前提にするので、ある意味、みんなが王という側面があります。自立した個人の自由と責任の強調ということでは成熟した感じがありますが、下手をすると自己中心と孤立、自由競争からの疲弊・格差・不正などの温床に落ちることもあります。また、組織運営において責任者に権限が集中すると、その領域においては王のようになることもあります。

それに、どんなに自由だと言っても、実際は何かに支配されているのが人間の姿です。お金のことで頭も心もいっぱいで、人間関係も生活習慣も支配されているならば、お金が王になっているということでしょう。ほかにも、人気を得ること、出世、達成感など人それぞれですが、何かが王として君臨しているのです。

そんな中、私たちキリスト者は、世間一般で提供される何かに統治されるところから導き出され、いのちの源である創造主なる神の恵みで支配される幸いに気づかされました。他の何かでは治まりのつかなかった人生、けれども、神の恵みで治められることを受け入れたとき、恵みのゆえに生活を感謝し、将来に希望を持ち、喜びを分かち合って平和が生まれるという治まりの良い人生に歩み出すことができたのです。

その点、マルコの福音書は、恵みの支配に歩ませるべく私たちを招き導くイエスの姿を明確に描き、この方を王として従っていくように強く語りかけてきます。「時が満ち、神の国が近づいた。悔い改めて福音を信じなさい」（一・一五）とイエスは迫り、神の国・恵みの支配に歩ませるべく「わたしについて来なさい」(一・一七、二・一四) と人々に語りかけて召し出されます。イエスについて行き始めた弟子たちは、恵みで治められる交わりに仕えるよりも、出世欲に支配される傾向を引きずっていました。それでも、イエスは忍耐をもって彼らを教え導き、しもべとなって十字架の道に進むことが恵みの支配に歩むことなのだと薫陶します (八・三一～三八、九・三一～三七、一〇・三二～四五)。そして、恵みを分かち合う交わりへと人々を招き、招き続けることで苦難を甘んじて受ける十字架の道へと、イエスご自身がまず進んで行かれるのです。利権稼ぎや弱者排除、異邦人憎悪の温床と化していた神殿を整理して悔い改めを迫り (一一・一五～一八)、殺意を抱く祭司長や長老たちから論戦を彼らの本拠地で挑まれてもなお、恵みの招きをやめることなく進んで行かれます (一一・二七～一二・三四)。論戦に勝利して恵みの分かち合いの正当性を示した姿は、堂々たる神の国の王の風格です。「それから後は、だれもイエスにあえて尋ねる者はいなかった」(一二・三四)。まさしくイエスは恵みで治めたもう王なる方なのです。

世俗の王ではなく世俗を超える王

世に言う王とは、人民の上に君臨して権力を振りかざし、自らの地位・領土・財力を固め、外敵を征伐して勢力を拡大するというイメージ、特に古代社会ではそのようなイメージが一般的でしょう。しかし、イエスを王と言うとき、それは世俗の王とは別の方向、そして別の方法で世界を統べ治める方だということです。世俗の方向と方法だと破綻に向かってしまう平和、しかし、それを逆に構築できる王、世俗を超える力で統べ治める方だということです。

「どうして律法学者たちは、キリストをダビデの子だと言うのですか。ダビデ自身が、聖霊によって、こう言っています。『主は、私の主に言われた。「あなたは、わたしの右の座に着いていなさい。わたしがあなたの敵をあなたの足台とするまで。」』ダビデ自身がキリストを主と呼んでいるのに、どうしてキリストがダビデの子なのでしょう」(三五～三七節)。

宮きよめ後の一連の論争エピソードが一段落して、イエスが神殿にいる人々に語った言葉がこれです。律法学者たちがメシアを理想の王ダビデにちなんで「ダビデの子」と呼んで待望しているが、その呼び方は変ではないかという指摘です。ダビデ自身がメシアを主と呼んでいるのに、その方をダビデの子と呼ぶのはおかしいということです。

このイエスの発言は、奇妙であるとの指摘であって、根本的に間違っているとの批判ではありません。「大変な思い違いをしています」(一二・二七)という厳しい叱責ではなく、言葉自体は間違いではないが意味を誤って受け取っている可能性が高い、それゆえ誤解は解かなくてはいけないという判断から語られた言葉だと言ってよいでしょう。

それならば、具体的に「ダビデの子」という呼び方の何が問題だったのでしょうか。この呼び方自体は、少し前にイエス一行がエリコからエルサレムに向かう途中、目の見えないバルティマイが癒やしを求めてイエスに叫んだときの呼び方です。「ダビデの子のイエス様、私をあわれんでください」（一〇・四七）。これに対しては、イエスが苦言を呈したなどということは全くなく、一応受けとめたうえで求めに応えて癒やしておられます。ただ、それは「ダビデの子よ」と繰り返し叫んだことへの評価ではなく、イエスの招きを心から喜び、信頼と期待を表してイエスのもとに来たことへの応答です（一〇・四九〜五二）。それゆえ、「ダビデの子よ」との呼びかけ自体については、ひとまず受けとめるという程度でしょう。

別の場面でも、イエスはこの呼び方に対して同様の態度を示しています。エルサレム入城の場面で人々がホサナ（救ってください）と叫びつつ迎える、その掛け声の中に「われらの父ダビデの、来たるべき国に」（一一・一〇）という言葉が入っています。ここでもイエスは肯定も否定もせず、それを受け流す行動を選択します。人々はこのままイエスが王座に着いてくれることを切望していたでしょうが、イエスはその期待に肩透かしを食らわせ、対ローマ革命の旗揚げには絶好のチャンスをさらりとスルーして近くの村に引き返してしまいます（一一・一二）。つまり、イエスとしては、ダビデの子というのは間違いではないが、その呼び方で人々が期待している事柄の中にイエスの目的とは異質のものがあり、そこは受け入れることはできず、むしろ、修正が求められるということなのです。

つまり、ダビデの子という呼び方において修正されるべきとイエスが考えていたのは、当時の世間一般でイメージされ、待望されていた理想の王の姿ということです。敵を倒し、自分たちのいいように欲求を満たしてくれる権力者の姿です。旧約聖書が示すダビデ王は必ずしもそういう人物ではなく、むしろ、王の立場にあっても神の前に敬虔であることを強調して描かれていますが、紀元一世紀ともなると、そうした〝史的ダビデ〟よりも自分たちの願望を投影した世俗的な王をイメージしてダビデの子という呼び方を用いていたのでしょう。それゆえ、ここでも律法学者たちがダビデの子という呼び方を用いていることに対して牽制し、そのこだわりは修正されるべきと指摘するのです。

では、その世俗の王のイメージはどのように修正されるべきなのでしょうか。それもまた、エルサレム入城の場面から見て取ることができるでしょう。あのときイエスは軍馬や戦車ではなく子ろばに乗っておられました（一一・七～一〇）。へりくだった柔和な王の姿を、身をもって示したということです。「見よ、あなたの王があなたのところに来る。義なる者で、勝利を得、柔和な者で、ろばに乗って。……わたしは戦車をエフライムから、軍馬をエルサレムから絶えさせる。戦いの弓も絶たれる。彼は諸国の民に平和を告げ、その支配は海から海へ、大河から地の果てに至る」（ゼカリヤ九・九～一〇）との預言の成就です。王は王でも、イエスは平和の王。神ご自身が下さる平和を成し遂げる、へりくだった王です。

平和をもたらすために、イエスはすべての人々を神の恵みに招きます。弱くても貧しくても、心開けば恵みは豊かに注がれていることが分かる、創造主なる神はあなたを見捨てない、だから神の恵みに立ち返りなさい、と。それゆえ、招きと逆を行く生き方には悔い改めを迫ります。けれども、イエスは強引に押し付ける方ではありません。迫りますが、いかに応答するかは人々に委ねられています。そして、背き拒む人々のただ中に入ってまで応答を求め、かつ、その身を彼らにお任せになるのです。まさしく命がけです。そこまでして恵みに招く方ですから普通の王ではありません。ダビデの子といっても、普通の王のイメージでは正確な意味を捉えられません。ですから、イエスの生涯の大事なポイントにおいて（働きの開始を告げる受洗時と受難予告の開始直後の変貌時）、「わたしの愛する子」（一・一一、九・七）と天から声がかかり、ダビデの子である以上に神の子（神より出でたる王の王。詩篇二・七）であることが宣言されるのです。

ところが、マルコの福音書は、神の子と呼ばれる王の王イエスについて、その意味が最も明確になる場所は十字架の正面だと主張します。およそ威風堂々たる王の姿とは合わない感じがしますが、この方が神の子であることが登場人物の一人によって告白されるのは十字架の正面なのです。福音書の読者である私たちはイエスが神の子であることを冒頭で知らされていますが（一・一）、登場人物たちはそこを捉えることができない、弟子たちさえもよく分からないというのが実情でした（八・一七〜一八）。それでイエスが人々を恵みに招いて命をかけていくとき、結局、弟子たちは分からずにイエスについて行けなくなり、人々も分からずにイエスを拒んで十字架に磔にしてしまいます。しかし、その中で十字架の正面に立った百人隊長（十字架刑執行責任者）が「この方は本当に神の子であった」（一五・三九）と述べるのです。イエスがダビデの子以上に神の子であるとは、すなわち、神ご自身に立てられた王の王であるとは、十字架の正面に身を置いてこそ分かることだ、とのメッセージです。恵みの招きを退ける人の罪とその結果を一身に引き受けて、なおも人々を恵みに立ち返るようにと招く姿。ここまで背負う愛と憐れみで導きなさる姿は、世俗の王とはまるで違うものです。真の王は自らの命を捨てて民を救う方、へりくだって民を愛したもう方なのです。その方、主イエスに治めていただく道に歩みたくはありませんか。

主と呼ばれる方

恵みでもって統べ治めたもうイエスは王なる方ですが、世俗の王を超える方です。それゆえ、王という政治的な存在であることもさることながら、それを超える方として、すなわち、全宇宙の主として崇められる方なのです。

イエスは十字架についた王です。十字架の正面でこそ、その王権の偉大さ、また、深さが分かります。けれども、十字架の死で終わったわけではありません。イエスを十字架につけた敵対者からすれば、イエスは失敗した反逆者にすぎず、したがって王でも何でもないということになります。しかしイエスは三日目に復活します。それゆえ、十字架の勝利は本当であることがはっきりします。イエスが王の王だということが明確になります。

そこでこの箇所ですが、これは十字架と復活よりも前の出来事です。しかし、ここでイエスはダビデの子という呼び方に違和感を示しつつ、詩篇一一〇篇一節を引用し、暗に復活の出来事まで予告していると言ってよいでしょう。「主は、私の主に言われた。『あなたは、わたしの右の座に着いていなさい。わたしがあなたの敵をあなたの足台とするまで。』」（三六節）。すでにイエスは三回にわたって受難を予告しつつ復活にまで言及してこられたので、ここで復活について改めて暗に予告しても何ら不思議ではありません。

それならば、詩篇一一〇篇一節の何がイエスの復活の予告となるのでしょうか。実は、これは数ある旧約テキストの中でも新約聖書に最も多く引用されている（直接・間接含めて）聖句で、その代表例として「すべての敵をその足の下に置くまで、キリストは王として治めることになっているからです」（Ⅰコリント一五・二五）を挙げることができるでしょう。この箇所は「しかし、今やキリストは、眠った者の初穂として死者の中からよみがえられました」（同二〇節）とのイエスの復活のニュースを踏まえて、教会に与えられた希望について語っており、その中で詩篇一一〇篇一節が間接的に引用されています。復活したイエス・キリストは王の王で、恵みで治める統治を完成してくださるという希望を語っているのです。

それゆえ、ここでの「敵をあなたの足台とするまで」（三六節）とは、すべてを恵みで治める統治が完成されるプロセスで、神が創造された世界の平和を乱す悪を完全に駆逐して平和を取り戻すことを意味しており、すでにイエスの復活によって悪のもたらす罪の力・死の力が克服されるための決定的なことがなされて、そのうえで最終的な勝利へと時は進んでいることを意味します。私たちは今この時に招かれており、その招きに応えるとは、言ってみれば、勝つと分かっている試合に臨むことなのです。イエスの他に死に打ち勝った方はいません。他の何かを王としても、死に打ち勝つことはありません。勝ち試合を選ぶのか、負け試合を選ぶのかという話です。どちらがいいかなんて、言うまでもありませんね。

このように、十字架の死から復活したイエスは王の王であり、やがて恵みの統治を完成してくださいます。それゆえに、主と呼ばれるのだということです。「主は、私の主に言われた」(三六節)。詩篇一一〇篇の原文では、最初の「主」がヤハウェ、次の「私の主」がアドナイです。しかしヘブル語においては、いずれも神ご自身を指す言葉です。すなわち、両者とも主なる神、崇められる方で、父なる神と復活の主イエスとを示していると、イエスご自身が語っているということなのです。全宇宙を恵みの支配として完成する主なる方、この方こそ崇めるべき方ということです。したがって、この方を王とするとは、この方を崇めるということで、逆もまた真なりです。この方に人生を治めていただくのに、この方を崇めないのはあり得ないし、この方を崇めているのに、この方に人生を治めていただかないというのもあり得ません。恵みにおける生活が礼拝につながらないのはあり得ないことですし、礼拝が恵みにおける生活に展開しないこともあり得ません。私たちは恵みの招きに従うゆえに礼拝し、礼拝するゆえに恵みの招きに従うのです。そのようにして、王の王イエスに人生を治めていただき、この方がやがて世界を恵みの支配として完成してくださることを待ち望んで歩んでいきましょう。

70　どなたを人生の師匠と仰ぐのか

〈マルコ一二・三八～四〇〉

「イエスはその教えの中でこう言われた。『律法学者たちに気をつけなさい。彼らが願うのは、長い衣を着て歩き回ること、広場であいさつされること、会堂で上座に座ることです。また、やもめたちの家を食い尽くし、見栄を張って長く祈ります。こういう人たちは、より厳しい罰を受けます。』」

仰げば尊し、わが師の恩……。学校にはいろいろな先生がいます。中には反面教師的な方もいて、こういう人になってはならないという悪いモデルとして人生の教材になってくれた方もいるかもしれません。「他山の石、以って玉を攻むべし」とも言います。他の山のつまらない石でも、自分の宝石を磨くのに役立つということですから、どんな他人の姿も無益とは言えません。

「律法学者たちに気をつけなさい」（三八節）とイエスは言われます。学者ですから、言わば先生です。けれども、その姿に問題があるということです。律法学者は、紀元一世紀のユダヤ社会において影響力の強い人々でした。多くの人々が師と仰ぎ、生き方の指針を学んできたわけです。しかし、イエスは律法学者の姿に警戒すべき点があることを見て取って、影響力が強いだけに厳しい言葉で彼らを反面教師として取り上げて語ったということです。ここでイエスが強調する警戒ポイントは、神の恵みの支配から人々を引き離してしまうものが彼らの姿の中にあるということでした。

　このことは、神の恵みの支配（神の国）に人々を招くことがイエスの働きの主眼であったことを考えると、至極当然の批判といえるでしょう。「時が満ち、神の国が近づいた。悔い改めて福音を信じなさい」（一・一五）とイエスは語られます。恵みの支配はイエスとともにもたらされつつあり、そこにすべての人が招かれているのだから、神の恵みに向き直って（悔い改め）、招きに信頼して歩み出すように（信仰）ということです。そして、そのために「わたしについて来なさい」（一・一七、二・一四）と言われます。ついて行って学ぶという点で、イエスには師匠という側面があります。けれども、同時にその方の超越した権威における招きに従うという意味では、イエスは通常の師匠を超えており、やはり主なる方です。そして、いずれにしても、ついて行く人々は弟子となります。そういう人々が起こされて、恵みに生きる神の国の人々となすというイエスのプロジェクトは進んでいきますが、やはり悔い改めの迫りを含む招きであるので、人々の怒りを買い、多くの妨げを通る十字架の道となっていきます（八・三一、九・三一、一〇・三二～三四）。特にこのことは、利権稼ぎ・

弱者排除・異邦人憎悪の温床となっていた都エルサレムの神殿を整理して、人々に悔い改めを迫った宮きよめの出来事によって加速していきます（一一・一五〜一九）。しかし、イエスは人々を招くことをやめません。その招きは悔い改めを迫るので、指摘すべき点に関しては厳しいトーンを帯びています。相手がユダヤ社会の権威である神殿のトップ・祭司長や最高法院を構成する律法学者であっても関係ありません。恵みの招きから人々を遠ざける要素に関しては明確な警鐘を鳴らします。あなたはだれについて行くのか、恵みから遠ざける者を師と仰ぐのか、それとも恵みに招く主であり師である方に従っていくのか、と。

恵みにおける言行一致

「律法学者たちに気をつけなさい。彼らが願うのは、長い衣を着て歩き回ること、広場であいさつされること、会堂で上席に、宴会で上座に座ることです。また、やもめたちの家を食い尽くし、見栄を張って長く祈ります。こういう人たちは、より厳しい罰を受けます」（三八〜四〇節）。これを読むと、律法学者とは見かけ倒しで鼻持ちならない連中という印象を持ってしまいそうです。確かに、イエスがここまで言うのには理由がありますが、大悪党と思うのは正しくありません。むしろ彼らは、当時、非常に影響力をもった社会のオピニオン・リーダー的な存在でした。発言力があり、人々から一目置かれていました。ある意味、立派な人々です。旧約聖書に精通し、人々を指導する役割を担っていました。それゆえ、そこに徹して歩んでいるならば尊敬すべき人々で、中には実際にそういう人々もいたことでしょう。微妙な言い方ではありましたが「神の国から遠くない」と言われた律法学者がいました（一二・三四）。また、後に登場しますが、最高法院の議員の中にはアリマタヤ出身のヨセフという、敬虔に神の国を求めイエスの働きに好意的な人物もいたわけです（一五・四三）。それゆえ、律法学者の全部が全部、厳しく批判されなければならないということではなかったでしょう。ただ、全体的な傾向としてイエスが指摘するような状況があり、また、立場上、そうした状況に陥りやすい誘惑にさらされていたわけです。

それゆえ、イエスがここで語るのは「気をつけなさい」（三八節）ということなのです。断罪せよとか、無視しておけなどとは言っていません。むしろ、ここで使われている動詞はブレポー（見る、気づく、考える）です。無視するのとは逆です。続いて前置詞のアポ（〜から離れて、〜の後を）が出てきます。見るといっても、彼らから離れて見るということ。無視はしないが、ついて行かない、モデルにしないという位置関係です。そして、彼らの背後を見ること。彼らの主張の背景に何があるのか、背後でなされている行動は何であるか、表向きの立派さの裏には何があるのか、よく見るようにということです。また、彼らの後を見るということです。結果として何が起きるのか、どんな実を結ぶのか、その生きざまの成り行きと行く末を見るのです。それゆえ、「律法学者たちに気をつけなさい」（三八節）とは、反面教師としてよく見ておきなさいということなのです。

それでは、そのように律法学者たちをよく見て、結局、何が分かるのでしょうか。一言で言えば、言っていることとやっていることが同じ方向を向いていない、言行不一致という点です。彼らが専門とする律法は神の戒めですから、その内容そのものは聞き従うべき神の言葉です。古代イスラエルからの文化的伝統も含めて、その心をいかに捉えて伝え、さらには自らの社会状況に適用するのか、解釈と適用が彼らに託された務めです。よく学び、人々に教える大切な役割です。ところが、距離を置いて彼らを眺めてみると、語っている大切なことと、やっていることの間にズレがあるのです。律法の中心メッセージは神の憐れみであり、憐れみ深い神の民にふさわしく互いに憐れみ深くあれというのが律法の諸規定の指し示すところです。しかし、彼らの背景にあるストーリーは何であるか、実際に結ばれる実はどんなものかをよく見てみると、神の憐れみとは別の何かが動いていることが分かるというのです。そのように、気をつけるべき点があることに気づくと、本当に彼らについて行っていいものか、彼らの道を自分の歩みのモデルにしてよいのか、再考を促されます。

この言行不一致ということについては、私たちも身につまされることがあるのではないでしょうか。キリスト者として、日常の交わりにおいてどうかということです。家庭、社会、教会において、様々に問われることがありますね。神の恵みの分かち合いを健全に形づくるにふさわしく生きているかどうか、その点で言っていることとやっていることの整合性はどうなのかということです。確かに、完全な言行一致は人間の力では無理でしょう。人間の歴史の中にそれをもたらしたのは、ただ一人、主イエスのみです。恵みに生きて分かち合うこと、仕えること、平和をつくること。主イエスは十字架でご自分の命を捨ててまでこの道に歩み、人々を招き、弟子たちを導かれました。私たちはこの方の招きにあずかり、この方を従うべき主として信頼することを学んでいます。それゆえに、従うべき主イエスに照準を合わせて進むとき、自力では無理であるにせよ、少なくとも方向としては、恵みへの応答と分かち合いに関して言行一致へと向かっていきます。「わたしについて来なさい」と言われる主イエスがそうしてくださるのです。師と仰ぐべきは律法学者ではなく、主であり師であるイエスご自身だということです。

へりくだりと憐れみの深さ

「律法学者たちに気をつけなさい。彼らが願うのは、長い衣を着て歩き回ること、広場であいさつされること、会堂で上席に、宴会で上座に座ることです。また、やもめたちの家を食い尽くし、見栄を張って長く祈ります。こういう人たちは、より厳しい罰を受けます」(三八〜四〇節)。律法学者の多くは、せっかく旧約聖書から神の戒めについて人々に語っているのに、その姿に整合性がないという指摘です。具体的なこととして、ここでは虚栄・虚飾について触れられています。「長い衣を着て歩き回ること」が最初に出てきます。これは、服装自体を問題にしているのではなく、それが何のためなのかという点です。よい服を着て目立ちたい、一目置かれたいということだと、結局は傲慢につながり、それは問題だということです。いつ何を着るのかということについては、背後の動機・ストーリーが大切です。そして、次に来るのが「広場であいさつされること」です。彼らの挨拶好きは、他の人々を気遣ってコミュニケーションを図るというものではなく、自分が目立って偉そうに振る舞うためのもので、やはり虚栄ということになります。そして、「上座に座ること」と続きます。ここまで来ると、フォローのしようがありません。まさに虚栄ということになります。

それならば、こうした虚栄の何が問題なのでしょうか。確かに、周りの人はいい気分はしないでしょうが、メッキがはがれれば裸の王様ですから、本人が恥をかいて終わりという程度のもののように思えます。しかしながら、やはりそれは傲慢の温床で、へりくだりを失わせるのは事実です。へりくだりがないと、神の憐れみのゆえに互いに憐れみ深くあるという生き方ができなくなります。自分は憐れみをいただかなければならない者だという自覚が薄くなるからです。そのようにして、神の憐れみに生きるということができなくなると、口では神の戒めを語りつつ、生活は逆方向という言行不一致が起こり、それはついに、人の前だけではなく、神の前にも態度となって出てくるようになるのです。「見栄を張って長く祈ります」と言われます。長い祈りが悪いわけではありません。問題はその姿勢です。神の前で人々に対して見栄を張るということです。神の前で虚勢を張る、祈りが人々へのパフォーマンスに成り下がる、そこが問題です。これでは恵みに応答して生きていることになりません。

このように、イエスは虚栄に気をつけよと語り、さらに強欲に気をつけよと語ります。「やもめたちの家を食い尽くし」と述べています。これは、律法学者たちが徒党を組んで、夫を失った女性から金品を巻き上げたなどという話ではありません。神の戒めによれば、憐れみ深い神の民とされたのであれば、互いに憐れみ深い人々となるというのが生き方の軸で、特にそれは社会的に弱い立場の人々への態度において実が結ばれなければなりません。貧しい人々に施すこと、担保を取らずに貸すこと、負債を免除することなど（申命一四・二八～一五・一一、二四・一〇～二二など）、社会生活における具体的な行為として求められます。ところが律法学者たちは、一方でこのことを語りながら、もう一方で抜け道をこしらえて、そこまでしなくてもよいという論理を適用し、それで本当なら助かるはずの人々が助からない状況ができてしまっていました。それこそ、宮きよめの出来事でイエスが指摘なさった弱者排除の神殿模様がこれに当たります。貧しい人々のささげ物から手数料を取るシステムがありました。また、直接にはやもめではなく老いた親に関することですが、かつて話題に上がったコルバン問題も似たような話でしょう。老いた親を扶養するための経費も「コルバン」（ささげ物）だと言えば、そのために使わなくてもよいという解釈で、親への思いやりの行為をディスカウントし、それを正当化しているとイエスは批判しました。もっともらしい理由をつけて、助けなくともよい、分かち合わなくてもよい、憐れみを示す必要はないという結論にもっていく手法です（七・八～一三）。これでは恵みに生きるということになりません。そうならないように、気をつけなさいということなのです。

虚栄ではないへりくだり、そして、強欲ではない憐れみ深さ、倣うべきはそういう姿です。「気をつけなさい」と言ってくださるイエスご自身の姿と言えるでしょう。恵みに生きる道をもたらして、命がけで招いてくださる師であり主である方です。実際、イエスほどにへりくだった方は他にいません。反逆する罪人をなおも恵みに招くために十字架で命を捨て、赦しを差し出した方です。私たちのような者でも救われたのは、このへりくだりのゆえではありませんか。また、イエスほどに憐れみに満ちた方は他にいません。十字架を背負ってくださった方は、私たちがどんな弱さの中にあっても、そこを理解して共にいてくださいます。私たちが間違ったときも、忍耐強く導いてくださいます。慰めを注いでくださいます。私たちのような者でも従いゆけるのは、この憐れみのゆえではありませんか。イエスのへりくだりと憐れみ深さによって切り拓かれ、招かれた恵みに歩む道です。招かれた私たちは、招いてくださった方を師と仰ぎ、主と崇めて従っていきたく思います。

71　神に献げる心

〈マルコ一二・四一～四四〉

「それから、イエスは献金箱の向かい側に座り、群衆がお金を献金箱へ投げ入れる様子を見ておられた。多くの金持ちがたくさん投げ入れていた。そこに一人の貧しいやもめが来て、レプタ銅貨二枚を投げ入れた。それは一コドラントに当たる。イエスは弟子たちを呼んで言われた。『まことに、あなたがたに言います。この貧しいやもめは、献金箱に投げ入れている人々の中で、だれよりも多くを投げ入れました。皆はあり余る中から投げ入れたのに、この人は乏しい中から、持っているすべてを、生きる手立てのすべてを投げ入れたのですから。』」

献げるという行為は、人生の中で最も奥が深い部分を形づくるものです。献げるとは、相手がその方であるという理由だけで、無償で自分の何かを手放して相手に渡すことであり、愛を具体的に形にした行為です。このことは、信仰を別にしても、だれもがある程度は経験することでしょう。子育て、介護、慈善ボランティアなどにおいて、時間や財、労力を献げないというのは、子育てであっても難しく思えることがあります。何も返ってこないと、献げる行為も鈍ってしまうのが正直なところでしょう。人間同士でもこうならば、目に見えない神との関係において、献げるという行為にはいかなる課題があるでしょうか。

まず前提として覚えておかなければならないことは、献げるうんぬんの前に、私たちは神から多くのものを恵みとしていただいているという事実です。私たちの命・存在に始まり、生きるのに必要なもの・環境、互いの存在と交わり、すべてが神から恵みとして与えられています。そこには神の私たちに対する善意が溢れています。それを認めるならば、神に献げていくのは当然のことです。神にお返しするという言い方もありますが、お返しできないほどにいただいているのが事実です。ですから、その自覚において、感謝を精いっぱい表す意味で何かを差し出すのです。すると、なお恵みとして与えられているものの大きさに目が開かれて、感謝に満たされるのです。まさしく恵みの支配です。しかしながら、実際の私たちのささげ物はどうでしょうか。人間的な計算ではなく、自由な心で神への精いっぱいの感謝でもって献げられているでしょうか。そこに恵みの支配が示されているでしょうか。

イエスのお働きは、この恵みの支配に人々を招くことでした。「時が満ち、神の国が近づいた。悔い改めて福音を信じなさい」（一・一五）。ご自身とともに訪れている恵みの支配を示して、恵みに向き直るように、そして招きに信頼して歩み出すようにと語られます。そのために「わたしについて来なさい」(一・一七、二・一四)と招きなさるのです。この招きに応えるとは、自分自身の歩みの方向を手放してこの方に委ねるということですから、まずそれ自体がささげ物になります。さらに、恵みに向き直って歩むとは、恵みの事実に心開いて生活の中で感謝を示すことですから、その証しとして様々な形で具体的なささげ物がなされていくことになります。確かに、こうしたささげ物は自発的な犠牲を伴います。けれども、それは神の恵みを前提とするとき、人間的な計算を超えます。イエスについて行き始めた弟子たちは、そのことがよく分からずに、立場や権力を打算的に考える傾向から抜け出せずにいましたが、イエスに従うとは恵みに生きて、恵みの分かち合いに自ら仕えること・献げることだと教えられていきます。そのへりくだりの姿は、人々を恵みに招いて命を献げる十字架の道に通じるのだと語られるのです。しかし、それは犠牲だけ払って終わるのではなく、そこに神がさらなる恵みをもって臨んでくださる約束が語られます。十字架の道は復活に通じるということです(八・三一~三八、九・三〇~三七、一〇・三二~四五)。それゆえに、恵みに応えて真実に献げることができるのです。どこまでも恵みの支配であり、これをもたらしてくださった主イエスとの交わりを深めること、これがささげ物の真意です。

ささげ物の背後にある恵みの証し

神に献げるとは、どこまでも恵みの支配におけるものであるので、その背後には恵みの事実とそれを受け取った証しがあります。そこを豊かに味わい知ることがささげ物の真実を形づくります。それは義務で支払うものでも、見返りを計算する取引でもありません。生活に注がれる神の恵みが出所で、そこを感謝する証しによって成立するものなのです。

「それから、イエスは献金箱の向かい側に座り、群衆がお金を投げ入れる様子を見ておられた」（四一節）。神殿で人々がささげ物を携えて礼拝する様子をイエスは見ておられました。つい数日前に、礼拝の場であるはずが利権稼ぎと弱者排除と異邦人憎悪の温床と化していた神殿を整理して、人々に悔い改めを迫ったばかりです（一一・一五～一九）。それで、その後、神殿がどうなっていくか、人々がどう変わるか、イエスはじっと見つめておられたのです。そこで起こった出来事が、「多くの金持ちがたくさん投げ入れていた。そこに一人の貧しいやもめが来て、レプタ銅貨二枚を投げ入れた。それは一コドラントに当たる」（四一～四二節）ということでした。イエスはその様子を見て、弟子たちに言われます。「まことに、あなたがたに言います。この貧しいやもめは、献金箱に投げ入れている人々の中で、だれよりも多くを投げ入れました。皆はあり余る中から投げ入れたのに、この人は乏しい中から、持っているすべてを、生きる手立てのすべてを投げ入れたのですから」（四三～四四節）。

ささげ物について語られるとき、何が献げられたのか、いくら献げられたのか、というところに関心が傾きがちです。しかし、それよりも大事なのは、ささげ物の背景にどんなストーリーがあるか、献げる人は神の恵みを生活の中でどのように味わい、それをどう表現しようとしているのかということです。ところが、ささげ物、特に献金は、通貨を用いる都合上、そうした大切な意味から私たちの関心を逸らせる危険性が伴います。通貨とは、等価交換ができるための経済活動の道具のことです。同じ百円で飲み物を買うか、ボールペンを買うかという比較ができる道具です。数字での比較は客観性があるように見えるので、それで意味のすべてが測れると錯覚してしまいます。結果、ささげ物の背後にあるストーリーが見えにくくなり、神の恵みの証しが分かち合われないということにもなりかねません。

ここでは、「金持ちがたくさん」献げていたと記されています（四一節）。ささげ物を携えて礼拝しているのですから、このこと自体は素晴らしいことです。実際、いくらほどであったか、どんな心で献げたのか、それは分かりません。喜んでなのか、惜しんでなのか、期待してなのか、義務感からなのか、本当のところは神のみぞ知るところです。ただ、共通しているのは、金持ちであるということです。それゆえ、「皆はあり余る中から投げ入れた」（四四節）と言われます。全財産からの比率から言えばどうかという話です。

ところが、「そこに一人の貧しいやもめが来て、レプタ銅貨二枚を投げ入れた」（四二節）と、そっと人知れず献金が献げられます。レプタとは、ユダヤ社会に流通する通貨の最小単位で、デナリの一二八分の一の価値、私たちの感覚で言えば七十円ほどでしょうか。その銅貨が二枚ですから、金額としては周りの人々と比較すると明らかに少ない献金です。しかし、それを献げたのは貧しいやもめだったということです。

ここで私たちが気をつけなければならないのは、いずれにしても金額にすぐに目が向いてしまうということです。金額に目が向くとは、様々な形があります。多額であることを誇る、他者と比較・競争する、少額な人々を見下す・責め立てるというのは金額に目が向く典型的なパターンですが、別の形もあります。少額でもよいならそうしておこうと手を抜く傾向です。献げてはいても、実は別のところで浪費して金欠だから少額しか献げられないとか、本当は頑張って働けば収入を上げる道もあるのに、それを怠って金欠だから少額にしておこうといったことは、レプタ銅貨を献げたやもめの場合と状況が全く異なります。ささげ物を少額で済ますための口実にイエスのコメントを使ってはいけません。彼女は「貧しいやもめ」で、「乏しい中から、持っているすべてを、生きる手立てのすべてを」献げたのですから（四三〜四四節）、それは精いっぱいという意味であり、少額で済ますための口実とは話がまるで違います。多額だからよいとか、少額でもよいとか、金額に目を向けると、その背後にあるストーリーに意識がいかなくなることがありますが、そうであってはいけません。背後に証しされているはずの神の恵みに気づかないのだとすれば、残念では済まされません。

それでは、この貧しいやもめは、具体的にどんな恵みを味わっていたのでしょうか。生活費すべてを手放すとは、並大抵のことではないように思われます。そこで注目したいのは、彼女が献げたレプタ銅貨です。価格としては上記のとおりですが、注目すべきはレプタという通貨を用いたということです。通常、神殿でのささげ物として認められていたのは、世俗の市場で使われるデナリやレプタではなく、神殿のみで使用されるシェケルという銀貨で、人々は両替店で換金した後に神殿に献げる段取りになっていました。しかし、そこには神殿祭儀の聖別というもっともらしい理由の陰に、世俗の市場で出回る通貨は異邦人の手で汚されているという異邦人嫌悪があり、さらには、両替商が取る手数料のゆえに貧しい人々が圧迫されるという状況があったのです。シェケルの価値に達しない金額しか持ち合わせていない人、あるいは手数料の払えない人は換金できないので、神殿でささげ物ができない、すなわち、礼拝の場から締め出され、そこで神に近づいて祈ることも、信仰を分かち合う交わりを持つこともできませんでした。これでは真の礼拝とは言えません。イエスが宮きよめをなさった理由がここにあります（一一・一五〜一七）。そして、この宮きよめによって、改めて貧しい人々も異邦人も神の恵みを覚えて神に近づく場が開かれました。このやもめもレプタ二枚しかなかったけれども、ささげ物を携えて、神に近づいて祈ることができると喜んで、礼拝にやって来たということなのです。レプタ二枚だけれども、自分も献金させていただけたという感激。ここでわざわざローマ帝国由来の最小通貨コドラントを引き合いに出して、さらにその半分の価値のレプタ銅貨を使ったという描写は、彼女の生活の苦しさを表していますが、そんな中でも献げさせていただけた、自分も礼拝の民の一員なのだという感動が伝わってきます。イエスが招いてくださった恵みの歩みに踏み出したということです。自分も貧しいなりに神の恵みにあって生かされ、それを分かち合う人々の中に入れていただいている、なんと感謝なことかという恵みの味わいがそこにあります。それゆえに、彼女はあり金すべてを献げたのです。生活費を献げたとは、身を献げた、すなわち献身と言ってよいでしょう。レプタ二枚のささげ物の背後に、この恵みの証しがあったのです。

あらゆる献金の背後には、こうした恵みの証しがあるはずです。あなたの献金はいかがですか。神の恵みの味わいはありますか。教会会計を担当する方々はいかがでしょうか。教会の兄姉からの献金の背後に恵みの証しを読み取る信仰的感性を持っておられますか。私たちのような者が礼拝の民に招かれて、日々、神の恵みを自覚しながら歩んでいける幸いの証しが献金なのです。ぜひとも、そこを覚えて、献げることに富むお互いでありたく思います。

献げる心を知ってくださる主との交わり

神へのささげ物には神の恵みの事実とその証しが背後にありますが、もっと深掘りすると、恵みの事実に応える心をだれよりも主イエスが分かっていて、さらに、分かっていることを分からせてくださるということが見えてきます。すると、献げる私たちからすれば、招いてくださった主イエスご自身に分かっていただけたということで、喜びに満たされます。そうした交わりを味わうことができる、これがささげ物の醍醐味です。

今一度、この場面を眺めてみましょう。神殿で人々がささげ物を携えて祈っています。その様子をイエスと弟子たちが見ています。そして、イエスが弟子たちに真のささげ物について解説します。そこには多くの人々がいますが、イエスは一人の貧しいやもめがささげ物を携えて来る姿を見いだされました。彼女はほとんど目立たない格好をしていたでしょう。人々の隅っこで小さくなって祈っていたでしょう。他人に見せられるようなささげ物ではありません。けれども、やっと礼拝の場に来ることができた喜び、礼拝の民に入れてもらえた喜びに顔を輝かせていたことでしょう。イエスはそこを見逃されませんでした。

イエスは私たちの礼拝の様子を見守っておられます。そこでだれが心を注いでいるのかを、ちゃんと見ていてくださるのです。だれのささげ物がダメかという視点ではありません。もしダメ出しが主眼であるなら、この場合、献げている金持ちの一人でも捕まえて、この人のささげ物はしかじかの理由で失格だと解説したことでしょう。しかし、イエスはそういうことを述べてはいません。「皆はあり余る中から投げ入れた」と指摘するにとどめています（四四節）。つまり、イエスの関心はそこではなく、むしろ、だれが本当に心を注ぎ出して献げているかというところに向けられているのです。

しかもイエスは、ささげ物がどんな事情から献げられているかを分っていてくださいます。「この人は乏しい中から、持っているすべてを、生きる手立てのすべてを投げ入れたのですから」（四四節）。彼女が献げたのは生活費のすべてだと分かっていて、その心を受けとめておられます。そのように、私たちのささげ物の背景も、イエスはきちんと分かっていてくださるのです。このことは、献げる人にとっては慰め、そうでない人にとってはチャレンジです。というのは、本当に献げているならば、受けとめていただけていると実感できるからで、そうでないならば、ささげ物に対する姿勢を問われることになるからです。

このように、イエスは背景に至るまで分かっていてくださいますし、また、そこを大切に思っておられます。「まことに、あなたがたに言います」（四二節）との言葉が、それを明確に示します。この言い方は、ここぞというときにしか出てきません。聖霊を冒瀆してはならないこと（三・二八）、神の国の接近にもかかわらず応答しないところで神の国のしるしは与えられないこと（八・一二）、神の国の到来を告げる力あるみわざが間もなくなされること（九・一）、弟子たちの働きに少しでも協力してくれる人々に祝福があること（九・四一）など、大切なことを述べるときの言い方です。それをイエスはここでも用いて、ささげ物の背景が大切であること、その背景をイエスはよく分かっていることを示されるのです。

なぜイエスはそこまで分かってくださるのでしょうか。答えは簡単です。イエスほどに献げた方はいないからです。イエスは人々を神の恵みに招くために来られた方です。本来なら恵みに歩むべく生かされている私たちですが、恵み深い神から離れて罪に堕ちてしまっているので、なすべき歩みができなくなっています。イエスはそんな私たちを憐れんで、恵みに立ち返らせるためにおいでくださいました。この時点ですでに、イエスは私たちのためにご自分の存在を献げてくださっています。さらに、イエスはこの招きのために生涯を献げてくださいました。イエスを拒む罪の世にあって、最後まで人々を恵みに招き続ける道を進んで行かれます。それは命をかけた、十字架の道です。恵みの招きのためにイエスはここまで献げなさる方です。だから、ささげ物の背景と献げる心をだれよりも分かってくださるのです。私たちが何か献げるはるか以前に、この方が私たちのために自らを犠牲として献げてくださったので、罪の中にあった私たちも恵みに歩む者たちとしていただけたわけです。それを思うと、私たちのささげ物は本当に申し訳程度にすぎないようなものです。それでもイエスは、私たちをそこまでして招いてくださった方ですから、招きに応えてなされるささげ物をだれよりも喜んで受けとめてくださるのです。

　ということは、私たちがささげ物をするとき、何が起きていると言えるでしょうか。そう、主イエスとの交わりです。最も献げなさったイエスは、私たちのささげ物を背景から心まで分かってくださいます。そして、分かってくださっていることを私たちに分からせてくださいます。私たちは、恵みに招いて命を献げてくださったイエスの深い憐れみを、ささげ物によってさらに味わうことになるのです。すなわち、恵みを覚えて献げる者とされた幸いを味わい、さらに目が開かれて日頃の恵みを知る者とされます。そして、それに応えてさらに献げ、そんな私たちを喜んでくださるイエスと共に歩む幸いを味わいます。そのような祝福を受け取っていくのです。献金は賽銭（願掛け）ではありません。会費（活動への賛同）でも、税金（公共への義務）でもありません。献金は主イエスとの交わりです。

72　終わりの時代の危機管理

〈マルコ一三・一〜八〉

「イエスが宮から出て行かれるとき、弟子の一人がイエスに言った。『先生、ご覧ください。なんとすばらしい石、なんとすばらしい建物でしょう。』すると、イエスは彼に言われた。『この大きな建物を見ているのですか。ここで、どの石も崩されずに、ほかの石の上に残ることは決してありません。』

イエスがオリーブ山で宮に向かって座っておられると、ペテロ、ヤコブ、ヨハネ、アンデレが、ひそかにイエスに尋ねた。『お話しください。いつ、そのようなことが起こるのですか。また、それらがすべて終わりに近づくときのしるしは、どのようなものですか。』それで、イエスは彼らに話し始められた。『人に惑わされないように気をつけなさい。わたしの名を名乗る者が大勢現れ、「私こそ、その者だ」と言って、多くの人を惑わします。また、戦争や戦争のうわさを聞いても、うろたえてはいけません。そういうことは必ず起こりますが、まだ終わりではありません。民族は民族に、国は国に敵対して立ち上がり、あちこちで地震があり、飢饉も起こるからです。これらのことは産みの苦しみの始まりです。』」

危機管理という言葉は、今や時代のキーワードの一つと言えるでしょう。混沌として先が見えず、想定外の出来事が頻発する世の中です。想定を超える事態を想定するという、若干、禅問答的な作業をしながら備えをなすということですが、確かに大切なことです。

しからば、歴史の終わりという危機に際しての危機管理とはどのようなものになるのでしょうか。歴史の中に危機はいくらでもありますが、歴史そのものの終わりとなると、人間の経験の領域だけを捜し回っても、どのように備えるべきか、手がかりすら見いだせません。けれども、私たちが生きている世界、終わりを意識させられる要因があることは事実です。天体には終わりがあるという天文学上の常識を持ち出すまでもなく、人間社会は自らを滅ぼすことができる道具を作っていますし、それを制御する人間社会もどこまで信用できるか疑問です。私たちの身体の生命に終わりがあるように、人間の歴史にも終わりがあることを認めて、備えができるのなら備えていくことが大切のように思われます。ところが、その備えとは何なのか、教えていただかなければ、私たちの力では悟ることができません。私たちの人生、そして歴史を生きるのに、そこが確かでないと、やはり不安がつきまとうことになります。

こうした問いに対して、イエスはどのようにお答えになるでしょうか。歴史の終わりだから何か特別なことを予想しがちですが、イエスが大切なこととして語るのは、実は日頃と変わりないことです。「わたしについて来なさい」（一・一七、二・一四）。この言葉は、紀元一世紀の現場の人々にだけ語られているのではありません。イエスが語る神の国の福音は、それ自体が大きな意味で歴史の終わりの告知でもあるのです。「時が満ち、神の国が近づいた。悔い改めて福音を信じなさい」（一・一五）。時が満ちたとは、神の約束の満期ということ。ご自身の恵みに生きる幸いに人々を招いてやまない神は、その招きを決定的なものとならせて、恵みに生きる道を打ち開くとの約束をイエスにおいて果たし始められたということです。神の国の決定的接近として語られるこの招きは、歴史の方向にも決定的な意味を持ちます。歴史の中で打ち開かれた恵みに歩む道は、すべてが恵みで治められる神の国の完成、すなわち、創造主として神が世界をそのように完成することを指し示し、そこに向けて歴史の舵は切られたことを意味するのです。言い方を変えれば、イエスの出来事によって歴史の終わりはすでに開始されたということです。そして、それを踏まえての「わたしについて来なさい」という招きなのです。終わりの時が始まったとはいえ、イエスの時代からすでに二千年の歳月が流れているので、終わりって何？　とツッコミを入れられそうですが、イエスにおける恵みの招きの決定力は時を超えて恵みの支配の完成を指し示し、人々の行く末・終着を約束します。それゆえ、招きに応えて恵みに歩む弟子となるとは、すなわち、恵みの事実に心を向け直して感謝と安心と平和に歩むとは、個人の人生における敬虔な態度転換にとどまりません。その歩みが歴史の終着に向けられるという意味で世界史的な出来事であり、そこを自覚して常に変わらずイエスに従うことが歴史の終わりに備えることになるのです。

イエスのまなざしに心寄せる

終わりの時のための備えなどと言われると仰々しく考えがちですが、恵みに招くイエスに従うこと自体がそれに当たります。つまり、キリスト者の基本に忠実であるということです。そして、この基本においてもなおも基本となるのが、主なるイエスのまなざしに心を寄せることです。イエスが何をどのように見ておられるかを知ろうとするということです。

「すると、イエスは彼らに言われた。『この大きな建物を見ているのですか。ここで、どの石も崩されずに、ほかの石の上に残ることは決してありません」（二節）。大きな石造りの建物が完膚なきまでに破壊される出来事が起きるとイエスは述べています。これは、ちょうどイエスと弟子たちが都エルサレムの神殿から出て来たときの発言、しかも、話題に上っていたのはその神殿ですから（一節）、崩される建物とはまさしく神殿のことです。都エルサレムの中心、ユダヤ社会の権威の象徴として堂々とそびえ立つ建物が木っ端みじんに破壊されるというのですから、穏やかな話ではありません。とんでもない危機が迫っているということです。この危機にどう対応したらよいのか、話題は危機管理の事柄に移ろうとしています。

しかしながら、イエスは何を根拠に突然こんなことを言い出したのでしょうか。聞いている弟子たちは唖然としたに違いありません。ところが、実はイエスとしては突然でもなければ、根拠もなしに言い出したことでもありません。当時の神殿の状況が滅びに向かっているということは、つい数日前に、実のないいちじくの木が一晩で根元から枯れた出来事を通してイエスが象徴的に示したばかりです。そして、人々に悔い改めを迫るべく、神殿の整理をなさいました（一一・一二〜二〇）。結果、排除されていた貧しい人々も祈りの場に近づくことができるようになりましたが（一二・四一〜四四）、この行動に怒った祭司長や長老たちはイエス殺害の計画を練り始めます（一一・一八、一二・一二）。悔い改めるどころか、招いてくださった方を拒み倒す態度です。それゆえ、このまま突き進むならば、警告どおり滅びるということです。

それならば、イエスの語る警告、自ら滅びを身に招くとは、この神殿においてどのような出来事を指すのでしょうか。イエスの働きの主眼は人々を恵みの支配に招くことです。すなわち、人々が神の恵みの事実に心を向け直し、感謝と安心に生きて、その幸いを分け合って交わりを形づくり、そこに平和が生まれ広がることを目指します。それゆえ、この招きを拒むということは、恵みの事実を受けとめず、高慢と自己中心と欲張りの道に進むことになり、結果、争いはエスカレートして、とんでもない結末に至るということです。そうなってしまわないように、必要と見ればイエスは厳しく警告なさるのです。それゆえ、神殿の責任者たる祭司長たちがイエスを拒むということは、その路線でなされる神殿祭儀とその権威の下にある社会形態とが争いの果てに悲劇的な結末に至ることを意味します。実際、恵みの事実が異邦人にも及ぶことを無視する姿勢は民族至上主義とローマ帝国嫌悪を増幅し、その流れで社会をリードするメシアの待望運動と絡んで人々を巻き込んでいました。やがて人々がローマ帝国からの圧力に耐えきれなくなるとき、憎悪はピークに達して戦争が起こり、玉砕するまで戦い続けることになります。その結末は、イエスが語ったとおり、都エルサレムの陥落と神殿の崩壊でした（紀元七〇年）。将軍ティトゥス率いるローマ帝国軍によって、都エルサレムと神殿は完膚なきまでに叩き潰されることになるのです。「どの石も崩されずに、ほかの石の上に残ることはない」という徹底的な破壊は、ローマの兵士たちが神殿の財宝を自分たちの稼ぎとするために神殿を荒らした結果こうなるということです。そしてイエスは、実際にこれが起きる約四十年前にすでに予見しておられたのです。このイエスの警告を無視するなら、自ら滅びを招くことになります。イエスの招きは憐れみの招きですが、厳粛でもあります。イエスはこの事態を心の底から憂いて、招きのために言葉を尽くすだけではなく、ご自分の命をお献げになります。招きを拒む人々の手にかかって十字架にかけられても、その人々の罪を背負い、命を捨てて招かれるのです。悔い改めて恵みに向き直り、平和に向けて歩み出すようにと。滅びに向かう人々を放ってはおけない、ご自分を犠牲にしてでも知ってほしい、招きたいという、厳粛なだけに深い憐れみの招きなのです。そして、この招きは、私たちに対しても向けられています。なぜなら、イエスによる神の恵みへの招きはすべての人々に向けられたものであり、それゆえに当時の現場の人々の姿は、その招きに対する私たちの姿を映し出す鏡であるからです。

このようにイエスは、厳粛かつ憐れみ深い招きの心で世界とその行く末をご覧になりますが、私たちにはそのような透徹した視野を持つことが難しく、目前のことだけに反応しがちなところがあります。この時、弟子たちも同じ神殿を見つめながら、イエスとは別のことを思っていました。「先生、ご覧ください。なんとすばらしい石、なんとすばらしい建物でしょう」（一節）。見かけの建物の見事さに圧倒されて、ただ感嘆するのみです。弟子たちもユダヤ人ですから、都エルサレムの神殿・ユダヤ社会の権威の象徴に感じ入る気持ちがあるでしょう。しかし、神殿に本来あるべき礼拝の姿があれば、「あなたは いのちの日の限り エルサレムへのいつくしみを見よ」（詩篇一二八・五）などの都上りの歌と同じ心持ちということになるのでしょうが、本来の礼拝の姿からはかけ離れてしまっています。それゆえイエスは、弟子たちとは異なる見解を示されたのでした。同じものを見ても、イエスには別のことが見えているのです。人間的な見事さに目を奪われがちな私たちに対して、イエスは恵みの事実への応答があるかどうかを見ておられます。私たちは現代文明に何を見ているでしょうか。それをイエスはどうご覧になっているでしょうか。

弟子たちは、イエスが自分たちとは異なる見方をしていると知ると、早速、質問します。「お話しください。いつ、そのようなことが起こるのですか。また、それらがすべて終わりに近づくときのしるしは、どのようなものですか」（四節）。エルサレムの丘にそびえる神殿を、谷を挟んで向かいのオリーブ山の頂から眺めているイエスに、ガリラヤ湖畔で召し出されて弟子となった四人がそっと尋ねた質問です。イエスは恵みの招きに応えない神殿周辺の行く末を嘆きつつ、神殿を見つめておられたのでしょう。弟子たち、特に最初からついて来たこの四人は、イエスの真意を知りたいとの思いで心を寄せ、このように質問したわけです。「お話しください」。この態度は大切です。みことばに驚き、自分の見解との違いを知り、イエスのものの見方・みことばの世界観に関心を傾けて、機会を見ては尋ね求める姿勢です。多少ずれた質問でも、イエスは丁寧に答えてくださいます。「さて、イエスだけになったとき、イエスの周りにいた人たちが、十二人とともに、これらのたとえのことを尋ねた」（四・一〇）のと同じ間柄、距離感、関心の傾け具合です。この時の直接の話題は、神殿の崩壊という終わりの出来事とその時のしるしについてです。終わりの時に際しての心備え、危機管理として大切なことは、まずイエスに心を寄せて、イエスのまなざしに関心を傾けて、へりくだってイエスに尋ね求めるという姿勢です。

慌てないでイエスを見つめる

イエスのまなざしに関心を寄せるとき、イエスが教えてくださることは、とにかく慌てないこと、状況に振り回されないこと、そして、恵みに招いた方がどなたなのか間違えないこと、つまり、イエスから目を離さずにいることです。これまた、何か特別なことというより、キリスト者として基本中の基本です。

「それらがすべて終わりに近づくときのしるしは、どのようなものですか」（四節）。ここで弟子たちが話題にしているのは、イエスが示された神殿崩壊の出来事、歴史の事実としては紀元七〇年にユダヤ戦争の行方を決定づけたエルサレム陥落のことです。もちろん、弟子たちに約四十年後の出来事を見通せたわけではありませんが、イエスには遠くない日に起きる事柄として見えており、弟子たちに語って聞かせたわけです。それは一見、現代の私たちには関係がないように思える事柄です。しかし、イエスの招きは神の恵みの招きで、すべての人々に対するものです。そして、それは神の国の決定的接近について語るもので、歴史の完成に向けて時は方向づけられたと告げる知らせです。この観点で言えば、ここで直接に語られる紀元七〇年の出来事の告知は、それがすべてなのではなく、実はその後の歴史も大まかに含み、歴史の終わりまでちらりと垣間見させる物言いなのです。イエスは預言者の系譜における告知法に則り、同時代の人々へ近未来を告知しつつ信仰の応答を求め、さらに、山脈を縦に眺めた時に最高峰が遠くに見えるように歴史の終わり・恵みの支配の完成をちらりと語って（一三・二四〜二七）、その内容が後の人々にも意義を持つ神の使信であることを示すのです。ただ、前面に大きく見えているのは（実際の最高峰ではないけれども）、近未来の出来事ということです。それゆえ、私たちにとって大切なのは、歴史の出来事として実際どうであったかを押さえつつ、将来の終わりの時をどう迎えるかを学ぶことです。

そのように考えると、イエスの回答が強調するのは、とにかく慌てるなということだと分かります。実際には約四十年後と差し迫ったことなのに、「まだ終わりではありません」（七節）とか、「産みの苦しみの始まりです」（八節）と言っておられます。残された時間の長短にかかわらず、また、歴史のどの時点にあるのかにもかかわらず、とにかく慌てるな、状況に振り回されるなと語られるのです。終わりの時とその兆候などと言われると、私たちは不安に浮足立ってしまいます。弟子たちもそうですが、「いつ、そのようなことが」（四節）ということに関心が集中しがちになります。せっかくイエスのまなざしに関心を寄せたはずなのに、別の方向に意識が向かってしまいます。恵みに歩むよりも怖いもの見たさに興味が引っ張られると、聖書の言葉も「〇〇の大予言」的な怪しげなものと同じレベルに引き下げられかねません。まさしく「惑わされないように気をつけなさい」（五節）ということです。

確かに、ここでイエスが語り始めていることは、紀元六〇年代ユダヤの社会状況のスケッチです。「わたしの名を名乗る者が大勢現れ……多くの人を惑わします」（六節）とは、当時の歪んだメシア待望の成れの果てです。「戦争や戦争のうわさ」（七節）や、「民族は民族に、国は国に敵対して立ち上がり」（八節）とは、ユダヤ戦争へと転がっていく社会の様相です。そして、地震もあり飢饉もあるという状況です。こうなってくると、人々の不安感と折からのローマ支配に抗うメシア待望とが相まって、偽メシアの惑わしは人々を虜にしていくことでしょう。しかし、そんな中でイエスが強調するのは「うろたえてはいけません」（七節）ということです。慌てふためく世間と調子を合わせるのではなく、イエスが招く恵みの歩みに自分を合わせていくこと、これが相変わらず大事です。そして、さらに大事なことは、「産みの苦しみの始まりです」（八節）と語られていることです。確かに苦しみを通過するけれども、それは無駄な苦しみではありません。恵みが支配する神の国がやがて完成する、その時に向けての通るべき期間として受けとめることができるということです。恵みの招きに応えて歩む人々にとって、終わりの時とは恵みの支配が完成する喜びの時です。それゆえ、慌てふためくのではなく、ひたすら恵みに生きて完成を待ち望むことが求められるのです。

だからこそ、「人に惑わされないように気をつけなさい」（五節）と強調されるのです。神の国を完成させるのは神ご自身です。人がいろいろ言ったところで、不確かなことでしかなく、それに踊らされてはならないということです。それは神の出来事ですから、神が何と言われるか、神の言葉を現したイエスが何と語っているか、集中すべきはそこです。

それゆえに、「気をつけなさい」（五節）とイエスはおっしゃるのです。それは警戒せよということですが、さらに積極的な意味を持つと受けとめるべきでしょう。ここで使われる原語はブレポー（見る）です。では、何を見よと言っているのでしょうか。まずは単純に、この先どうなるのかについて、慌てて人のうわさに乗っかるのではなく、信仰に立って冷静に落ち着いて見つめることだと言えるでしょう。警戒するとは、恵みに招いてくださったイエスに信頼して、この先を見つめるということです。そして、さらに大切なこととして、だからこそ見つめるべき方はイエスご自身なのだということです。終わりの時に際して、この方はいかなるお心なのか、また私たちをどのように導いてくださるのかをよく見るということです。イエスの姿は今見えないではないかと思うでしょうか。そういうことではありません。決定的なことはすでに語られ、歴史の事実として行われ、記録され、宣べ伝えられています。恵みに招いてやまないご生涯、招きを拒む人々の罪一切を背負って十字架に命を献げた招き、その死を打ち破って招きの真実と勝利を確かにした復活、天に昇り王座に着き開始された恵みの支配、そして、やがて再び地に来られるとの約束。終わりに向かって世間がどうなっても、この方に注目するのです。ついて行くべき方から目を離してはいけません。これこそ、なすべき終わりの時の危機管理です。

73　福音の証人の助け主

〈マルコ一三・九～一三〉

「あなたがたは用心していなさい。人々はあなたがたを地方法院に引き渡します。あなたがたは、会堂で打ちたたかれ、わたしのために、総督たちや王たちの前に立たされます。そのようにして彼らに証しするのです。まず福音が、すべての民族に宣べ伝えられなければなりません。人々があなたがたを捕らえて引き渡すとき、何を話そうかと、前もって心配するのはやめなさい。ただ、そのときあなたがたに与えられることを話しなさい。話すのはあなたがたではなく、聖霊です。また、兄弟は兄弟を、父は子を死に渡し、子どもたちは両親に逆らって立ち、死に至らせます。また、わたしの名のために、あなたがたはすべての人に憎まれます。しかし、最後まで耐え忍ぶ人は救われます。」

福音の証人というと、何だか気後れしてしまう人がいるかもしれません。けれども、良い知らせを聞けば、それを告げ知らせたくなるものです。合格通知を受け取れば、家族に知らせたくなります。手術成功の知らせも同じです。その意味では、何も大げさに構える必要はありません。主イエスによる恵みの招きを良い知らせ（福音）と受けとめて、素直にその知らせをよいものとして伝えられれば、それで福音の証人ということになるのです。伝え方の上手下手とか、伝えた成果がどれほどかとか、そういうことは福音の証人である事実とは関係ありません。大切なのは、主イエスによる恵みの招きを良い知らせとして受けとめているかどうか、そして、良い知らせだから伝えたいと思っているかどうか、ということです。

ただ、証人となることが難しく感じられるのは事実です。その理由は、伝える相手がよいものと受けとめてくれるかわからないというところにあるでしょう。自分としては恵みの招きをよいものと実感しているし、相手にとってもそうだと信じているけれども、相手がそのように受けとめてくれるかどうかというところです。それを気にしすぎてプレッシャーを感じ、積極的になれなくなってしまうケースもあるでしょう。しかし、主イエスはそういう私たちをご存じで、しかも、かなり厳しい状況に追い込まれることさえ見越したうえで、「前もって心配するのはやめなさい」（一一節）と言われます。福音は、だれに対しても良い知らせです。相手がどう受けとめるかはその人の問題で、福音の内容の問題ではありません。伝える側の理解や工夫には成長が必要でしょうが、それでも本質的に良い知らせなので、受け取らなかったならばその応答の責任は当人が負うことになるのです。しかも、それは伝えさせるべく私たちを遣わした方に対してです。それゆえ、相手を気遣うことは大切ですが、恐れる必要はなく、福音を良い知らせとして提示することができるのです。まさしく、「イエス・キリストの福音」（一・一）は、福音なのです。

「時が満ち、神の国が近づいた。悔い改めて福音を信じなさい」（一・一五）。イエスご自身が宣べ伝える神の国の福音のエッセンスです。イエスは人々にこのように語りかけ、「わたしについて来なさい」（一・一七、二・一四）と招かれます。相手を選ぶなんてことはしません。だれに対しても語りかけます。それもそのはず、福音の内容は世界のつくり主・いのちの主なる神の恵みの支配に生きるという、だれにとっても本質的に良い知らせなのですから。年齢、性別、身分、健康状態、経済状況、政治的立場、人種・民族などの違いにかかわらず、神の恵みに生きるようにと招きなさいます。そうして恵みに生き始めた人々は、その証しをもって周囲に働きかけるようになります。人々を恵みに生きる交わりへと招く福音の証人の役割が使命として託されるのです（三・一三〜一五）。しかしながら、招く相手は、恵みの招きとはいえ、悔い改めを迫られると心頑なになり、特に、恵みを分かち合うはずの交わりに自分にとって受け入れがたい人々も招かれると知るや、招きを拒み、招きそのものを闇に葬り去ろうという動きが出てきます（三・六、二二、一一・一八）。それでもイエスについて行くならば、それは十字架の道になります。しかし、弟子として歩む道が本当であるなら、なおもイエスについて行くことが求められます。そのようにイエスは弟子たちを薫陶しつつ、拒む人々をも招くべく進まれます。当の弟子たちは悟りが鈍く、恵みを分かち合う交わりに仕えること、リスクを委ねて人々を招くことに十分な歩みをすることができずにいましたが、それでもイエスは彼らを見捨てず、どんなときにも恵みの証しに生きるようにと励ましなさるのです（八・三一～三八、九・三一～三七、一〇・三二～四五）。励ます以上は、そこに根拠があります。一つは、ここまで再三にわたり述べられたように、イエスご自身が十字架の道に命を献げてなお、復活により勝利を示して、恵みの道を完全に開いてくださること。そしてもう一つ。助けてくださる方、聖霊が共にいてくださることです。ここでは、特に後者について学んでいきましょう。

福音の先導者・聖霊を見つめる

「ただ、そのときあなたがたに与えられることを話しなさい。話すのはあなたがたではなく、聖霊です」（一一節）。弟子たちが福音を証ししようとするとき、聖霊が共にいて助けてくださるとイエスは言われます。その場その場で語るべき内容と表現を聖霊が教えてくださるので、聖霊に信頼して開かれるところを語るならば、聖霊ご自身が語ってくださるのだということです。それゆえ、どんなときにも福音の証しに生きることができるのです。したがって、大切なのは、この聖霊を見失わないで、しっかりその働きを見つめることです。福音の出来事に先立って行かれ、福音の伝達を導くという聖霊の働きを明確に捉えるとき、私たちもまた、福音の証人として託された使命に進むことができるのです。

ところが、ここでイエスが福音宣証の現場として描くのは、実に困難を極める状況です。

「人々はあなたがたを地方法院に引き渡します。あなたがたは、会堂で打ちたたかれ、わたしのために、総督たちや王たちの前に立たされます。そのようにして彼らに証するのです」（九節）。これは大変なことです。こんな現場で、だれが福音を証しできるでしょうか。

ちなみに、イエスがここで描いている状況は、直接には紀元三〇年代後半から六〇年代後半にかけての、おおむねユダヤにおける原始教会の宣教の様子です。すなわち、イエスの十字架と復活のみわざの後、弟子たちに聖霊が降《くだ》って生まれた原始教会が福音を証しする中で直面するチャレンジについて告知しているのです。この話を直接聞いているペテロ、ヤコブ、ヨハネ、アンデレたちが実際にどんなところを通るのか、都エルサレムの神殿が崩されるときの予兆についての話題の中で触れられている事柄です（一三・一～四）。この時すでにイエスの目には、三十数年後までにどんなことが起きるのかが見えていました。礼拝の場であるはずの神殿が利権稼ぎと弱者排除、そして異邦人憎悪の温床と化しており、イエスは悔い改めを迫りますが、神殿の責任者・ユダヤ社会の権威はイエスを拒み、殺害を企てます（一一・一五～一九）。この路線を突き進むならば、民族主義が高揚し、またローマ帝国の圧政に辛抱できなくなり、ゲリラ・反乱活動から革命戦争に発展するのは時間の問題となります。そして実際に、その企てが一時的に成功するものの、地力に勝る巨大なローマ帝国に追い詰められ、結局、都エルサレムは陥落し、神殿は崩壊します（紀元七〇年）。そのプロセスを通る中で、原始教会はユダヤ人主体の団体でありながら、そのような民族主義や戦争から距離を置き、イエスの招く恵みの支配（異邦人も含めた恵みの分かち合い・和解と平和の構築）に進み、これを福音として宣証していきます。すると、社会全体から迫害を受けることになる、ということなのです。直接にはそこまで見越して、イエスはなおも弟子たちが福音の証人として歩むことができるように、あらかじめ励ましておられるのです。

とはいえ、これは原始教会だけの話ではありません。確かに、原始教会は後々、イエスが予告されたように厳しいところを通りながらも、イエスの励ましをいただいて福音の証人たちの群れとして進んでいきます。マルコの福音書の存在そのものが、これを雄弁に物語っています。まさしくマルコの福音書は、ユダヤ戦争に突入していく社会の中で主であるイエスに従い、福音の証人として恵みの分かち合いに仕える人々となるように原始教会を強く促すことを主眼としています。しかしそれは、そうした特定の現場に限定されるメッセージなのではなく、同じくイエスに召し出されて福音の証人として歩むすべての教会へのメッセージです。「まず福音が、すべての民族に宣べ伝えられなければなりません」（一〇節）と語られます。原始教会が直面する迫害の現場を超えて、すべて主イエスに従う教会は各々の現場において十字架の道を進みます。そして、その場において福音の証人として誠実であることが求められます。そのためにも主イエスの励ましが必要です。それだけに原始教会の段階から主イエスの励ましが与えられてきたのだと知ることは、後代の教会にとって大きな力となります。そして、これまた福音の証しの一つとなるのです。私たち自身が「人々はあなたがたを地方法院に引き渡します」とか、「総督たちや王たちの前に立たされます」とかいう場面に直面することはないかもしれません。しかし、二一世紀の現代もなお、世界には文字どおり迫害に直面している教会があることを覚えなければなりません。日本社会も八十年ほど前までそういう社会であったことも知っておくべきです。また、私たちの環境は当時と違っていても、反対してくる人はいるでしょう。そういう人々の前で福音の証人として生きるようにと、私たちは召し出されているのです。

そうなると、やはり気が重くなってしまうものです。しかしそんな私たちに、そして目前のペテロたちに、イエスは「心配するのはやめなさい」（一一節）と言われます。いやいや、これだけ脅しておいて、それはないでしょう、と反論したくなるかもしれませんが、そう言えるからには強固な根拠があるということです。それならば、その根拠は何でしょうか。それはこれです。「話すのはあなたがたではなく、聖霊です」（一一節）。

何だか唐突に聖霊が出てきた印象がありますが、実際には聖霊はイエスの出来事すべてに深く関わっています。というより、イエスの出来事・福音のメッセージの先導者として働いておられます。マルコの福音書は、聖霊への言及の回数こそ多くありませんが、最初からそのことを証言しています。イエスは活動の開始にあたりバプテスマのヨハネから洗礼を受けますが、この場面においてイエスに聖霊が降ります。天を引き裂いて（スキゾー）聖霊が降った、とマルコは力強く記しています（一・一〇）。「わたしの愛する子」との天来の声が語るごとく（同一一節）、恵みで治める王の就任式で、注がれる香油として聖霊の注ぎがあったということです（香油を注がれた方＝キリスト）。そこから、聖霊は働きの備えとしてイエスを荒野へ導き、そのうえで神の国の福音の宣教へと導くのです（同一二～一五節）。以来、聖霊はイエスと共にいて、神の国の福音の宣教を先導していかれるのです。弟子たちの召命も、癒やしと解放のみわざも、わずかのパンで大群衆を養ったことも、すべてイエスと共におられる聖霊の先導においてなされたことです。こうした聖霊の先導者としての働きは明白であり、それを否定しては悔い改めて福音を信じるなどあり得なくなってしまうので、「聖霊を冒瀆する者は、だれでも永遠に赦されず、永遠の罪に定められます」（三・二九）と語られます。イエスによる神の国の福音はこれほどまでに力強い聖霊の働きによるものであり、イエスご自身がその力強さを知っておられるわけです。これを前提として「話すのはあなたがたではなく、聖霊です」（一一節）と言われるのです。だから、いかに厳しい環境においても、「心配するのはやめなさい」（一一節）と語られるわけです。大変に心強い励まし、しかも、確かな根拠ある励ましではありませんか。

なるほど、福音の証しに生きるとき、私たちは困難に直面します。しかし、聖霊がなさることをよく見ていなさいとイエスは言われます。「あなたがたは用心していなさい」（九節）とは、困難があっても驚き恐れることのないように注意せよということですが、案じるに及ばないと言えるのは聖霊の働きのゆえです。ここで用心するとは、よく見ておく（ブレポー）ということで、言ってみれば、困難の中でも聖霊の働きを見つめよということです。困難ばかりに目が行きがちな私たちですが、困難の中でも働かれる聖霊に着目して歩みたいものです。それでこそ、福音の証人として生きることになるのです。

ありのままを心配しないで語る

「人々があなたがたを捕らえて引き渡すとき、何を話そうかと、前もって心配するのはやめなさい」（一一節）。福音の証しといっても困難はあるし、範囲は広いし、課題は大きいし、心配の種は尽きない感じがします。けれども、心配するなと言われます。確かに、一般的にも、心配したところで必ずしも建設的なことがなされるわけではありません。むしろ、心配によって心落ち着かない、考えがまとまらない、まとめた考えを実行に移せないなどといったことのほうが多いでしょう。福音の証しに生きて十字架の道を進むとき、起こりくる困難に対して心配してどうにかなるというものではありません。心配になる気持ちは分かりますが、それに支配されてはなりません。

イエスはそういう私たちの弱さをご存じで、「心配するのはやめなさい」と言ってくださいます。怖がらなくてもよい、大丈夫だから、と。そして、「ただ、そのときあなたがたに与えられることを話しなさい。話すのはあなたがたではなく、聖霊です」（一一節）と言われるのです。自分でやろうとすれば、自分は雄弁じゃないからとか、手ごわい相手だから気が引けるとか、心配は尽きません。しかし話すのは聖霊だと言われます。自分だけでやるのではなく、そうした心配の要素すべてを超えて聖霊が主導してくださるということです。ですから、私たちでも福音の証しに生きることができるのです。もちろん、話すのは聖霊だからといって私たちが何もしないでは始まりませんが、聖霊の導きで私たちが福音の証しを始めれば、そこに聖霊が働いて、ご自身のみわざを進めてくださるのです。

そうだとすれば、福音の証人としての最大の準備は何でしょうか。完全原稿ですか。隙のない神学的論理武装ですか。これ見よがしの聖書知識ですか。いいえ、聖霊に自身を明け渡すことです。ここで「与えられることを話しなさい」と言われているのは、注目に値します。証しの言葉は、聖霊の導きの中で与えられていくのです。もちろん、それは場当たり的な発言をするということではありません。主イエスに従う歩みの中で学んだこと・経験したことを、聖霊の助けによって福音として確かめつつ、ありのまま語るということです。それゆえ、「心配するのはやめなさい」とは内容の準備を否定するものではありませんが、話すのは聖霊だと言われるならば、何をどう準備しても聖霊に明け渡すことこそ最大の準備であると言わなければなりません。聖霊の前にへりくだり、一歩下がって導きを求め、聖霊のみわざを仰ぎ求めることです。それがないと、自分の準備が仇となり妨げとなることさえあるでしょう。そうではなく、聖霊に明け渡すとき、聖霊が適切に導いてくださり、責任をもってご自身の働きとして進めてくださるのです。どんな困難な環境でも、証しさせてくださるのは聖霊です。相手の心を開くのも、説得するのも、悔い改めと信仰に導くのも聖霊です。だから私たちは、心配しないで自分の証しをありのまま語ることができるのです。

74　最後まで耐え忍ぶ人

〈マルコ一三・一〜一三〉

「イエスが宮から出て行かれるとき、弟子の一人がイエスに言った。『先生、ご覧ください。なんとすばらしい石、なんとすばらしい建物でしょう。』　すると、イエスは彼に言われた。『この大きな建物を見ているのですか。ここで、どの石も崩されずに、ほかの石の上に残ることは決してありません。』

イエスがオリーブ山で宮に向かって座っておられると、ペテロ、ヤコブ、ヨハネ、アンデレが、ひそかにイエスに尋ねた。『お話しください。いつ、そのようなことが起こるのですか。また、それらがすべて終わりに近づくときのしるしは、どのようなものですか。』　それで、イエスは彼らに話し始められた。『人に惑わされないように気をつけなさい。わたしの名を名乗る者が大勢現れ、「私こそ、その者だ」と言って、多くの人を惑わします。また、戦争や戦争のうわさを聞いても、うろたえてはいけません。そういうことは必ず起こりますが、まだ終わりではありません。民族は民族に、国は国に敵対して立ち上がり、あちこちで地震があり、飢饉も起こるからです。これらのことは産みの苦しみの始まりです。
　あなたがたは用心していなさい。人々はあなたがたを地方法院に引き渡します。あなたがたは、会堂で打ちたたかれ、わたしのために、総督たちや王たちの前に立たされます。そのようにして彼らに証しするのです。まず福音が、すべての民族に宣べ伝えられなければなりません。人々があなたがたを捕らえて引き渡すとき、何を話そうかと、前もって心配するのはやめなさい。ただ、そのときあなたがたに与えられることを話しなさい。話すのはあなたがたではなく、聖霊です。また、兄弟は兄弟を、父は子を死に渡し、子どもたちは両親に逆らって立ち、死に至らせます。また、わたしの名のために、あなたがたはすべての人に憎まれます。しかし、最後まで耐え忍ぶ人は救われます。』

　言葉が過ぎるとのお叱りを覚悟しながら、お尋ねします。教会に誘われるがままに来てみたら、「ハメられた」みたいに感じた経験のある方はおられますか。分かりやすい聖書のお話ですよと言われて来てみたら、話がよく分からなかったとか。信じたら救われますよと言われて、一挙にすべての問題が片付くのかと思ったら、なおも引きずっている問題があることに気がついたとか。感想は主観的なものですから、いろいろな感じ方があるのでしょうが、「ハメられた」と思うのは受け取る側の課題が浮き彫りにされたという要因もあるはずです。みことばの鋭い指摘を避けたくて、分かりにくいという反応が出てくるとか、救いを短絡的な問題解決と思い込んでいたことで、人格の深みに及ぶ取り扱いと癒やしというところまで見えていなかったとか。受け取る私たちのわがままな感覚にまで光が及ぶと、どうしても私たちは自分を守ろうとして「ハメられた」という感想を抱いてしまうようです。

そうした感覚を持ちやすい主題の中でも、信仰生活の中で長く向き合うことになるのは、なぜ福音なのに患難があるのか、ということかもしれません。現代人には便利で手軽なことを善として追求する傾向があり、それゆえ人生や社会の患難を忌み嫌うべきものとして処理して、福音とは相容れないものと見なすメンタリティがあるように思います。けれども、それで患難が何とかなるわけではありません。むしろ、「世にあっては苦難があります。しかし、勇気を出しなさい。わたしはすでに世に勝ちました」(ヨハネ一六・三三)との主イエスの言葉を素直に受け入れたほうが現実を乗り越える力が湧いてくるというものでしょう。

主イエスの福音は、患難ある現実を無視したり回避したりしてごまかして、良い知らせだと吹聴するものではなく、むしろ、そこを正直に受けとめさせたうえで乗り越える道と力を与えてくれるものです。それゆえ、イエスは言われます。「しかし、最後まで耐え忍ぶ人は救われます」(一三節)。福音は患難と矛盾するのではなく、患難を超えさせるものです。したがって、神の国の福音を語り、恵みの支配に招くイエスは(一・一五)、自ら十字架の道を歩みつつ、ご自身について来るようにと人々にチャレンジするのです(八・三一～三八、九・三〇～三七、一〇・三二～四五)。もちろん、イエスについて行くとは、神の恵みに歩むことですから、それ自体は幸いで福音そのものですが、神の恵みを無視する世間はその幸いを理解しません。そこに葛藤が生じて十字架の道になります。しかし、それは死で終わるものではなく、復活に通じるのだとイエスは語り、実際にご自分でその道を進んで行かれるのです。

さて、この場面、弟子たちは恐れながらも途中（都エルサレムの神殿）までは何とかイエスについて来ていますが、イエスはさらに十字架の道を示しつつ、弟子たちを励まされます。福音が指し示す神の恵みは、あらゆる患難の中でも信頼して従う人々を守り導き、患難を超えさせて勝利に至らせると語られるのです。「しかし、最後まで耐え忍ぶ人は救われます」（一三節）。私たちも恵みの支配に生かされる者たちとして、どんなところを通ろうとも最後まで耐え忍び、神の恵みに生きる力強さを味わう者でありたく思います。そこで、そのように最後まで耐え忍ぶ人とはどんな人なのか、学んでいきましょう。

途中で福音を投げ出さない

耐え忍ぶとは、ただ単に我慢するということではなく、福音を福音として、すなわち、良い知らせとして受けとめ続けるということです。そして、福音には、どんな患難の中でもそうさせてくれる力があるのです。

マルコの福音書一三章を読むと、こりゃ大変なことだと思います。戦争、飢饉、地震、そして迫害。こんな中で自分ならどうなってしまうかと思いますが、ここでイエスが描写しているのは、直接には紀元三〇年代後半から六〇年代にかけてのおおむねユダヤ地域の状況です。これから生まれてくる教会がいかなる患難に直面するのかを見通して、イエスはその活動の中心となる弟子たちにあらかじめ忠告と励ましを与えました。これらのスケッチの中で最も大変なことは、ユダヤ社会の拠り所・権威の象徴である都エルサレムの神殿の崩壊です（一節）。そして、最も警戒すべきは、そうした危機的状況で頻発する偽メシアのフェイクニュースです（一三・六）。神殿が崩されるというのは、自分たちの社会が神に捨てられるということを意味します。偽メシアのデマが流れるというのは、危機からの救いをもたらす方に関する情報の混乱を意味します。つまり、ここでイエスが語っておられるのは、一つの社会が混乱の果てに神に捨てられる、けれども、その中でも教会は神の恵みに生きる、そうして福音の証しを立てるというメッセージです。

それにしても、一つの社会が神に捨てられるとは、いったいどういう事態なのでしょうか。本当にそんなことがあるのでしょうか。これを聞く弟子たちも、目の前には立派な神殿がそびえているわけですから、それが崩れるなど半ば信じられない気持ちだったでしょう（一三・一）。けれども、イエスの目には明らかでした。恵みの神を礼拝する場であるはずの神殿が、利権稼ぎと弱者排除、異邦人憎悪の温床と化していました。とりわけ、圧力をかけて自治権を奪い重税をかけるローマ帝国への復讐心が社会全体にくすぶっており、最も民族意識が高揚する神殿はその発火点になり得る場所となっていました。これが悔い改められずにエスカレートすれば、戦禍を免れ得ないのは明らかでした。本来の目的を見失っている神殿の姿に、イエスは警告のメッセージをもって悔い改めを迫ります（一一・一五～一九）。ところが、それに対してある程度の応答はあるものの（一二・四一～四四）、神殿の責任を担う人々の妬みと殺意を買うことになり（一一・一八、一二・一二）、結局、彼らの企てと扇動によりイエスは拒絶され、ご自身の予告どおりに十字架の道を歩まれることになります。神の恵みに立ち返るようにとの命がけの招きを無視したら、神はそのまま人が恵みから離れるに任せられます。滅ぶに任せるということです。実際、歴史はそのように動きます。ユダヤ社会はローマに反旗を翻すものの、結局、ローマ帝国によって都エルサレムは陥落、神殿は崩壊に至るのです。この危機の最中に、教会は恵みに生きて平和を分かち合うように人々を招くので、社会の流れに逆らうことになり、「わたしの名のために、あなたがたはすべての人に憎まれます」（一三節）というところを通ります。肉の家族から迫害されるケースも起きます（一二節）。イエスは、約三十年後に起きるこうした事態をあらかじめスケッチしつつ、そのような中でも福音に生きていくようにと弟子たちに語るのです。

つまり、マルコの福音書一三章で言われているのは、かつて本当にあったことです。しかしながら、これは過去の話で終わりません。戦争、民族問題、地震、飢饉、宗教デマ、激しい迫害、暴力の支配……。まるで現代の新聞を読んでいるようです。私たちもまた、似たような現場に生きているというわけです。残念ながら、こうした状況は人間の歴史が終わるまで続くでしょう。イエスによって恵みの支配が完成するまで続くのです。生きているだけでも苦悩の尽きない世の中で、そして恵みを知らない世の中でキリスト者として生きようとすれば、ここに告げられるように様々な妨害や困難に見舞われることになります。しかし、それでもなお人々を恵みに招いてやまない神は、教会を通して、イエスが開いた恵みの道に歩ませる福音を伝えさせるのです。「まず福音が、すべての民族に宣べ伝えられなければなりません」（一〇節）。はたして、こんな重荷を私たちは背負っていけるのでしょうか。

だからこそ、イエスは「最後まで耐え忍ぶ人は救われます」（一三節）と励まされるのです。困難がある現実、しかし、諦めてはならない、勇気を出しなさい、途中で投げ出してはいけない、ということです。なぜ、そんなことができると言えるのでしょうか。一つの鍵は「最後」という言葉です。原語でテロスという単語ですが、目標、ゴール、完成という意味を持ちます。私たちの歩みは、わけも分からず突き進むようなものではありません。明確な目標、ゴールがあります。それが素晴らしいものであるなら、途中の困難も乗り越えていくことができます。あのゴールに向かって進むのだという喜びを自分の中でも感じるでしょうし、困難の中でもそのように進む姿は周りの人々への励ましとなります。ゴールだけが輝いているのではなく、進む自分も輝き、周りの人をも輝かせるということです。そのゴールとは何でしょうか。イエスが招く恵みの支配が全世界に及び、完成すること、「神の国が近づいた」

（一・一五）と言われる神の国が完成することです。目標・目的がはっきりしないでさまよっていた私たちをイエスは招いて、恵みの道に歩むようにしてくださいました。まさしく福音です。そして、それはやがて全世界に完成する恵みの支配に通じていきます。つまり、福音は途中で潰れてなくなるようなものではなく、いかなる困難も超えて輝くゴールに至らせるのです。私たちが恵みの招きに歩み続けるならば、行き着く先はこのゴール、やがてこのゴールに迎え入れていただけるということです。それが「最後まで耐え忍ぶ人は救われます」ということです。そして、このイエスの言葉に励まされて厳しい迫害の中も耐え忍び、福音の証人として生きた原始教会の歴史そのものが、福音の力強さを証ししているのです。

それゆえに、途中に困難が様々あっても、場合によってはマルコ一三章さながらの苦難に直面しても、投げ出すことなく神の恵みに信頼し、恵み深い神が迎え入れてくださるゴール・完成された神の国を目指して、福音の証人として進むことができるのです。福音そのものにそうさせてくれる力があり、それゆえに福音はまさしく福音なのです。今、福音の証人として歩むにあたり、困難に直面している方はおられますか。ぜひとも、恵みに招いた方がその歩みを完成してくださることに目を向けて、そこから励ましを受け取ってください。

どんなときも自分の十字架を背負って

もう一つのこととして、イエスが語る「最後まで耐え忍ぶ人」（一三節）とは、どんなときも自分の十字架を背負って主イエスに従う人を意味します。上述のように、福音にあずかる者のゴールは輝かしく、それゆえに途中で投げ出すことなく進むことができるという側面があります。けれども、その道中には葛藤もあれば犠牲もあります。文字どおり耐え忍ぶという要素があるわけです。それでも進むとなれば、それはイエスが語られるごとく、「自分の十字架を負って」(八・三四)イエスについて行くということになるわけです。

「最後まで耐え忍ぶ人は救われます」(一三節)とイエスは言われますが、考えてみれば耐え忍び方にもいろいろあります。ただひたすらじっと静かにするのか、少しでも困難を軽くするために策を練るのか(気を紛らわすとか)、困難とがっぷり四つに組んで抵抗するのか。もちろん、一般的に耐え忍ぶあり方として、どの形もあり得るでしょうし、どれがベストという話でもありません。しかし、イエスがここで耐え忍ぶと言われているのは、そうした一般的なイメージを超えて、福音の証人としてどうかということです。

耐え忍ぶという言葉は、原語でヒュポメノーという動詞です。ヒュポは「○○の下に」を意味する前置詞で、メノーは「とどまる」という意味の動詞です。直接的なイメージは、○○の下にとどまるということです。それならば、福音の証人としてどこにとどまることがふさわしいのでしょうか。言うまでもなく、神の国の福音に招くイエスご自身にとどまるということです。「わたしについて来なさい」と語られるイエスの道に弟子としてとどまるということです。耐え忍ぶと言っても自分の力で何とかするという話ではなく、イエスの後をついて行くということです。イエスの名のゆえに憎まれる場面でも（一三節）、イエスの御名にとどまるということ。イエス・キリストのもの、すなわち、キリスト者としての自覚にとどまり、イエス・キリストとの交わりにとどまることです。

ここで興味深いのは、耐え忍ぶという言葉が、動詞の形としては決定的瞬間を切り取る表現法（アオリスト形）になっていることです。耐え忍ぶという意味からすると、継続を表現する現在形か何かだろうと思えますが、そうではありません。もちろん、最後まで耐え忍ぶということですから、意味としては継続の話ですが、動詞の形は瞬間をイメージさせる形です。どうしてでしょう。おそらく、その時その時を大切にしてとどまる・耐え忍ぶということを示しているのでしょう。今こそまさに耐え忍ぶとき、そこを自覚してイエスにとどまるという強調です。実際、マルコの福音書が記された現場は原始教会が社会の混乱と厳しい迫害に直面するという状況でしたから、イエスが告げられたように、今こそまさに耐え忍ぶ時・強い自覚でイエスにとどまる時だったわけです。そして、そのようにしてイエスにとどまるその時その時の積み重ねが最後まで続くように、ということです。私たちの日常はどうでしょうか。あの時はとどまっていたが、この時は怪しかったなんてことはないでしょうか。その時その時を大切に自覚的にイエスにとどまり、その積み重ねが最後まで続く、そういう歩みをしていきたいものです。

そして、そのように歩むとき、その道はまさしくイエスが語られたように、「だれでもわたしに従って来たければ、自分を捨て、自分の十字架を負って、わたしに従って来なさい」（八・三四）のみことばに沿う道になっているということなのです。恵みに生きて分かち合う交わりに仕え、人々をそこに招くのに命を献げるイエスについて行く、イエスの弟子としての歩みです。弟子たちはしもべになり切れず、また、命を献げるのに恐る恐るでしかありませんでしたが、そういう弟子たちを励ましつつ、イエスは本当に十字架の道を歩んで行かれます。人々を最後まで恵みに招くために、困難に負けないで耐え忍ぶ姿を見せて、その道を切り拓いていかれます。そして、なおもついて来るように語りかけるのです。この十字架の道は命を献げる道ですが、死んで終わりではありません。イエスはすでに復活を予告しており（同三一節）、それは現実となります。「わたしと福音のためにいのちを失う者は、それを救うのです」（同三五節）との約束に根拠が据えられるのです。「最後まで耐え忍ぶ人は救われます」（一三節）との約束も同じことです。まずイエスご自身が最後まで耐え忍んで、恵みに生きる道・恵みに招く道を切り拓き、さらに死をも打ち破ってくださったので、イエスについて行く私たちにも、困難の中でも恵みに生きて自分の十字架を負って最後まで耐え忍ぶ道が開かれたのです。信仰を持って、そこを踏みゆくお互いでありたく思います。

75　終末の出エジプト

〈マルコ一三・一〜二三〉

「イエスが宮から出て行かれるとき、弟子の一人がイエスに言った。『先生、ご覧ください。なんとすばらしい石、なんとすばらしい建物でしょう。』すると、イエスは彼に言われた。『この大きな建物を見ているのですか。ここで、どの石も崩されずに、ほかの石の上に残ることは決してありません。』

イエスがオリーブ山で宮に向かって座っておられると、ペテロ、ヤコブ、ヨハネ、アンデレが、ひそかにイエスに尋ねた。『お話しください。いつ、そのようなことが起こるのですか。また、それらがすべて終わりに近づくときのしるしは、どのようなものですか。』それで、イエスは彼らに話し始められた。『人に惑わされないように気をつけなさい。わたしの名を名乗る者が大勢現れ、「私こそ、その者だ」と言って、多くの人を惑わします。また、戦争や戦争のうわさを聞いても、うろたえてはいけません。そういうことは必ず起こりますが、まだ終わりではありません。民族は民族に、国は国に敵対して立ち上がり、あちこちで地震があり、飢饉も起こるからです。これらのことは産みの苦しみの始まりです。

あなたがたは用心していなさい。人々はあなたがたを地方法院に引き渡します。あなたがたは、会堂で打ちたたかれ、わたしのために、総督たちや王たちの前に立たされます。そのようにして彼らに証しするのです。まず福音が、すべての民族に宣べ伝えられなければなりません。人々があなたがたを捕らえて引き渡すとき、何を話そうかと、前もって心配するのはやめなさい。ただ、そのときあなたがたに与えられることを話しなさい。話すのはあなたがたではなく、聖霊です。また、兄弟は兄弟を、父は子を死に渡し、子どもたちは両親に逆らって立ち、死に至らせます。また、わたしの名のために、あなたがたはすべての人に憎まれます。しかし、最後まで耐え忍ぶ人は救われます。

「荒らす忌まわしいもの」が、立ってはならない所に立っているのを見たら――読者はよく理解せよ――ユダヤにいる人たちは山へ逃げなさい。屋上にいる人は、家から何かを持ち出そうと、下に降りたり、中に入ったりしてはいけません。畑にいる人は、上着を取りに戻ってはいけません。それらの日、身重の女たちと乳飲み子を持つ女たちは哀れです。このことが冬に起こらないように祈りなさい。それらの日には、神が創造された被造世界のはじめから今に至るまでなかったような、また、今後も決してないような苦難が起こるからです。もし主が、その日数を少なくしてくださらなかったら、一人も救われないでしょう。しかし、主は、ご自分が選んだ人たちのために、その日数を少なくしてくださいました。

　そのときに、だれかが、「ご覧なさい。ここにキリストがいる」とか、「あそこにいる」とか言っても、信じてはいけません。偽キリストたち、偽預言者たちが現れて、できれば選ばれた者たちを惑わそうと、しるしや不思議を行います。あなたがたは、気をつけていなさい。わたしは、すべてのことを前もって話しました。』」


「山へ逃げなさい。屋上にいる人は、家から何か持ち出そうと、下に降りたり、中に入ったりしてはいけません。畑にいる人は、上着を取りに戻ってはいけません」（一四〜一六節）。東日本大震災以来、津波から身を守る避難のポイントについて、様々な機会に共有されるようになりました。とにかく逃げること、危険から離れ去ることが大切です。マルコの福音書一三章には、津波からの避難に通じるような表現で難を逃れることを強く勧める言葉が記されています。軍隊が押し寄せてくる現場で、イエスを主と告白して歩む教会はどうするのか、イエスご自身がやがて教会のリーダーになるべき人々に語っているのです。

　題として出エジプトという言葉を掲げましたが、それは、旧約聖書に記録されている出エジプト（奴隷の民の解放）のコピーという意味ではなく、それが原型として指し示すところの、罪と死の奴隷から解放されて主イエスの招きにより神のものとされた人々（教会）の出来事を指しています。神の民が差し迫る危機の中でも備えられた脱出の道により神の守りを経験し、神はご自身に信頼する人々を保護する方であるとの証しが立てられるということです。ここでイエスが述べているのは、一つの民族の経験よりも包括的・総合的な話であり、罪と死の構造からの終末的な脱出劇とでも言うべきことです。ここでの危機とは、直接には紀元六〇年代末・ユダヤ戦争下で教会が直面する苦難で、都エルサレムの神殿崩壊という一つの終末的な出来事を念頭に語られたことですが、その事実を原型として、その後の歴史の中で、そして終末において、社会が危機に直面し、教会が苦難を経験する中で、教会はいかにして罪と死の支配構造から解放された恵みの民として進むのか、ということまで射程において語られていると言えるでしょう。その中でも大切なこととして語られているのが、どなたを導き手として信頼するのかという課題です。現場の雰囲気や主流の考え・感覚に従うのか、それとも、恵みの道に招くイエスについて行くのかということです。「人に惑わされないように気をつけなさい。わたしの名を名乗る者が大勢現れ、『私こそ、その者だ』と言って、多くの人を惑わします」（五〜六節）。「偽キリストたち、偽預言者たちが現れて、できれば選ばれた者たちを惑わそうと、しるしや不思議を行います。あなたがたは、気をつけていなさい」（二二〜二三節）。だれについて行くかで、どこに連れて行かれるのかが大きく異なります。そこで間違えることなく、神の保護をいただける道に進みたいものです。

　それゆえ、マルコの福音書が最初から描くように、ご自身とともに訪れている神の国・恵みの支配に歩ませるべく「わたしについて来なさい」（一・一七、二・一四）と招くイエスに聞き従うことが大切になってくるのです。その道はイエスが語るごとく十字架の道となりますが、恵みの道は負けることはないからついて来るようにと、イエスは弟子たちを促し続けます（八・三一～三八、九・三〇～三七、一〇・三二～四五）。終末的な社会の危機に見舞われても、その中で大きな苦難に直面することがあっても、恵みの道に歩む人々を神は保護して脱出させ、神の守りの確かさを証しさせてくださるから、イエスご自身についてくるようにということです。すなわち、恵みに生きて分かち合い、平和を選んで争いを避け、自滅していく世間から距離を置き、その圧力に屈することなく、ただ神の守りに信頼するということです。紀元一世紀の原始教会のみならず、世界の終末に向かう現代の私たちも、主イエスの弟子である以上、同じように歩むことが求められているのです。

時のしるしと神の保護

旧約聖書を紐解くと、神が歴史にどのように関わり、ご自身にすがる人々を憐れんで、救いの道を開いていかれるのかという大きなパノラマを見て取ることができます。すると、そこには、神の救いの特徴を描き出すパターンが見いだされます。

大洪水から脱出したノア（創世六・九～九・一七）、文化的経済的繁栄の頽落・崩壊と空虚さから脱出したアブラハム（同一一・二七～一二・四）、大国の奴隷状態から脱出した出エジプトの民（出エジプト一・八～一四・三一）、神の恵みに背き暴虐を社会に招いたエルサレムから脱出せよと語った預言者エレミヤのメッセージ（エレミヤ二九・四～七）、捕囚の身となって悔い改めに導かれ、囚われの地バビロンから故郷ユダへと脱出した帰還の民（エズラ記、ネヘミヤ記）。これらの共通項は、一大文明が滅亡あるいは弱体化していく社会的な危機の中で、神の憐れみにすがる人々は神の御手で保護され、それが神の憐れみを証しする出来事となるということです。ノアの大洪水は言うに及ばず、アブラハムの場合はバベルの塔の出来事に示されるアッカド文明の衰退、出エジプトの場合は鉄器文明を有するヒッタイト人の圧力、出エルサレムの場合は新バビロニア帝国による侵略、出バビロンの場合はアケメネス朝ペルシアによる征服といった危機の中での神の保護ということです。そこでどんなことが起きていたのかと言えば、神の恵みを無視する人間の罪深さが文明の中に蓄積されて、そのままだと暴力の支配で社会がダメになるという中で、神は様々に警告を発するも、社会はそのまま突っ走っていきます。神はギリギリまで待ちますが、これ以上待っても犠牲者が増えるばかりという状況においては、わずか一握りであっても恵みの招きに応えた人々を保護し、逆に文明の大勢は暴力の支配を選んで自滅していきます。神は保護したご自分の民を脱出させ、そこに神の守りの確かさ・憐れみの深さが証しされるというわけです。

イエスはここで、同様のことがこの先も起きると弟子たちに語っておられるのです。直接には、紀元六〇年代後半～七〇年のユダヤ戦争の様相をスケッチして、三十数年後に弟子たちが実際に通る状況を告知し、その中でも恵みに生きる人々として歩むようにと語っています（五〜二三節）。「わたしは、すべてのことを前もって話しました」（二三節）。この一言が区切りです。ここまでで、やがて弟子たちが直面する出来事・社会の終末的危機、すなわち、エルサレム神殿の崩壊に至る過程として知るべき事項が述べられているのです。

このように、終末的な危機を告知され、そこから脱出させてもらえるとなれば、それは大変に感謝なことですが、意識して備えておかなければ危機的な状況に呑み込まれてしまいます。だれについて行くのか、どこへ向かうのかを前々から明確にしておかなければなりません。では、だれについて行くべきでしょうか。イエスの弟子とされたのですから、イエスについて行くのです。「人に惑わされないように気をつけなさい」（五節）と言われます。どこに向かうべきでしょうか。イエスについて行くのであれば、イエスが招く恵みの道、恵みを分かち合う交わりに仕えて平和を得ていく道です。

そして、このように備えられていればこそ、時のしるしを見逃すことなく、終末的な危機にも対応することができるとイエスは励ましてくださるのです。その時のしるしとは、『荒らす忌まわしいもの』が、立ってはならない所に立っているのを見たら」（一四節）と述べられるように、真の神が崇められる聖なる場に偶像が置かれる様子を指しています。歴史的にこの表現は、ダニエル書に告知されて後に実際の出来事となったセレウコス朝シリアのアンティオコス・エピファネス王がエルサレム神殿に偶像を据えていけにえを献げた事件を指して用いられますが（ダニエル九・二七、一一・三一、一二・一一）、ここでは同様のことがローマ帝国によってなされると告知しているのです。そして、その時にイエスに従う人々・恵みに生きる人々は「逃げなさい」と勧められます。逃げるなんて卑怯だぞと言われそうですが、それが適切な対応だと語られるのです。実際に、ユダヤ社会の権威に対する侮辱行為に人々は怒り、そもそもの圧政への不満も相まって憎しみは最高潮に達し、ローマ帝国への復讐心に任せて玉砕するまで徹底的に抗戦する流れに社会全体が突入していきます。しかし、その流れに乗らない、そこから離れることこそ、恵みに生きて平和をつくる人々の道なのだということです。周りがそうなると、同調しない人々に圧力がかかります。「わたしの名のために、あなたがたはすべての人に憎まれます」（一三節）と告げられるとおりです。しかし、イエスに従う人々は恵みに生きることをやめません。「自分の十字架を負って」（八・三四）イエスに従うのです。迫害をも耐え忍びつつ、暴力に走る周囲の流れには乗らないということです。玉砕覚悟の危機的状況に社会が突入するのであれば、あとは脱出するしかありません。そして、その脱出を神が助けて、保護してくださるのです。イエスは三十数年後を見越して弟子たちに語られますが、マルコが実際に文章を書き記している現場においては、さらに事態が深刻化しています。それゆえマルコは、イエスの言葉を記録しながら、途中で著者自身のメッセージを読者に投げかけるのです。「読者はよく理解せよ」（一四節）。かつてイエスが告知された状況が迫っている、今こそその言葉を思い起こし、イエスに従うことの意味を受けとめ直して、危機に際しても恵みに生きる人々であるようにと注意を促すのです。

そして、歴史を紐解いて分かるのは、実際にイエスが告知したとおりに事が進み、イエスの言葉を信じ、マルコの忠告に従った原始教会の人々は、陥落するエルサレムの中で起こりくる残酷な状況から逃れて、神の保護を証しすることになったということです。すなわち、復讐心に任せて玉砕覚悟で抗戦するユダヤの人々に対し、ローマ軍は天下の軍事力とプライドを見せつけるべく、エルサレムに襲いかかります。追い詰められたユダヤ人はエルサレムに籠城し、市街戦に発展します。街中が危険地帯になります。家に戻るなと言われるのは、そのためです（一五～一六節）。そして、籠城して困るのは食料です。食料が底を尽けば、飢えをしのぐために何でも食べるようになります。「それらの日、身重の女たちと乳飲み子を持つ女たちは哀れです」（一七節）とは、そういうことです。幼子たちが殺害されてその肉を食べるという、おぞましい事態が現実になります。人間の罪深さを放っておくと、こんなことまでやってしまうのか、と思えます。恵みの招きに背いた成れの果てです。宮きよめの時点で、否、イエスの十字架の姿によって、そして原始教会の宣教の言葉を通して悔い改めていれば、こういうことにはならなかったはずです。だから、そこに至る前にイエスの招きに応えなければならないのです。そして、実際に招きに応えた人々、原始教会は、マルコが記録したこのイエスの言葉に従って脱出し、自滅していく社会から神の御手で守られるのです。

イエスの招きに応えるのは「『荒らす忌まわしいもの』が、立ってはならない所に立っている」という時のしるしが現れる前、すなわち、イエスの招きが始まっている今こそなされるべきです。すでに語られている今、きちんと応答することにより、時のしるしを見逃すことなく落ち着いて終末的な危機に対応することができるのです。このことは原始教会が二千年前に経験済みのことであり、さらにそれが証しとなって現代の教会へのチャレンジとなっています。原始教会の証しはイエスの招きに従う確かさを示しており、イエスの招きの確かさは、人々を恵みに招いて命を捨てた十字架の死とそこからの復活によってすでに立証されています。これ以上はっきりとした時のしるしはありません。今この時からイエスの招きに応え、恵みに背く罪の世の潮流から脱出しましょう。そして、恵みに生きて世に対して平和の証しとなり、神の確かな保護を味わい知る者たちとなって歩んでいきましょう。

神の約束を信頼する祈り

マルコの福音書一三章を読んでいると、大変なことが目前に迫っているという思いになります。しかしながら、聞いている弟子たちからすれば、見上げるばかりの立派な神殿（一節）が崩される時が迫っているなんて想像もできないというのが正直なところでしょう。それゆえ弟子たちは、神殿崩壊をあからさまに告知するイエスの言葉に衝撃を覚えて、そこを詳しく知りたいとイエスに尋ねます。その問いかけに対するイエスの答えがこの箇所です（三～五節）。まさかの思いで聞いているので、弟子たちはイエスの一言一句に震撼したことでしょう。しかしイエスとしては、弟子たちにはちゃんと分かってほしい、恵みに歩む人々として歴史の現実を見る目を持ってほしい、自滅に向かう罪の世から離れて神の保護を受ける人々であってほしい、との一心で告知されるのです。「あなたがたは、気をつけていなさい。わたしは、すべてのことを前もって話しました」（二三節）。危険が迫っている、巻き込まれてほしくない、だから、そうならないように前もって注意を促すというのは、子どもたちへの教育の場面でよくある話ですが、それは子どもたちを大切に思うからです。ここもイエスの気持ちとしては同じことです。しかも、「すべてのことを」話したといいます。必要なことは全部を話しておく、これまた相手を想う愛ですね。しかし、逆を言えば、イエスは余計なことはお話しになりません。つまり、話してくださったことが「すべてのこと」なのです。ということは、イエスが話してもいないことについてあれこれ詮索して、世界の終末に関していろいろと勝手に推測して怖がったり、他人を脅したり、たかを括ったり、というようなことはしてはいけないことになります。むしろ、イエスは必要なことをすべて語ってくださったので、その愛を受けとめて信頼することが肝心なのです。

そして、イエスの招きに応えて恵みに生きる人々に対しては、神の保護が計画されていることが知らされます。「それらの日には、神が創造された被造世界のはじめから今に至るまでなかったような、また、今後も決してないような苦難が起こるからです。もし主が、その日数を少なくしてくださらなかったら、一人も救われないでしょう。しかし、主は、ご自分が選んだ人たちのために、その日数を少なくしてくださいました」（一九〜二〇節）。空前絶後のとんでもない苦難の日々が来ると告知されています。なぜ、こんなことになるのでしょう。まず言えるのは、人間の罪はこうなってしまうほどに醜いということです。そして、神はそういう人間に対して忍耐をもって悔い改めに招き続ける方であり、けれども、これ以上待てば世界が罪で潰されてしまいかねないというところで手入れをなさる方だということです。ギリギリまで待ってくださる憐れみ深さとともに、恵みの招きに応えた人々を保護してくださる憐れみ深さ、その狭間で苦難の日々が生じるということです。そして、もちろん神は、恵みに生きるご自分の民を保護する計画を立てていてくださいます。「その日数を少なくしてくださいました」と。ここで言われている選びの民とは、民族としてのユダヤ人のことではなく、イエスの招きに応えて恵みに歩む人々・弟子たち（ユダヤ人も含まれる）のことです。すなわち、イエスに従う人々が大変な苦難の中でも耐え忍び、恵みから引き離すこの世の潮流に染まることなく、自滅していくこの世から脱出できるように、神は苦難の期間の長さを見極めて、恵みに生きる人々を保護してくださるということなのです。

大変に興味深いのですが、実際にこのことは、歴史によって実証されています。「このことが冬に起こらないように祈りなさい」（一八節）とイエスは語られます。エルサレムから脱出するのが冬になってしまうと難儀するのは目に見えているからです。冬は雨期で、乾燥地帯であるユダヤにまとまって雨が降る季節です。普段は川のないところに大きな川が一時的にできたりします。土砂崩れや鉄砲水の恐れがあります。急いで移動するには危険です。なので、冬にならないように祈れと語られたのです。このイエスの言葉を覚えて、神の保護の計画に信頼を寄せた原始教会は、まさしくこのごとくに祈りました。すると、実際にどうなったでしょう。ローマの将軍ティトゥスについて記録した歴史家タキトゥスによれば、エルサレム陥落は紀元七〇年十月のこと、つまり「冬になる前」だったのです。季節は十月、冬になれば海が荒れるので、軍務を完了した将軍ティトゥスはローマへの帰還を翌春に延期して、カイサリアの総督府で冬を越したと記録されています。つまり、「冬に起こらないように祈りなさい」とのイエスの言葉のとおりに祈ったら、その祈りが応えられて、冬の前に苦難の時は終わったということなのです。「その日数を少なくしてくださいました」（二〇節）との約束は果たされ、ご自分の民を守るとの神の計画は実行されたのです。

この世の終末に向けて、現代の教会も様々な苦難の中を通ることが予想されますし、現在、私たちも各々、苦難の中を通っています。しかし、どんな中でも私たちがついて行くのは恵みに生きるように招いてくださったイエスご自身です。「偽キリストたち、偽預言者たち」（二二節）ではありません。苦難の中でもイエスについて行くとき、自滅していく世から脱出することができ、神の保護を受けることができます。恵みに生きるご自分の民を必ず守るとの神の計画に信頼して、祈りながら歩んでいきましょう。

76　主イエスは来たる

〈マルコ一三・二四〜二七〉

「しかしその日、これらの苦難に続いて、太陽は暗くなり、月は光を放たなくなり、星は天から落ち、天にあるもろもろの力は揺り動かされます。そのとき人々は、人の子が雲のうちに、偉大な力と栄光とともに来るのを見ます。そのとき、人の子は御使いたちを遣わし、地の果てから天の果てまで、選ばれた者たちを四方から集めます。」

日本昔ばなしからディズニー映画まで、子どもたちが大好きなお話は、だいたいパターンが決まっています。まず、場面設定と事の起こり、次に事柄の進展、そして大ピンチを迎え、このまま終わるのは嫌だと思わせておいて、最後に大ピンチから救い出してくれるだれかが現れてクライマックス。そう来なくっちゃとばかりに、最後に満足させてもらえるというパターンです。それに対して大人には、世間はそんなに甘くないという経験から、ドロドロで終わる話がウケたりもします。しかし、そうであっても、やはり最後はよいもので締めくくりたいというのが人情ではないでしょうか。映画や小説でさえそうならば、自分の人生や人類の歴史については言うまでもなく、最後はよいもので締めくくりたいと思うものです。

しかし、実際にそういう求めに応えてくれる何かがあるのでしょうか。おとぎ話ではなく事実として、人生や歴史の終わりに際して希望を持たせてくれるものは、どこに見いだされるのでしょうか。こうした問いは、終わりを考えないようにしたり、終わりなんかないと主張したりしても解決はしません。なぜなら、それは社会の不条理や隠れた善事がそのまま見過ごされて葬り去られてもよいとすることになりかねませんし、どんなに終わりを無視しても、その時が来たら終わるという不安は解消されないからです。やはり、終わりに総括があり、そこに幸いが約束されていてこそ、希望があり安心できるというものです。そして、嬉しいことに聖書は、恵み深い神がご自身の招きに応える人々に終わりに際しても希望と安心を下さると告げています。考えてみれば、終わりに際しての希望と安心など、私たちの経験の領域だけを探し回っても見つかりっこないのですが、いのちの創造主なる神がおられることと、ご自身が素晴らしく創造した世界と人間に豊かな恵みを注いでおられることとに目を向ければ、終わりの総括はこの方にあり、恵みに応える歩みの終わりにこの方が幸いを用意してくださると信じることができます。あなたは、こうした希望と安心を得ておられるでしょうか。

マルコの福音書は、こうした恵みの招きを人の世にもたらし、そこに歩む道を命がけで切り拓き、それに応える人々を導く方としてイエスを紹介します。「時が満ち、神の国が近づいた。悔い改めて福音を信じなさい」(一・一五)。神の恵みの支配はイエスご自身とともに決定的に近づいて来ているので、恵みに心を向け直し、招かれている良い知らせに信頼して歩み始めよ、と語られるのです。そして、そこに歩むために「わたしについて来なさい」(同一七節、二・一四)と招かれるのです。この招きに応えて歩み始めた人々は、イエスの弟子となります。そして、イエスのみわざを傍らで見ながら、恵みに歩む力強さに触れていきます。しかし、彼らは肝心なところを摑みきれず、恵みを分かち合う交わりに仕えるよりも、当時の歪んだメシア待望に引きずられて、イエスの側近である自分たちが高い地位に就いて理想的な社会を支配するという幻想から自由ではありませんでした。それゆえ、彼らはへりくだって仕え、恵みを分かち合うことを具体的に学ぶ必要がありました。「自分を捨て、自分の十字架を負って」イエスについて行くということが強調されていきます(八・三四)。一方、イエスの招きは悔い改めの迫りを含むので、それを受け入れない社会の指導層はイエス抹殺を企てますが、それでもイエスは人々を恵みに招くことをやめません。それゆえ、イエスの道、そしてイエスについて行く道は、本当に十字架の道になっていきます。それでもついて来るようにとイエスは弟子たちを促されるのです(八・三一〜三八、九・三〇〜三七、一〇・三二〜四五)。もちろん福音ですから、恵みの道として幸いな歩みですし、それで受ける苦難も苦難で終わりではありません。十字架の道をたどるイエスは復活を約束する方です(八・三一、九・三一、一〇・三四)。ご自身が復活され、また、弟子たちをその勝利でもって御許に迎えてくださいます。恵みの招きに応える人々は、終わりにはこの勝利にあずかるということです。人生の終わり、さらには歴史の終わりに約束されたこの勝利のゆえに、招きに応える私たちは、様々な困難を超えて希望と安心を告白しつつ歩むことができるのです。

歴史の結論　イエス・キリスト

「しかしその日、これらの苦難に続いて、太陽は暗くなり、月は光を放たなくなり、星は天から落ち、天にあるもろもろの力は揺り動かされます」（二四～二五節）。いきなりイエスは何を言い出したのでしょうか。空前絶後の天変地異。こんなことが起きたら地球上の生命は一挙に存亡の危機に陥ります。そして無論、こんなことは二一世紀の現代に至るまで実際に起きたことはありません。はたしてイエスは何を言おうとしているのでしょうか。

そもそもの話の発端は、壮大なエルサレム神殿の徹底的な崩壊をイエスが告げ、驚いた弟子たちがその兆候を尋ねたことにあります（一三・一～四）。すでに見てきたとおり、イエスが語り聞かせたのは、まさしく三十数年後に現実となるユダヤ戦争におけるエルサレム陥落の告知で、マルコの福音書が執筆されている現場のキリスト者たちが直面しようとしている事柄でした。著者自身がイエスの言葉に乗せて自らの言葉を挿入して、「読者はよく理解せよ」（同一四節）と記しているところに、それがよく示されています。イエスは、その状況に直面することになる弟子たちに、試練に負けてしまわないように、また、惑わされることなく恵みに歩み続けるようにとあらかじめ勧告されたのでした。「あなたがたは、気をつけていなさい。わたしは、すべてのことを前もって話しました」(同二三節)。

上述の天変地異の描写は、この話の流れで語られたものです。とはいえ、唐突な印象を受けます。ここまでは実に具体的な歴史の話だったのですが、いきなり歴史の上では起こりそうもない事柄へと話が飛躍しているように見えます。戦争、地震、飢饉、迫害、フェイクニュースなどは歴史の中で起きる社会的出来事ですが、太陽が暗くなり、月も光を失い、星が落ちるなど、歴史を超えた事柄です。どんな関連でもってこの両者はつながるのでしょうか。

この箇所を歴史の出来事に引き寄せて受け取るならば、天変地異は何かの比喩ということになるでしょう。確かに、首都陥落・神殿崩壊・自国滅亡となれば、それを何にたとえてしかるべきか、それ天変地異のごとし、という文学表現として語ったということは考えられます。とりわけ、ユダヤ人にとって神の権威の象徴たる神殿が崩れ去るとなれば、感覚としてはそういうことでしょう。「神が創造された被造世界のはじめから今に至るまでなかったような、また、今後も決してないような苦難」(同一九節)という言い方とも、ある面で合致している印象を受けます。しかし、その日数は少なくされると語られ(同二〇節)、それらの日々は天変地異とは区別されています。「これらの苦難に続いて」(二四節)の天変地異ということですが、必ずしも時間的に直後ということではありません。「続いて」と訳されるギリシア語の「メタ」は「後に」を意味する前置詞ですが、実際のタイムラグを規定する意味合いはありません。筋道の上で順序として後に、ということです。さらに、「わたしは、すべてのことを前もって話しました」（一三・二三）と、イエスは話を一度区切ったうえで話題を変えています。それゆえ、天変地異の描写を歴史的出来事の比喩に完全に落とし込むには無理があります。

旧約預言者の伝統においても、天変地異が語られている箇所があり、そこでは歴史的出来事を念頭に、それがいかに凄まじいかを示す表現として登場しているように見える一方、そこに尽きるものではなく、歴史の総括を超える何かを垣間見させる告知のようにも思える箇所があります。「天の万象は朽ち果て、天は巻物のように巻かれる」（イザヤ三四・四）や「太陽は闇に、月は血に変わる」（ヨエル二・三一）などがそれに当たります。なるほど、恵みの招きを無視して突っ走った結果、警告どおりの滅びを身に招くという神の審判を受けることになるとの告知ですが、神によって備えられた神殿が打ち捨てられるとは歴史的な出来事（バビロン捕囚）であっても天変地異に等しい深刻さに違いないことであると同時に、それは事後であっても歴史的過去にとどまるものではなく、読者の現在に響いて悔い改めと信仰を喚起し、将来へと向かわせるメッセージとなります。それは歴史の教訓とか歴史の原理とかいうことも超えて、実は将来と終結を照射する告知として受け取られます。記述預言者の言葉が史料を超えて正典として読まれる意義がここにあります。それゆえ、ここでのイエスの言葉も、こうした旧約聖書の記述預言者の伝統を踏まえてのことと言えるでしょう。

そうなると、イエスが述べる天変地異は、紀元七〇年エルサレム陥落を踏まえて、さらにそれを超えて、歴史の終末を指し示す告知と受けとめられるでしょう。それでこそ、「そのとき人々は、人の子が雲のうちに、偉大な力と栄光とともに来るのを見ます」（二六節）と続く発言との整合性を見て取ることができます。人々が「人の子」の訪れを目の当たりにする未来について告げています。イエスはご自分を指して「人の子」という言い方をすることが多く、それは特に肝心な場面で目立ちますが、これもその一つです。「人の子が地上で罪を赦す権威を持っていること」（二・一〇）とか、「人の子は安息日にも主です」（二八節）とか、「人の子は多くの苦しみを受け、……殺され、三日後によみがえらなければならない」（八・三一）とかと同じく、ご自身の働きの本質を語る発言と言えばよいでしょう。ここではご自身が未来において来ることを述べていますから、再臨について語っていることになります。歴史の終末にイエスは再び来られるということです。

歴史の終末は天変地異による世界の破滅ではなく、イエスの到来による恵みの支配の完成です。「神の国が近づいた」（一・一五）と宣言して人々を招いた方が、神の国の完成のために再び来られるのです。そういう方の到来ですから、天地が揺さぶられても不思議ではありません。天体に寿命があるのは天文学の常識ですが、それゆえ、いつか「太陽は暗くなり、月は光を放たなくなり」（二四節）という時が来るはずですが、それを待つまでもなく、世界が人間の罪で潰される前にイエスが再び来られ、世界を癒やして神の国となすのです。

歴史の終わりは、いつか必ずやって来ます。確かに、私たちが生きる現代、人間は自らを滅亡させるだけの手段を持っていますので、実に現実味のある話です。けれども、恐れる必要はありません。終わりにやって来るのは主イエス・キリストです。私たちを恵みに招いてやまない方、そのためにご自身の命を捨てるほどの愛を示してくださる方が最後に来てくださいます。そして、招きに応えて歩んできた人々を御許に集めてくださいます。ご自身の民として保護し、憩いを与えてくださるのです。「そのとき、人の子は御使いたちを遣わし、地の果てから天の果てまで、選ばれた者たちを四方から集めます」（二七節）。

終わりなき恵みの支配

歴史には終わりがあって、その結論は主イエス・キリスト。将来が希望に輝きます。しかし次に気になるのは、終わりを迎えて、それでどうなるのかというところ。聖書の約束によれば、主イエスが再び来られて、恵みの支配が完成します。私たちはそこに迎えられます。そして、そのように完成した神の国は終わることがありません。完成して憩いを得て、そこに終わりがないとなると、まさしく永遠にそこに憩うことになります。今のうちから恵みに応えて歩む私たちの将来は、それゆえの希望と安心に溢れるのです。

「そのとき人々は、人の子が雲のうちに、偉大な力と栄光とともに来るのを見ます」（二六節）。上述のように、イエスはしばしばご自分を「人の子」と称して、働きの本質を示されます。しかし、これはイエスがご自分を指して述べるときだけで、他の人がイエスをそのように呼ぶことはありません。弟子たちや群衆からは、主とか先生などと呼ばれています。それゆえ、これはイエス固有の自己認識とでも言うべき呼び方で、そこにご自身の使命と存在の大切な要素を表現していると言えるでしょう。ただし、そのイエスさえ、直接にご自分こそ人の子であるという言い方はしておらず、どこまでも暗示的に語るにとどめています。そこに一つ、微妙なところがあります。

この人の子という呼び方は、そもそも旧約預言書のダニエル書が出典で、メシアを意味する暗号的な表現です。「見よ、人の子のような方が天の雲とともに来られた。その方は『年を経た方』のもとに進み、その前に導かれた。この方に、主権と栄誉と国が与えられ、諸民族、諸国民、諸言語の者たちはみな、この方に仕えることになった。その主権は永遠の主権で、過ぎ去ることがなく、その国は滅びることがない」(ダニエル七・一三〜一四)。神に立てられた救世主は栄光のうちに現れて、その主権で世界を統べ治めるということです。イエスこそその方なのですが、当時、直接にこれを述べると誤ったメシア像と差し替えられて、ローマ帝国を倒す革命のヒーローと勘違いされかねません。そこでイエスは、それを避けるために微妙な言い方をしながら、ご自身こそ本来の人の子、メシアなのだと、実質的な形でご自身を語る方法を用いられるのです。しかし、ダニエル書が述べるごとく、それはやはり世界を統べ治める栄光のメシアであることに違いはありません。それゆえ、イエスはここで終末について語る際、ダニエル書を念頭に「そのとき人々は、人の子が雲のうちに、偉大な力と栄光とともに来るのを見ます」（二六節）と述べるわけです。そして、それならば、歴史の終わりに栄光のメシアとしてイエスが再び来られるとき、そこで完成する恵みの支配は、まさに「その主権は永遠の主権で、過ぎ去ることがなく、その国は滅びることがない」（ダニエル七・一四）というものとなるのです。

イエスによってもたらされる恵みの支配は終わることがありません。イエスの再臨とともに歴史が終結して現れるのは、滅びることのない永遠の神の国だということです。すでにイエスの招きに応えて恵みに歩み始めている私たちは、そこをゴールと見据えて、希望を持って歩むことができるのです。「そのとき、人の子は御使いたちを遣わし、地の果てから天の果てまで、選ばれた者たちを四方から集めます」（二七節）。恵みに歩んだ人々をイエスは完成した神の国に召し集め、迎え入れてくださいます。そこではすべての苦難は消し去られ、人生と社会の不条理は正されて見る影もなく、ひたすらに恵みが分かち合われる平和が溢れます。しかも、そのスケールの大きいこと。そこに集められる人々は「地の果てから天の果てまで」といいます。この言い方、地域や文化の格差なく全地から集められるのはイメージがつきますが、「天の果て」とはどういうことでしょうか。すでに地上の生涯を終えて御許に召された人々で、彼らも完成した永遠の神の国に召し集められるのだと考えると、ここに死の別れを克服した再会の喜びを見て取ることができるでしょう。だれしも愛する人と死をもって分かたれた悲しみを味わいますが、それをも超える希望があるということです。

そして、この希望の力強さは、希望が語られているのが苦難の告知のただ中であるということに、また、そうした苦難の向こう側にある確かなものとして語られているということに、はっきりと示されています。この希望は目前の苦難によって解消されてしまうものではないということです。ぜひとも、この希望の力強さに生きていきたいですね。

そのためには、イエスの招きに従い、恵みに生きることです。悔い改めと信仰を持って神の恵みの支配に生きることです。いかなる困難があっても「自分の十字架を負って」(八・三四)イエスに従い続けることです。そこを恥じて、恵みを知らない世間の流れに流されてしまっては、「人の子も、父の栄光を帯びて聖なる御使いたちとともに来るとき、その人を恥じます」(同三八節)ということになってしまいます。そうではなく、「わたしと福音のためにいのちを失う者は、それを救うのです」(同三五節)ということが終わりの日に完全な形で明らかになるその時を待ち望んで、誠実にイエスに従い、恵みに歩んでいきましょう。

77　世界の終わりと信仰の確かさ

〈マルコ一三・二八〜三二〉

「いちじくの木から教訓を学びなさい。枝が柔らかくなって葉が出て来ると、夏が近いことが分かります。同じように、これらのことが起こるのを見たら、あなたがたは、人の子が戸口まで近づいていることを知りなさい。まことに、あなたがたに言います。これらのことがすべて起こるまでは、この時代が過ぎ去ることは決してありません。天地は消え去ります。しかし、わたしのことばは決して消え去ることがありません。

ただし、その日、その時がいつなのかは、だれも知りません。天の御使いたちも子も知りません。父だけが知っておられます。」

テレビのバラエティー番組で、膨らんでいく風船が破裂する前にクイズに答えなければならないというチャレンジをよく見かけます。時間内に正解すればセーフ、そうでないと風船がどんどん膨らんで破裂、その時点でアウトというやつです。何とか正解しなくちゃというドキドキ感。けれども、これが楽しいのは遊びだからですね。

これが私たちの人生や、人間の歴史だったらいかがでしょうか。終わりの時がやって来ます。その時が近づいているのは確かです。それがいつかは分かりません。ゲームならば、その時までに間に合わせるべきことができなかったとしても、いやぁ、惜しかったですねと笑っていられますが、人生や歴史のことだったらそうはいきません。終わりについて考える、そこでも告白できる希望を求める、そして、真の希望ゆえの笑いを受け取るということは、私たちにとって大切な課題です。課題をごまかしていたら、結局、解決つかずに怯えてその時を迎えることになります。逆に、課題に向き合ったうえで、それでも大丈夫とはっきり言えるなら、今のうちから希望を持って確かな足取りで進んで行くことができます。あなたはいかがでしょうか。この点について聖書は、イエスを主と告白して、イエスが招く恵みの道に歩むなら、終わりを見据えて確かに歩んで行けると告げています。

マルコの福音書は、この点に関してもパワフルなメッセージを伝えてくれています。イエスは「時が満ち、神の国が近づいた。悔い改めて福音を信じなさい」(一・一五)と、神の国・恵みの支配の決定的接近を告げ知らせ、悔い改めと信仰を持って応答するように人々に迫ります。そして、「わたしについて来なさい」(一・一七、二・一四)とのイエスの招きに応えた人々が弟子となり、恵みの支配の力強さを経験しながら、それを分かち合う交わりに仕えていくようにと薫陶を受けていくのです。イエスが招く恵みの支配は、異邦人にも貧しい人々にも、歴史的社会的に敵対勢力に属する人々にも開かれており、共に神の恵みを分かち合う交わりを建て上げていくようにと迫ります。その迫りに反発する人々からイエスは命を狙われますが、それでも招き続けます。それは十字架の道になります。しかし、恵みの招きは十字架の死で終わるものではありません。イエスはそこからの復活を告げて、なおもついて来るように弟子たちを促されるのです（八・三一～三五、九・三一、一〇・三二～四五）。約束された勝利と希望があるからです。実際にそのようにして開かれた道を前にすると、歩みゆく途中は困難があり、しかも地上を生きるこの命には終わりがあり、人間の歴史にも終わりの時が告げられていますが、そうした危機においても私たちは恵みの神に信頼し、恵みを分かち合う交わりに仕えることに励ましを得て進むことができるのです。迫りくる人生の終わり・世界の終わりに怯えるのでもなく、知らん顔してごまかすのでもなく、恵みの招きに歩む人々に神が備えてくださる勝利を信じて、確かな足取りで進むことができるのです。

歴史の向こうにある確かな慰め

「これらのことが起こるのを見たら、あなたがたは、人の子が戸口まで近づいていることを知りなさい」（二九節）。「これらのことがすべて起こるまでは、この時代が過ぎ去ることは決してありません」（三〇節）。「ただし、その日、その時がいつなのかは、だれも知りません」（三二節）。実に緊迫感のあるメッセージですね。終わりが来ます。その時は近づいています。それがいつかはだれも分かりません。しかも、「天地は消え去ります」（三一節）とも言われていますから、まさしく事は終わりの中の終わり、宇宙の構造のリセットまで見通しています。二一世紀の私たちから見ても未来の話、しかも、このスケールで語られる終わりですから、想像を絶する世界の終わりの話です。

マルコの福音書一三章でイエスが語っているのは、こうした終わりの事柄への展望ですが、その説き起こしは、イエスと弟子たちが眺めている紀元一世紀のエルサレム神殿の崩壊です（一三・一～五）。紀元六〇年代後半に勃発したユダヤ戦争の一つのクライマックスであるエルサレム陥落と神殿崩壊という出来事（七〇年）をイエスは見越して、それをあらかじめ弟子たちに告げつつ、そうした危機の中でも恵みに生きていくようにと励ましなさるのです。

しかし、ここでのイエスの言葉は、紀元六〇年代後半の出来事に尽きるものではありません。確かに、恵みの神を礼拝する場であるはずの神殿が崩落することは、一つの凄まじい終末です。しかしイエスは、さらにその先にある大きな終末を垣間見て、恵みに生きる人々の将来について勧告と激励をなさるのです。実際、マルコの福音書一三章に記されるイエスの告知には、現代社会をも見通す洞察が盛り込まれています。戦争、民族問題、飢饉、地震、フェイクニュース、迫害……。そして何より大切なのは、そうした中でも「まず福音が、すべての民族に宣べ伝えられなければなりません」（一三・一〇）ということです。この点については私たちが生きる二一世紀においても現在進行中で、今より先も進められること、すなわち、終わりに向かう世界の中で恵みに生きる人々がなすべきことを明確にしています。

どんな状況に置かれても、イエスが招いた恵みに生きること・恵みを伝えることから外れないように気をつけて（一三・五、九、二三）、その務めを誠実に果たし続けるということです。するど、このイエスの言葉は、紀元六〇年代後半の原始教会の人々を超えて、二一世紀の私たちにも直に響いてきます。そして、イエスは「すべてのことを前もって話しました」（一三・二三）と話を区切って、改めて終末の中の終末、この世界の終わりについて、天変地異とともに、ダニエル書の語る終わることのない完成した神の国（ダニエル七・一三〜一四）をもたらすべくイエスが再び来られることを告げるのです（一三・二四〜二七）。

ということは、「これらのことが起こるのを見たら」（二九節）や、「これらのことがすべて起こるまでは」（三〇節）というのは、まずは紀元六〇年代後半に起きており、その意味ではその時すでに終わりの時に突入しており、そして教会の歴史を貫いて現在も進行中であり、さらに終わりに近づいているということになるわけです。しかし、すべてが起きたわけではなく、福音はなおもすべての民族に向けて伝えられ、さらに天変地異とともに主イエスが再臨し、それですべてが起きたことになります。そうして「この時代が過ぎ去る」（三〇節）、すなわち、世界の終わりとなるのです。

そして、大変に興味深いのですが、この意味の重なり具合と最終的に結ばれる焦点とを示す言葉として、マルコは「その日」というイエスの言葉を記録しています。マルコの福音書一三章には「その日」という言葉が四回出てきますが、「その日、その時がいつなのかは、だれも知りません」（三二節）だけが単数形で、その他は複数形です（一三・一七、一九、二四）。複数形ならば、いくら短期間であっても一定の期間を指しますが、単数形ならばまさしく特別な日、すなわち、「この時代が過ぎ去る」（三〇節）、「天地は消え去」る（三一節）、まさしく世界の終わりの日ということです。主イエスが再び来られ、歴史は終結し、天地は刷新されて、恵みの支配が完成するという出来事です。私たちは今、その日に向かっているのです。いつのことかはだれも知りませんが、その日は近づいています。

そう言われると、何だか緊張しますね。しかし、イエスはこれを脅しで言っているのではありません。もちろん、警告を含む勧告ではありますが、目指すところは、恵みの招きに応える人々にとっての確かな慰めです。「いちじくの木から教訓を学びなさい。枝が柔らかくなって葉が出て来ると、夏が近いことが分かります」（二八節）と語られます。表面上は、植物の変化から季節のサインを読み取るごとくに、終末に向けての時流のサインを読み取るように、という意味に受け取れます。しかし、わざわざいちじくを引き合いに出すあたり、さらなるニュアンスが込められているように思います。ユダヤ人にとっていちじくの季節は、親しみ深く心浮き立つ季節です。イエスに従い恵みに生きる人々にとって、終末とはそういう時だということです。いちじくは、葉が出て、夏が来て、実を結びます。その実は、食用はもちろん、医薬品、香料などに用いられます。また、他の作物に先駆けて収穫されるので、その年の気候の良し悪し、豊作かどうかのバロメーターにもなります。いちじくの葉が出るとはそういう期待感のことで、それを終末に向かうキリスト者、すなわち、恵みの支配の完成を待ち望むキリスト者の心になぞらえているのです。恵みに招いて命を捨ててくださったイエスに迎えていただけるのですから、その喜び推して知るべし、ですね（一三・二六〜二七）。近づく終末、いつかは分からず、苦難も通るとなれば緊張もしますが、終末の告知は本来、最後に味わう深い慰めに溢れているのです。

そして、いちじくの木と言えば、イエスが実を求めたがなかったので、厳しい発言のもとに翌日には枯れてしまったという出来事がありました（一一・一二〜一四、二〇〜二一）。期待された結実がないというのは、礼拝の場としてふさわしくない神殿を象徴しています。神の恵みを分かち合う交わりに仕える姿が見受けられないということです。神殿は枯れてしまういちじくと同じで、どんなに見かけが立派であっても、やがて崩壊すると予告されたわけです（一三・一〜五）。しかし、イエスは再びいちじくを引き合いに出して、ここでは希望と慰めを語るのです。「いちじくの木から教訓を学びなさい。枝が柔らかくなって葉が出て来ると、夏が近いことが分かります」（二八節）。夏近し、すなわち、結実近しということです。枯れて終わりではありません。この神殿は除かれますが、神の恵みの支配はそれで終わるのではなく、恵みに応える人々を起こして豊かな実を結ばせてくださるということです。それは、拒む人々をも恵みに招く十字架の道を完遂して復活したイエスの出来事に始まります。そして、ついに恵みの支配は完成し、招きに応えた人々はそこに憩わせていただけるのです。

輝く希望、これに向かって私たちは歩むことができます。世界の終わりといっても、実はそこに確かな慰めがある。これを受けとめて歩みたいものです。

滅びることなき主の言葉

「天地は消え去ります。しかし、わたしのことばは決して消え去ることがありません」（三一節）。イエスは世界の終わりについて決定的な告知を述べた後、間髪入れず、ご自分の言葉の確かさについてはっきりと語られます。この世界の中の何かに当て込んでも、いつか終わりの時がやって来ます。しかし、イエスの言葉は消え去ることがありません。それゆえ、拠りすがるのであれば、イエスの言葉以上に確かなものはないということです。世界の終わりを告げるイエスの言葉は、世界の終わりを超えているのです。そして、そのイエスの言葉によれば、終わりの時に向けて様々な困難を通るだろうけれども、恵みに生きる人々は放っておかれるのではなく、恵みで治める王として再び来られる主イエスに最終的には迎えていただけるのです。「そのとき人々は、人の子が雲のうちに、偉大な力と栄光とともに来るのを見ます。そのとき、人の子は御使いを遣わし、地の果てから天の果てまで、選ばれた者たちを四方から集めます」（二六～二七節）。終わりの時までの過程でどんな困難があっても、最後は勝利と安らぎが待っているということです。それゆえに、希望と慰めを得て進んで行くことができます。このことを語るイエスの言葉は滅びることがありません。それゆえ、終わりに向かう困難の中でも、イエスの言葉に信頼するとき、世界の中の何に信頼するよりも確かな希望と慰めに生きることができるのです。

しかも、このイエスの言葉の確かさと力強さは歴史の中で実証済みである、とマルコの福音書は語ります。実際、マルコの福音書一三章の前半が前面で捉えている内容は、ユダヤ戦争に突入していく紀元六〇年代ユダヤ・パレスティナ社会の混乱とその一つのクライマックスとなるエルサレム陥落の様子で、その三十年以上前にイエスが予見したとおりに事は進みました（エルサレム玉砕直前の籠城と食糧難〔一三・一四〜一七〕、神殿の石垣全壊〔同二節〕、冬前の作戦終了〔同一八〜二〇節〕）。けれども、イエスの言葉を思い起こして従った人々は世間の潮流から逃れ、神の保護を祈って実際に守られることを体験したのです。イエスの言葉は語られたとおりになるとの証しです。それゆえ、まさしく世界の終わりについて語られたイエスの言葉もそのとおりになる、ということなのです。すなわち、終わりの時のいかなる困難の中でも恵みに生きる人々は守られて、備えられた慰めに迎え入れられるとのイエスの約束は確かであり、そこに信頼する人々の歩みも確かなものになるのです。

そして、さらにその確かさを裏づける言葉をイエスは語ります。「ただし、その日、その時がいつなのかは、だれも知りません。天の御使いたちも子も知りません。父だけが知っておられます」（三二節）。イエスご自身も知らないなんて、せっかく「わたしのことばは決して消え去ることがありません」（三一節）と力強く言ってくださったのに、どこが確かなのと思ってしまいそうです。しかし、味読すると、これが実に力強い言葉であることが分かります。注目すべきは「父」という言葉です。父なる神は、歴史を導き、世界を保ち、その完成を計画なさっている方。それゆえに、世界の終わりがいつなのかは「父だけが知っておられます」(三二節)。そして、力強いというのは、この方を「父」と呼ぶことができるということです。だから、私たちは分からなくても、それがどうしたという話なのです。すべてをご存じの方を父と呼ばせていただけるとは、なんと幸いなことでしょうか。

このことを弟子たちに、そして私たちに知ってほしくて、イエスは「子も知りません」とあえて披瀝なさるのです。分かりませんとの言明は、通常、正直ではあるけれども、恥をも忍ぶという側面もあります。しかし、この場合、それを超えて大切なことをイエスは示してくださっています。イエスは知ろうと思えば知れなくない立場におられます。父なる神も意地悪で教えないわけではないでしょう。ただイエスとしては、ご自分は知らなくてもよいという道を選択しておられるのです。御父がご存じだからそれでよい、ということです。父なる神が分かっていてくださる、この方は恵みに満ちておられ憐れみ深い、絶対に下手なことはなさらない、信頼を寄せる者をどんな中でも必ず守り、恵みの支配の完成に迎え入れてくださる、だから詳しく知らなくても委ねて安心していられるということなのです。この父なる神への信頼を私たちにもたらすために、世界の終わりがいつであるかについてご自分もあえて知らない道を選び、そのことを明らかにしてくださったのです。世界の終わりがいつかを知らない私たちと同じ立ち位置に立ち、共にいて、詳しいことが分からなくても大丈夫と語ってくださっているのです。御父が分かっていてくださる、だから大丈夫だ、と。

しかし、考えてみたら、もし仮にすべてあらかじめ分かっていたら（そんなことはあり得ないのですが）、これはもう信じるというレベルではなくなります。信じるとは、分からない中でも、なお頼もしい方にすがっていこうということですから。そして、そこに豊かな人格関係が育まれていきます。これが逆に、世界の終わりの日がいつなのか分かっていたら、私たち人間はずるいので、その日までに信じればいいや、みたいなことになるでしょう。しかし、それでは神との誠実な交わりは望めそうもありません。終わりに向かうプログラムが淡々と進むのに合わせていくだけで、神の力とか慰めとか、心いっぱい味わうエキサイティングな信頼関係は生まれてこないでしょう。そうではなくて、御父との豊かな信頼関係にどんなときも生きることができる幸い、イエスはこれをもたらしてくださるのです。

それゆえ、イエスが「子も知りません」（三二節）と語っておられるお心を、私たちはしっかりと受けとめる必要があります。父なる神との豊かな関係を築かせてくださるために、本当にへりくだって私たちと立場を共にしていてくださるのです。世界の終わりがいつかなんて分からなくても平気だよと、主であるイエスが言っていてくださるわけですから、そこを下手に詮索して予測して脅したり恐れたりするのは、そのお心が全く分かっていないということになるでしょう。主である方が知らなくてもよいと言われているのに、そこを強引に知ろうとしたり、知っているかのごとくに振る舞ったりするのは、主に従う者のすることでしょうか。

むしろ、世界の終わりに際しても、「わたしのことばは決して消え去ることがありません」（三一節）と言われる方が語るところの、父なる神との信頼関係に誠実に生きる力強さを味わっていきたいものです。興味深いことに、マルコの福音書では、父なる神を指し示す言葉として「父」という言葉が登場するのは貴重な機会に限られます。そのうち二回は終わりの時の話（八・三八、一三・三二）。そして一回は、神への信仰から人々との和解を語り、宮きよめの出来事の真意を示した言葉（一一・二五）。さらに、「父」という概念を超えて実際に「父よ」と呼びかけるのがゲッセマネの祈りの場面です。イエスご自身が十字架という最大の試練を前に、父なる神との信頼関係に立つ姿を示しなさった出来事です。苦しみを素直に吐露し、けれども父なる神に委ねて立ち上がる姿です。どんな困難の中でも父なる神を見上げて試練を越えゆくことができる確かな道をイエスは切り拓き、私たちを招いてくださいます。世界の終わりを迎えるという危機においても、神に委ねて心強く歩むことができる道の保証となってくださっています。分からないことがあっても、神に信頼していく確かさに歩んでいきましょう。

78　備えて待つ神の時

〈マルコ一三・二八～三七〉

「いちじくの木から教訓を学びなさい。枝が柔らかくなって葉が出て来ると、夏が近いことが分かります。同じように、これらのことが起こるのを見たら、あなたがたは、人の子が戸口まで近づいていることを知りなさい。まことに、あなたがたに言います。これらのことがすべて起こるまでは、この時代が過ぎ去ることは決してありません。天地は消え去ります。しかし、わたしのことばは決して消え去ることがありません。

ただし、その日、その時がいつなのかは、だれも知りません。天の御使いたちも子も知りません。父だけが知っておられます。

気をつけて、目を覚ましていなさい。その時がいつなのか、あなたがたは知らないからです。それはちょうど、旅に出る人のようです。家を離れるとき、しもべたちそれぞれに、仕事を割り当てて責任を持たせ、門番には目を覚ましているように命じます。ですから、目を覚ましていなさい。家の主人がいつ帰って来るのか、夕方なのか、夜中なのか、鶏の鳴くころなのか、明け方なのか、分からないからです。主人が突然帰って来て、あなたがたが眠っているのを見ることがないようにしなさい。わたしがあなたがたに言っていることは、すべての人に言っているのです。目を覚ましていなさい。」

筆者は学生時代、テニス部に所属していましたが、そこで最初に教えてもらったのが待球姿勢でした。相手が打ってくるボールを待ち構える姿勢のことです。両足を肩幅程度に開き、少し腰を落とし、足の親指の付け根に軽く体重をかけ、利き手はラケットのグリップを握り、もう一方の手を柄に添えて、ラケットを身体の正面に保つという姿勢。この準備ができていないと、相手が打ってくるボールに対応できません。やはり、起こりくることに対応するには、そのための準備が大切です。

私たちの人生そのものに関わることであればなおさら、備えて待つことは重要になってきます。特に、終わりに関することは、やり直しが効かない分、真摯に向き合うことが求められます。けれども、これは怯えるような話ではありません。聖書が語る真の神は恵み深い方で、すべての時に恵みを注いでいてくださいますが、私たちの人生、さらには、人間の歴史の中でもここぞという時には決定的な形で臨み、恵みのみわざをなしてくださいます。私たちの生命にしても、人間の歴史にしても、やがて訪れる終わりという決定的な事柄について、神は大いなる恵みをもって臨んでくださいます。ご自身が形づくった人間がその目的にかなって恵みに生きるために、神は恵みに生きる道に招くお心をはっきりと示し、その道が到達するところの恵みの支配の完成を約束して、招きに応えた人々を終わりの時に完成した恵みの支配に迎え入れてくださいます。したがって、終わりの時に向けて大切な準備とは、神の恵みの招きに応えることです。招きに応える人々にとって、終わりの時とは世界の破滅でも暗黒への突入でもなく、恵みに憩い分かち合う世界の完成であり、希望と慰めの訪れなのです。それゆえ、私たちは終わりの時と聞いて怯えるのではなく、この希望を告白しつつ、神の恵みの招きに応えて生きるという備えをきちんとしておきたいと思います。

その点、マルコの福音書は実に明快な形で、神の恵みの招きはイエスの働きによって具体的に示されたとして、イエスこそ私たちが従うべき方なのだと語ります。「時が満ち、神の国が近づいた。悔い改めて福音を信じなさい」（一・一五）とイエスは人々に語りかけ、ご自分とともに恵みの支配が訪れていることを示します。神の約束は満期を迎え、恵みの支配がイエスにおいて決定的に接近し、その完成に向けて歴史が方向づけられたと宣言されます。それが証拠に、イエスの招きに心開いて、神の恵みに向き直って歩み始める（悔い改めて福音を信じる）人々に、恵みの支配が訪れます。病の癒やし、疎外や孤独からの解放、社会復帰、和解、罪の赦し、いのちの希望……。これにあずかるようにと、イエスはすべての人々を招きます。すべての人々ですから、悔い改めの迫りに反発する人々をも招くということです。それは受難の道、十字架の道になります。しかし、凄惨な死で終わるものではなく、死を打ち破って復活することにより、開かれた恵みの支配が本物であり、人間の歴史のゴールとして神が備えたものであることが明らかになるのです。恵みの招きに応える人々の終わりは輝かしいものであり、それゆえ、そのための備えとはまさしく恵みの招きに応えるということなのです。イエスについて行き始めた弟子たちは、最初のうちはそれがよく分からずに、世間的なメシア待望に引きずられて、恵みを分かち合う交わりに仕えるよりは自分の地位や安全の確保ばかりに気持ちが向きがちでしたが、イエスは恵みに誠実であるように語り、それこそが終わりの時の備えとして肝心な事柄なのだと忍耐をもって示しなさるのです。この終わりの時は、現代、さらに近づきつつあります。それゆえ私たちは、イエスの言葉に真剣に耳を傾けなければなりません。

礼拝生活こそなすべき備え

終わりの時に備えると聞くと、私たちは動揺し、何か特別なことをしなければいけないように感じます。しかし、ここでイエスが語っているのは、終わりの時がいつなのかという問題に振り回されることなく、落ち着いているようにということです。「人に惑わされないように気をつけなさい」(一三・五)。「うろたえてはいけません。そういうことは必ず起こりますが、まだ終わりではありません」(同七節)。「これらのことは産みの苦しみの始まりです」(同八節)。「ただし、その日、その時がいつなのかは、だれも知りません」(三二節)。

弟子たちが尋ねたのは「いつ、そのようなことが起こるのですか。また、それらがすべて終わりに近づくときのしるしは、どのようなものですか」（同四節）ということでしたが、それに対してイエスは、いつ、どのようにということに関心を寄せすぎないように、ただ落ち着いて神を見上げ、「最後まで耐え忍ぶ人」（同一三節）であるようにと語ります。確かに、「これらのことが起こるのを見たら」（二九節）とある種の兆候について触れられますが、それはいちじくの季節になぞらえた期待感が込められていますし、また、「これらのことがすべて起こるまでは、この時代が過ぎ去ることは決してありません」（三〇節）と言われており、やはりトーンとしては慌ててはいけないということになります。この点を強調してイエスは「まことに、あなたがたに言います」（三〇節）と述べ、また、「わたしのことばは決して消え去ることがありません」（三一節）と告げて、何がどうなっても恵みの招きに応えて歩む人々は大丈夫だから取り乱してはならないことを語るのです。

そしてイエスは、それに続けて「待っているしもべのたとえ」を語り、終わりの時に向けて落ち着いて備えるとはどういうことなのかについて、さらに具体的なイメージを弟子たちに示しなさるのです。「それはちょうど、旅に出る人のようです。家を離れるとき、しもべたちそれぞれに、仕事を割り当てて責任を持たせ、門番には目を覚ましているように命じます。ですから、目を覚ましていなさい。家の主人がいつ帰って来るのか、夕方なのか、夜中なのか、鶏の鳴くころなのか、明け方なのか、分からないからです。主人が突然帰って来て、あなたがたが眠っているのを見ることがないようにしなさい」（三三〜三六節）。出かけた主人が帰って来る、いつかは分からない、しかし、帰りがいつであっても大丈夫なように備えておかなければならない、という話。主人の帰りとは、人の子の到来としてイエスが語るご自分の再臨のことです（一三・二六〜二七）。緊張感がありますね。けれども、そこで何か特別なことが要求されているわけではありません。任された仕事は日常の事柄です。門番なら、門の番をすることです。ただ大切なのは、手抜きをしないで忠実に行うということです。イエスによれば、これが終わりの時に備える基本姿勢ということです。それは、終わりが近いからと慌てて普段しないような何かをすることではありません。神の恵みに歩む者として私たちが普段していることを、手抜きをしないできちんと忠実になし続けることが求められているのです。家庭のこと、仕事のこと、学校のこと、教会のこと。神の恵みに応える現場での日常を大切にして、そこで誠実に歩むことです。

それならば、恵みに応える日常のこととは何でしょうか。それこそ日常のすべてですから、枚挙に暇がありません。けれども、すべてに共通しているのは、礼拝です。恵みに応える日常は、恵み深い神を崇める礼拝から始まり、礼拝に貫かれ、礼拝に帰着します。生活に必要なものすべては神から恵みとして与えられています。それを感謝して受け取って行われる日常の活動は、恵みに対する応答として献げられるものです。こうした認識と判断と実践は、恵み深い神を崇める礼拝においてのみ、なされ得るものです。主日礼拝は、主であるイエスによって恵みに生きるように招かれたお互いが共に集い、恵み深い神を賛美し、信仰を告白し、神の言葉をいただくのですから、恵みに応える日常の土台とリズムを提供するものです。けれども、そこに出席していればそれでよいかと言えばそうではなく、それに支えられる日毎の祈りの時間が大切で、そこで恵みに生きることが日常においてさらに具体的に開かれていきます。衣食住から人生の進路まで、身近な人間関係から社会の出来事まで、恵みの分かち合いの視点から眺める感性が育ちます。そうやって育まれる祈り心で生活する者たちとして引き上げられていきます。日常が礼拝生活となるということです。

ところが、マルコの福音書一三章でイエスが終わりの事柄について述べている時点で、当時の多くのユダヤ人たちはどうだったでしょうか。確かに、神殿において儀式は行われていました。見かけ上、礼拝っぽいことはなされていました。しかし、その中身はどうだったでしょうか。日常はどうだったでしょうか。神の恵みを覚えて分かち合う姿には程遠く、利権稼ぎ、弱者排除、異邦人憎悪が社会に蔓延し、事もあろうに神殿がその温床になっているという有様。「『わたしの家は、あらゆる民の祈りの家と呼ばれる』と書いてあるではないか。それなのに、おまえたちはそれを『強盗の巣』にしてしまった」（一一・一七）と憤りと悲しみも露わにイエスが述べるとおりです。宮きよめによってイエスが悔い改めを迫っても、神殿の責任者たちは逆恨みし、イエスの殺害計画まで練り始めます（同一八節）。そして、それでも彼らを招くイエスは十字架の道を歩むことになります。まさしく、命がけの愛です。そこまでして、恵みの分かち合いとそこに生まれる平和に生きるように人々を招くのです。

それゆえ、この招きまでも無視したり拒んだりするなら、その帰結は神殿の崩壊だと告げられます。神殿に巣くう民族主義と異邦人憎悪から発生する反乱・戦争の結果、とんでもないしっぺ返しを食らうということです（一三・二、一四～二〇）。礼拝の真意が日常から消えて、恵みの分かち合いの逆方向に進んだ結果がこれだということです。

それゆえ、せめて恵みの招きに応え始めた人々が道を誤ることのないように、イエスは「気をつけて、目を覚ましていなさい」（三三節）と述べて、「待っているしもべのたとえ」を語られるのです。これは紀元一世紀の原始教会にとっても、私たち現代の教会にとっても同じことです。「わたしがあなたがたに言っていることは、すべての人に言っているのです」（三七節）とイエスは語ります。すなわち、終わりの時に向かう今、大切なのは、日常が礼拝生活として恵みの分かち合いに誠実であることなのです。恵みの支配が完成する終わりの時（一三・二六～二七）に備えて、地道であっても礼拝生活を続けること、恵みに生き続けることです。これは決してつまらないルーティーンではありません。喜びの季節（いちじくの季節のごとく）を待ち望む期待感そのものです（二八～二九節）。そのようにして、いつものように礼拝生活に生き、喜びをもって恵みの支配の完成の時に備えたいものです。

主の憐れみで支えられる私たちの備え

いつものように日常の礼拝生活を続けること、私たちをそう歩めるようにしてくれるのは、主なる神の憐れみ以外の何ものでもありません。弱く頼りない私たち、それゆえ、私たちの実力でそうした歩みを全うするのは心許ない感じがします。もちろん、私たち自身がそこを歩んでいくのですが、それは主の憐れみに助けられてのことなのです。したがって、備えとして大切なのは、この主の憐れみを拠り所とするということです。

「ただし、その日、その時がいつなのかは、だれも知りません。天の御使いたちも子も知りません。父だけが知っておられます」（三二節）。気持ちとしてはドキッとする言葉、厳粛な響きがあります。そんな時のためにどう備えたらよいのか、知恵も力も及ばない気がします。そこで、まず認めなければならないのは、「その日、その時がいつなのかは、だれも知りません」ということです。いつなのかは分からない、だから、「気をつけて、目を覚ましていなさい」（三三節）と言われるわけです。それは、具体的には上述のように、日常を礼拝生活として誠実に保つということです。とはいえ、分からないことに備える心許なさは、依然として残っているように思います。

そこで注目したいのは、「子も知りません」という一句。この点についてはイエスご自身でさえも知らないのだ、ということです。知ろうと思えば知れないはずはない立場なのに、知らないという立場に自ら立ってくださっているというのです。これは、知りたくても分からず、それゆえに恐れたり戸惑ったりしがちな私たち人間と一緒にいるために、あえて自分は知らなくてもよいというお心で、その立場に立ってくださっているというへりくだった姿、そして、私たちへの憐れみです。しかも、「父だけが知っておられます」と語り、父なる神の御手の中にあることだから大丈夫だ、私たちは分からなくても安心できるのだと教えてくださいます。この方を父なる神と仰ぐ交わりの心強さは、終わりの時という厳粛な中でも変わることはありません。この方の恵みの招きに応えて歩むならば、それこそが終わりの時の備えであり、まぎれもなく主なる神の憐れみに支えられてのことなのです。

さらに注目したいのは、こうした憐れみを背景に、イエスが「目を覚ましていなさい」と三回繰り返している点です（三三、三五、三七節）。これまでの場面で、イエスの言葉で三回繰り返されていたことと言えば、十字架と復活の予告でした。恵みに招く道は十字架の道になるけれども、死で終わるものではなく復活に至る、それゆえご自身の弟子となってついて来るようにとの勧めです（八・三一〜三八、九・三〇〜三七、一〇・三二〜四五）。これを念押しするように、終わりの時に向けて困難の中を通っても、弟子としての自覚において恵みに生きる日常に「目を覚まして」誠実であるようにとの勧めが語られているのです。そして実際、この後にイエスが十字架に向かう中で最終的に心を決めるゲツセマネの祈りの場面がありますが、お供した弟子たちは、イエスに「目を覚ましていなさい」（一四・三四）と言われたのに居眠りしてしまい、三回にわたってイエスが彼らを起こす様子が記されています（同三七〜四一節）。すなわち、「目を覚ましていなさい」と言われても眠ってしまいがちな者たちに繰り返し注意を促して、備えさせようとする憐れみが示されているのです。

しかしこれは、起こしてもらえるのだから油断して眠ってしまっても構わないという話ではありません。私たちがはっきりと恵みに目覚めて歩むために、イエスは何をしてくださったでしょうか。十字架の死へと赴いて行かれる、ということです。ゲッセマネの祈りの場面で弟子たちを三回起こして「まだ眠って休んでいるのですか」と言われたイエスは、その場で捕らえられて十字架へと進んで行かれます。恵みの招きに対して反応が鈍いようではいけない、はっきりと目覚めて、恵みに応えられない罪深さを認めて悔い改め、恵みの支配に本当に生きるように、との語りかけです。そのためにご自分の命を十字架に献げる、とのお心です。命がけの憐れみです。三回の予告のとおり、イエスは十字架の死へと赴き、また、復活なさり、恵みの招きの確かさを示されます。そこで改めて、「目を覚ましていなさい」と三回繰り返されたイエスの勧めが響いてきます。イエスの弟子として恵みに目覚めて、恵みの分かち合いに自覚的に仕える日常であるようにとの勧めです。ご自身が十字架にまで赴かれた憐れみの深さが、そこを裏づけています。その憐れみの支えの中で恵みに生きる日常を歩むこと、これこそイエスの語る終わりの時への備えなのです。

79　神の国に献ぐ

〈マルコ一四・一～九〉

「過越の祭り、すなわち種なしパンの祭りが二日後に迫っていた。祭司長たちと律法学者たちは、イエスをだまして捕らえ、殺すための良い方法を探していた。彼らは、『祭りの間はやめておこう。民が騒ぎを起こすといけない』と話していた。

さて、イエスがベタニアで、ツァラアトに冒された人シモンの家におられたときのことである。食事をしておられると、ある女の人が、純粋で非常に高価なナルド油の入った小さな壺を持って来て、その壺を割り、イエスの頭に注いだ。すると、何人かの者が憤慨して互いに言った。『何のために、香油をこんなに無駄にしたのか。この香油なら、三百デナリ以上に売れて、貧しい人たちに施しができたのに。』そして、彼女を厳しく責めた。すると、イエスは言われた。『彼女を、するままにさせておきなさい。なぜ困らせるのですか。わたしのために、良いことをしてくれたのです。貧しい人々は、いつもあなたがたと一緒にいます。あなたがたは望むとき、いつでも彼らに良いことをしてあげられます。しかし、わたしは、いつもあなたがたと一緒にいるわけではありません。彼女は、自分にできることをしたのです。埋葬に備えて、わたしのからだに、前もって香油を塗ってくれました。まことに、あなたがたに言います。世界中どこでも、福音が宣べ伝えられるところでは、この人がしたことも、この人の記念として語られます。』」

世界で二つとないほどに貴重な宝物を差し上げる、あるいは、いただくという経験をしたことがありますか。筆者は神学校を卒業する時、一年次の奉仕教会のとある方から愛用のシンセサイザーをいただいた経験があります。もったいないことだなぁと驚きながらも、その方の気持ちなのだと感謝して受け取らせていただきました。贈る側も受け取る側も万感の思いが込められたプレゼントでした。人間同士の贈り物でも、大切な宝物のやり取りには言葉にならないほどの思いが込められるものです。そうであるならば、まして恵み深い神に献げるとき、そこには本来どれほどの思いが込められるものなのでしょうか。私たちは神へのささげ物にどれほどの思いを込めているでしょうか。

献げるという行為は、私たちがなし得る行為の中でも最も高貴なものの一つと言えるでしょう。それは、相手の素晴らしさに圧倒されて引き出される尊敬と感謝の念を示すために、自分の大切な何かを進んで差し出すことです。差し出すとは手放すことですから、犠牲を払うということです。その意味では、痛みを伴うチャレンジングな行為です。けれども、それを超えて余りある喜びがそこにあります。人生の中で、そうさせてもらえるだれかに出会ったとしたら、それはなんと幸いなことでしょうか。そして、その幸いの中でも、生ける真の神に出会うということは、まるで次元の違う究極の豊かさを提供してくれる出来事です。私たちに生命を下さり、恵みで生かしてくださる神に心開くということは、生かされている感謝に始まり、生活に感謝を見いだしていくことであり、先々の心配を超えて、神に委ねて安心に生きることであり、その幸いを周りと分かち合う平和を形づくることです。そこに生きる者とされたならば当然、神の恵みに応えて献げるという行為は自ずと紡ぎ出されていくものです。そして、それは神の恵みの味わいですから、献げる行為に見いだされる幸いはケタ違いと言わなければなりません。その意味で、私たちは献げることに富むお互いでありたく思います。

実にマルコの福音書が記すように、イエスが語る恵みの支配とはそういうことで、イエスはご自身とともにこれが訪れていることを人々に告げ知らせます。「時が満ち、神の国が近づいた。悔い改めて福音を信じなさい」(一・一五)。そして、イエスはご自分について来るようにと語りかけます(同一七節、二・一四)。招きに応え始めた人々は弟子となり、恵みを分かち合う交わりを形づくることに仕えるようにと薫陶を受けていきます。「だれでもわたしに従って来たければ、自分を捨て、自分の十字架を負って、わたしに従って来なさい」(八・三四)。イエスの道は恵みの分かち合いに仕えるしもべの道で、招きを拒む人々をも命をかけて招いていくことのゆえに十字架の道になります。仕えること・献げることに自ら赴いていくのです。それには犠牲が伴いますが、恵みを分かち合う幸いな道であり、払う犠牲に勝る勝利が約束されています。イエスの復活がそれを裏づけます（八・三一、九・三一、一〇・三三～三四）。それゆえに、私たちもイエスに従い、恵みの分かち合いのために仕え、献げていくことができるのです。そのように歩むように私たちは招かれており、また、そう歩むことができるほどに、イエスの招く恵みの支配は真実なのだということです。

恵みの深さに応答する

「過越の祭り、すなわち種なしパンの祭りが二日後に迫っていた。祭司長たちと律法学者たちは、イエスをだまして捕らえ、殺すための良い方法を探していた。彼らは、『祭りの間はやめておこう。民が騒ぎを起こすといけない』と話していた」（一～二節）。この場面、献げるのとは真逆を行く人々の姿から始まります。イエスの招く恵みの道に反発し、悔い改めの迫りに激怒して、イエス殺害を企てる人々の姿です。そもそも、だれかを「だまして捕らえ、殺す」こと自体が献げることの逆なのですが、それだけではなく、彼らの選択と行動は、恵み深い神への感謝も、心配や恐れからの解放も、それゆえの恵みの分かち合いと平和の形成も闇に葬り去ってしまう道に進むことを意味します。彼らが反発していたのは、イエスの招く恵みの支配が異邦人や社会的弱者を含む全体に及ぶものであり、そこに生きるためには悔い改めが必要だということです。彼らは、恵みの分かち合いのために自分の殻を破って仕えること・こだわりを捨てて自分を献げることができず、かえって反発します。それは、神の恵みの招きの逆を行くことですから、これすなわち罪ということです。特に、ここでの祭司長たちや律法学者たちの企てはイエスの宮きよめに直接の端を発するもので、礼拝をささげる場であるはずの神殿が利権稼ぎ、弱者排除、異邦人憎悪の温床と化してしまっているのをイエスが正して悔い改めを迫ったことへの反発です（一一・一八）。つまり、ささげる場でリードする立場の人々がささげることを拒む道に歩み、その正当化のために、ささげる場を取り戻そうとした方を抹殺しようとしているという、実に皮肉な構図が浮かび上がってくるのです。しかも、その企てについて「祭りの間はやめておこう」という判断は「民が騒ぎを起こすといけない」からであり、特別な礼拝をささげるときだからという理由ではありません。本来、過越の祭りこそ、神の恵みを覚えて応答する礼拝をささげるときのはずです。奴隷であった自分たちの先祖を神が憐れんで解放してくださった事実を覚えて、自分たちも憐れみ深い人々として生活していこうと心をささげるときであるはずです。その大切さを思えば、それが理由となって、せめて今はイエス抹殺を思いとどまろうという流れになるはずのところ、そういう意識さえも彼らから抜けてしまっているのです。

さて、こうした皮肉な空気が漂う中、それとは全く対照的に、純粋に献げる一人の女性が登場します。「イエスがベタニアで、ツァラアトに冒された人シモンの家におられたときのことである。食事をしておられると、ある女の人が、純粋で非常に高価なナルド油の入った小さな壺を持って来て、その壺を割り、イエスの頭に注いだ」（三節）。香油を頭に注ぐというのはお客をもてなすマナーの一つで、歓迎と尊敬のしるしです。乾燥した気候ですので、お肌はカサカサ、髪はゴワゴワになりがちなところ、外から来たお客に芳しい香油を差し出し、身も心もリラックスしていただくということです。ただ、この場面ですごいのは、使われた香油が「純粋で非常に高価なナルド油」ということです。ヒマラヤ原産、インド経由の輸入品、価格は三百デナリ以上と見込まれますので（五節）、当時の一年分の給料程度の価値があります。よほど大切な客でないと使うことはないものです。しかし彼女は「その壺を割り」ナルド油を注ぐのです。つまり中身を全部使ったということです。一年分の給料を一気に注ぎ出す行為です。犠牲を顧みず、献げ尽くす姿勢がそこにあります。とはいえ、なんと思い切ったことを、と度肝を抜かれる感じがします。

それゆえ、これを見ていた人々はやはり衝撃を受けます。「すると、何人かの者が憤慨して互いに言った。『何のために、香油をこんなに無駄にしたのか。この香油なら、三百デナリ以上に売れて、貧しい人たちに施しができたのに。』そして、彼女を厳しく責めた」（四〜五節）。確かに彼らが言っていることは、言葉の表面上は正論でしょう。この香油を売って施せば、一家族一年間、それなりに豊かに暮らせそうです。それなのに全部使ってしまうとはもったいない、というのが周りの人々の感想でした。おそらくこのように言ったのはイエスの弟子たちで、以前、イエスがとある資産家に「あなたが持っている物をすべて売り払い、貧しい人たちに与えなさい」（一〇・二一）と言われた出来事を思い出していたのかもしれません。この資産家のケースでは、彼が自分の富に心奪われて、恵み深い神の養いに信頼しきることが妨げられていたから施すように言われたのですが、弟子たちはそれを彼女にも当てはめようとするわけです。それで正論を言ったつもりで、彼女を厳しく責めるのです。

しかし、そんな弟子たちにイエスは言われます。「彼女を、するままにさせておきなさい。なぜ困らせるのですか。わたしのために、良いことをしてくれたのです。貧しい人々は、いつもあなたがたと一緒にいます。あなたがたは望むとき、いつでも彼らに良いことをしてあげられます。しかし、わたしは、いつもあなたがたと一緒にいるわけではありません。彼女は、自分にできることをしたのです」（六〜八節）。表面上、正論のように聞こえることが本当に正論とは限りません。言葉の意味は、だれがだれにどんな状況で述べたのか、総合的に勘案されて成立するものです。この場合、弟子たちは自分たちが出資したのでないものについて口出しして、無駄だと言いきっています。彼女を厳しく責めつつ、施しを強く主張する彼らの心の中には献げるという気持ちがあったのかどうか、逆に問われなければならないでしょう。他人の行為にここまで口出しするとは、何様のつもりなのでしょうか。ナルド油が献げられることで、何か彼らに実害が及ぶのでしょうか。実害というわけではないでしょうが、おそらく彼女は弟子たちの仲間でしょうから、ナルド油を施しに用いさせれば「天に宝を積む」、つまり自分たちのポイントアップになるというような感覚があって、それを不意にされて怒っているのでしょうか。いずれにしても明らかなのは、彼らの感覚は恵みへの応答に全くなっていないということです。イエスが言われるように、「貧しい人々はいつもあなたがたと一緒にいます。あなたがたは望むとき、いつでも彼らに良いことをしてあげられ」るのですから（七節）、恵みへの応答として自分のもの・自分のできることで自ら施しを行うのであれば、実に素晴らしいこと、まさしく献げたということになります。しかし、彼らの思いはそこにありませんでした。ナルド油のささげ物に対する彼らの反応は、恵みへの応答から出たものではありませんでした。それゆえ、彼らの述べる施しとは、ささげ物の話になってはいません。それは良くても、せいぜい義務の話、下手をすると単なる点数稼ぎの話に成り下がります。それはもはや正論でも何でもありません。そこで翻って考えたいのですが、私たちも似たようなことをしてしまっていないでしょうか。

これに対して、弟子たちから責められた彼女は、実際どうだったのでしょうか。イエスは「彼女は、自分にできることをしたのです」（八節）と述べています。そのごとく、彼女はできることを精いっぱいしたのだということが状況から伺えます。現場はベタニアで、「ツァラアトに冒された人シモンの家」でのことです。ヨハネの福音書によれば、彼女もこの家の住人で、この病に冒された人の姉妹マリアのようです（一二・一〜八。ベタニアでの油注ぎの日付のずれは七日目という数字の神学的意味に注目したヨハネの記述法によるもの）。そうだとすると、彼女はツァラアトに冒された人の身内で、それゆえの厳しい社会的差別と貧困を耐え忍ぶ生活の中にあったことになります。ナルドの香油というなけなしの財産を手放せるような状況ではありません。むしろ、どうして彼女はそんな高価なものを持っていたのか、不思議なくらいです。推測ですが、それは家族がツァラアト患者になり貧しくなる以前に自分のものになった宝物で、嫁入りの支度として準備されたものではないかと考えられます。そうだとすると、香油をすべてイエスの頭に注ぐとなれば、それは人生を差し出したに等しいと言えるでしょう。市場価格では三百デナリでしょうが、実際にはそれ以上の、価格で評価できないほど高価なささげ物ということになります。どうして、そこまでのささげ物ができたのでしょうか。それだけイエスの招く恵みの支配が大きかったということです。それ以外に説明のしようがありません。ツァラアトの家族、ひどく苦しんだ我が家に心から寄り添い、神の恵みを示し、恵みを分かち合う豊かさと心強さを味わわせてくださったイエスに精いっぱいの感謝で何か献げさせていただかなくちゃ、という思いです。これは、恵みに対する純粋な応答としての精いっぱいのささげ物なのです。そして、イエスの示す神の恵みは、それを可能にするほどに豊かなのだということです。私たちもまた、実は、それほどの恵みにあずかっていることを自覚する必要があるでしょう。

イエスの献身に引き出される

神の恵みの深さに応答してこその純粋なささげ物ということですが、実は、そこを支えるのはほかでもない主イエスご自身の姿です。まず、主イエスが恵みの招きに献身しておられ、その姿に引き出されて私たちのささげ物があるのだということを、ここで覚えたく思います。

ナルド油を一気に注いで厳しく責められた女性をイエスはかばい、「彼女は、自分にできることをしたのです」と言われます。そして、続けて不思議なことを述べています。「埋葬に備えて、わたしのからだに、前もって香油を塗ってくれました」（八節）。これはどういうことでしょうか。彼女をかばう方便として、イエスが彼女の行動を解釈して述べた作文なのでしょうか。別の言い方をすれば、彼女としては埋葬の準備のつもりはないのに、厳しく責められてかわいそうだから、こうでも言って持ち上げてあげようということなのでしょうか。そこで注目したいのは、用いられた香油の質と量です。ナルドの香油一壺全部、これは単なるもてなしではありません。もてなしならば、髪と顔に塗る程度の量で十分です。そして、用いられたのはナルドの香油です。ナルドの香油でもてなし以外の用途として考えられるのは、イエスが述べるように葬りの備えです。高価な香油を準備できる経済状況ならば、愛する人の葬りに際してナルドの香油を使うことがあったようです。その際には遺体全身に塗るわけですから、一壺一気に使うことになります。なるほど、彼女の行動はこれに当たると見ることができます。彼女自身にそのつもりがあったと考えるべきでしょう。

確かに、この時点でイエスは生きていますから、遺体処理の香油を塗るなんて失礼な感じもしますが、彼女としては、やむにやまれぬ気持ちのほとばしりとしてのささげ物であったのでしょう。そして実際に、これがイエス埋葬の備えになるのです。というのは、この二日後にイエスは捕らえられて十字架刑に処せられ、死んで葬られることになります。日が暮れたら安息日が始まるという事情で、葬り作業を急ぐアリマタヤのヨセフはイエスの遺体を布にはくるみますが、香油を塗る作業まで手が回らずに一応葬りを済ませます。それを女性の弟子たちが見ていて、安息日が明けたら自分たちが香油を塗らせていただこうと準備を整えて墓へ行くのですが、そのときにはイエスはすでに復活しておられ、墓は空っぽ、遺体に香油を塗ることはできなかったわけです(一五・四二〜一六・八)。それゆえ、葬りの三日前にベタニアのシモンの家で香油を注がれたというのが、事実上、イエスにとっての葬りの備えになるのです。そして、それは偶然にそうなったという話ではなく、香油を注いだ彼女にはそのつもりがあったということなのです。

それならば、どうして彼女にそんなことが分かったのでしょうか。なぜ彼女はイエスの死を察知できたのでしょうか。それは、実際にはそんなに難しい話ではありません。イエスは前々からご自分の受難について弟子たちに告げてこられました(八・三一、九・三一、一〇・三二〜三四)。彼女はそれをきちんと聞いていたということです。弟子たちも聞いていたはずですが、受けとめることが全然できておらず、かなり勘違いしていました。しかし、聞く耳を持っていれば理解できたはずですし、特にイエスによる宮きよめ以降、周囲に不穏な空気が流れていたでしょうし、ユダヤ人の感覚からすれば当然ただでは済まされないことは容易に想像ができます。イエスが命をかけて人々を招き、死に赴かれることは、分かる人には分かるという状況です。そうなってほしくないというのが人情ですが、イエスご自身が使命をもってその道を歩むと語ります。そうであるなら、間もなくイエスは死んで葬られるのだと分かるというわけです。それで、彼女はナルド油を葬りへの備えとしてイエスに献げたのです。主よ、いよいよ行かれるのですね、という万感の思いの表れです。

しかしながら、これは、彼女が先に悟って先手を打って献げたということではありません。そうではなく、先にイエスご自身がご自分の命を献げた、それに引き出されて彼女も献げたということなのです。ツァラアト患者のいる家庭でひどく差別されて貧困にあえぐ、そんな自分たちに心から寄り添い、わざわざ家にまで来て、神の恵みの支配を分かち合ってくださったという、それだけでも命がけのささげ物です。しかし、それだけではありません。イエスはすべての人々を命がけで恵みの道に招きます。招きを拒む人々をもあきらめないで、そのただ中で招き続けます。命のリスクを冒して、それでも招き続けるのです。何としても恵みに立ち返ってほしいとの一心で、拒む人々の罪を背負って死へと赴かれるのです。これを献身と言わずに何と言うのでしょうか。彼女はこのイエスの姿勢を見て、恵みに歩むように招かれた自分も、イエスの心に応えて何か献げさせていただきたいという思いでナルド油をイエスに注いだのです。それゆえ、これはイエスの献身が引き出した出来事であり、すべてのささげ物の真髄を示すものと言ってよいでしょう。私たちを恵みに招いてやまないイエスの献身の姿、これによって私たちのささげ物は引き出されてくるのです。ということは、私たちのささげ物は、すればいいという程度のものではありません。私たちをも招くべく命を捨てたイエスの献身に応えて、自分ができることを精いっぱいするということです。「自分にできることをしたのです」（八節）とのイエスの言葉は、手抜きの口実にはなりません。彼女はナルド油の壺を割ったのです。私たちのささげ物も、イエスの献身に応えるものとしてふさわしくなければなりません。

そして、イエスはそのようにして献げる人の心をよく理解し、思いを汲み取ってくださる方です。イエスご自身が命を献げた方ですから、献げる者の心を背景に至るまで知っていてくださいます。この場面でも、献げた彼女の心と事情をすべてご承知で、叱責する弟子たちから彼女を守ってくださったのです（六節）。イエスはそういう方です。それゆえ、私たちがささげ物をするときも、その思いと事情の一切をご承知くださるのです。それゆえ、献げてよかったと言うことができますし、なおも献げる者とされるのです。

実に、教会の歴史は、そのようにして献げる人々の手によって形づくられていくのです。「まことに、あなたがたに言います。世界中どこでも、福音が宣べ伝えられるところでは、この人がしたことも、この人の記念として語られます」（九節）とイエスは言われます。確かにこれは、神の国の福音に殉じて死んで葬られたイエスが復活したことが語られる際に、葬りの備えとしての香油注ぎ（キリスト＝油注がれた方）も出来事として語られるということとなのですが、「この人の記念として」という以上は、彼女のささげ物という観点が強調されなければならないでしょう。福音が宣べ伝えられるとき、情報としての教義とともに、イエスとの出会いがどんな行動を生み出すのか、生活における応答に焦点が当たらなければなりません。恵みの道に命がけで招いてくださったイエスこそ主なるキリスト・救い主と伝えられ、告白されるということは、その招きとイエスの献身の姿に応えて彼女のように献げる人々が起こされていくということです。それが、真に教会の歴史を紡ぎ出していくのです。あなたが所属している教会も、そうしたささげ物で成立しているのではありませんか。それならば、その一員であるあなたは、同じくささげ物でもって教会を形づくることに誠実に歩んでいるでしょうか。

80　裏切りの中での神の国

〈マルコ一四・一〇〜一一〉

「さて、十二人の一人であるイスカリオテのユダは、祭司長たちのところへ行った。イエスを引き渡すためであった。彼らはそれを聞いて喜び、金を与える約束をした。そこでユダは、どうすればイエスをうまく引き渡せるかと、その機をうかがっていた。」

裏切りという言葉には衝撃的な響きがありますが、実際には裏切りと称される出来事にも様々なケースがあります。狙ってだまし討ちにするケース、成り行きで結局そういうことになったケース、そのつもりはなく筋を通した結果そうなったケース……。

聖書の中で裏切り者の代名詞のようにして登場するイスカリオテのユダの場合はどうでしょうか。マルコの福音書でも「このユダがイエスを裏切ったのである」（三・一九）と、十二弟子としての任命早々に紹介されていますから、そのレッテル致し方なしという気もします。この「裏切る」と訳されている動詞は原語でパラディドーミで、引き渡すという意味も持っており、まさしくユダのしたことはイエスを敵に引き渡すことですから、そのものズバりということになります。ちなみにこの言葉、「傍らに（パラ）与える（ディドーミ）」ということで引き渡すという意味ですが、もう一つのイメージとしては、採るべき選択肢を傍らに手放して別方向へということで、二心のイメージと言えばよいでしょうか。イエスに従う明確な道があるのにそれを横に置き、結局は別の道に進むという姿です。そこにどれほどの意志や計画性があるかにかかわらず結果的に二心になる、これは私たちも他人事でなく採られることがあるのではないでしょうか。

イエスが招く恵みの道は明快です。「時が満ち、神の国が近づいた。悔い改めて福音を信じなさい」（一・一五）。ご自分とともに訪れている神の恵みの支配に応答して、恵みの事実に心を向け直し（悔い改め）、そこに招かれているという良き知らせ（福音）に信頼を寄せて歩み始めること（信仰）が語られます。そのために「わたしについて来なさい」（一・一七、二・一四）と人々に声をかけなさるのです。それで、ついて行き始めた人々はイエスの弟子となり、恵みの支配の力強さをイエスの間近で経験します。病める人が癒やされ、絶望していた人に希望が与えられ、疎外されていた人が社会復帰し、孤独な人が交わりの中に見いだされます。恵みに心を向け直すとき、感謝と安心が生活を支え、平和が生まれることを経験するのです。しかし、弟子たちはこのように恵みの道の力強さを経験しながらも、大切なことが分かっておらず、むしろ、世間一般のメシア待望の潮流にあって対ローマ革命のヒーロー像をイエスに投影して妄想する勘違いをやらかします。恵みを分かち合う交わりに仕えるよりも自分の地位や名誉、影響力や実績を気にして相争う姿です。しかし、イエスはそのたびに忍耐をもって彼らを薫陶し、弟子の道とは恵みの招きに命を献げる道であると語り、自ら十字架の道をたどって行かれます。すなわち、恵みの招きが悔い改めの迫りを含むゆえに人々に拒まれても、なおも彼らを招き続けます。そして、弟子たちにもついて来るようにと語るのです（八・三一〜三八、九・三一〜三七、一〇・三二〜四五）。弟子たちとしては、自分たちのメシア像とかみ合わず、周囲は危険で不穏な空気が濃くなってくるという状況で、それでもイエスについて行けるかという深刻なチャレンジに直面することになります。そんな中で、イエス抹殺を企む人々と内通する裏切りが発生します。イスカリオテのユダです。しかしイエスは、そういうことが起きつつある中でも、恵みに歩むように、ご自身について来るようにと、弟子たちをはじめすべての人々を招き続けたのです。具体的に何を裏切りと呼ぼうが、そんなただ中にもイエスはおられ、恵みに招いてやまない方なのです。

引き渡しへと身を任せるイエス

自分が裏切られると察知したとき、あなたならどうしますか。おそらく、裏切りが実行されるのを事前に回避するために、疑わしい人を問い詰めるとか、監視体制を強化するとか、何か策を講じるはずです。しかし、イエスは裏切りを察知しても、対策らしいことは何もしません。そういうことが起きる人間の現実を照らすため、そして、そういう現実の中にご自身が来られたことを示すためです。恵みの招きに一時的に惹きつけられたにせよ、何か気に入らないと簡単にそれを手放してしまう、そんな人間の姿があぶり出されます。そういう人間の世界にイエスは来られたのだということです。

「さて、十二人の一人であるイスカリオテのユダは、祭司長たちのところへ行った。イエスを引き渡すためであった。彼らはそれを聞いて喜び、金を与える約束をした。そこでユダは、どうすればイエスをうまく引き渡せるかと、その機をうかがっていた」（一〇～一一節）。どうしてユダがこうした行動を取ったのか、諸事情や心情まで含めて捉えようとすると話がややこしくなります。ユダ自身も罠にはめられたのか、不可抗力だったのか、明確な裏切りの意図と自覚があったのか、はっきりとはわかりません。ただ明らかなのは、ユダは十二弟子の一人、すなわち、多くの弟子たちの核となる側近で、神の民を象徴する数字である十二を構成する者としてイエスが真剣に任命した一人だということ（三・一三～一九）、そして、マルコの福音書において、この時点に至るまでユダ個人への言及はなかったということです。つまりユダは、少なくとも十二弟子の一人として行動し、その意味ではガリラヤで活動を始めた初期の頃よりイエスについて来ていたということです。心情として何を思っていたのかは別にして、ユダも他の弟子たちと共にガリラヤ湖の嵐を静めたイエスに驚き（四・三三～四一）、他の弟子と二人一組で神の国の宣教に遣わされ（六・七～一三）、イエスが分け与えるパンを五千人以上の人々に配り（同三二～四四節）、「あなたはキリストです」とのペテロの告白を聞き（八・二七～二九）、子ろばに乗って都に入城するイエスと共に大歓声で迎えられたわけです（一二・一～一二）。それゆえに、このところに来てイエス殺害を企てる人々に（一四・一）イエスを引き渡す話を持ちかけるなど、周りの人々からすれば唐突に思えます。何より十二弟子の一人であった者としては信じがたい行動であることは確かで、その意味では裏切り行為と言わなければならないでしょう。

しかしながら、こういう暴挙に出たユダにはユダなりの理由があるはずです。少なくともその時点のユダの中には、何らかの筋が通った予測なり、ストーリーなりがあったと考えられます。何もユダの肩を持って情状酌量を求めているのではありませんが、単純に彼だけを悪人呼ばわりするのはどうか、むしろ、彼の行動から考えを推し量り、それによって自分はどうなのかと読者である私たちが自身に問うべきところではないかと思うのです。

そこで、この暴挙に出たユダ自身としての理由は何であったのか、最も確からしい推測を求めるならば、当時の世間一般におけるメシア待望の風潮を理解しておくべきでしょう。ローマ帝国の圧政を覆す革命のヒーローというイメージです。それがどのように登場するのか、また、そのためにはどのような準備が必要かということについては、サドカイ系から熱心党まで様々な立場がありますが、ともかく一般的にこうした風潮の中でユダも例外なく生きていたわけです。そして、そんな中でイエスに招かれ、弟子としてついて行くようになります。もちろん、ついて行きながら、イエスの招く恵みの支配は一般的なメシア像における国家観とは異なることを感じ取っていたでしょう。しかし同時に、イエスの力あるみわざの数々に感服し、この方が対ローマ革命の旗を揚げて先頭に立ってくれたらうまくいくのではないかとの歪んだ期待感を持っていたでしょう。成功の暁には側近の自分たちは高い地位に就けるとの野望は、弟子たち相互の中にくすぶっていたようです（九・三四、一〇・三五〜四一）。強弱の差こそあれ、イエスが革命の旗を揚げるのはいつかという期待があったでしょう。そして、おそらくユダにはこの気持ちが強かったのでは、と考えられます。ところが、イエスにその気配は全くありません。むしろ、ご自分の受難について語り、十字架の道を歩むようにと薫陶なさいます（八・三一〜三八、九・三一〜三七、一〇・三二〜四五）。しかし、そんな中、いよいよ都に入城、イエス一行は群衆の大歓声で迎えられます。さあ、旗揚げのチャンス到来と意気込むところ、イエスはあっさりとベタニアに引き揚げてしまいます（一一・一〜一一）。翌日、再び都の神殿にて人々の注目を集めるパフォーマンス、今こそ旗揚げの時と意気込むも、イエスはそれらしいことを何もせず、やはりベタニアに引き揚げてしまいます（同一五〜一九節）。しかも、そこでは埋葬の準備ということまで言い出したのですから（一四・三〜九）、ユダの中では期待が外されていくイライラ感が頂点に達していたでしょう。これでは自分の理想とするシナリオのようにはいかなくなってしまう、ならば少々無理があっても旗揚げせざるを得ない状況にイエスを追い込めば事態が動くのではないか、と考えて仕組んだのが、「イエスを引き渡す」（一〇節）ことだったと考えられるのです。単なる期待外れの失望感ということならば、自分が弟子仲間から離脱すれば済むことですが、そうせずにイエスを引き渡す選択をしたことには、事を動かそうという意図が垣間見えます。引き渡したところでイエスが旗を揚げれば、敵対者はみな怖気づくだろうと予想して。

それゆえ、ユダの中ではイエスを裏切っているつもりはなかったのかもしれません。しかし、再三にわたって、イエスは弟子たちの思考回路の軌道修正を図り、世間一般のメシア像とご自分の道とは異なることを示し、弟子たちにも十字架を負って従うことを語ってきたわけですから、そのお心に対する裏切りであることに違いありません。むしろ、気をつけなければならないのは、自覚なしに裏切っているケースがあるのだということです。実際、ユダがしたのはイエスを引き渡すということで、それはイエスが招いた恵みの道を自分から手放すことを意味しており、また、恵みの道に招くイエス以上に自分の判断を優先することを意味します。従う立場である弟子のすることではありません。さらに言えば、ユダはイエスの招きを捨てて世間一般のメシア像を選び、自分の理想のシナリオのためにイエスを利用しようとした、あるいは、理想とする枠組みにイエスを押し込もうとしたことになります。このあたりのことは私たちにとっても微妙に当てはまり、探られるところがあるのではないでしょうか。イエスが弱者の友であられることは間違いありませんが、弱者の立場を利用して利権稼ぎ的なあり方を正当化するのはどうかということでしょうし、神が憐れみ深いのは確かですが、だから何でも赦してもらえると、たかを括るのはどうかという話でしょう。裏切りは知らず知らずに忍び寄ってくるものです。

しかも、ユダの場合、自分のシナリオを押し通すためであれば、相矛盾するシナリオに生きている人々を利用しさえします。イエスを祭司長たちに引き渡す取引を企てるのです。ユダはイエスに旗揚げしてほしいと考えていたのであって、イエスに死んでほしいと思っていたわけではありません。イエスが憎くて潰してやろうと思っていたわけではありません。ところが、ユダの取引相手である祭司長たちは、イエス殺害を秘密裏に企てていた人々です（一四・一）。その意味で路線が違う人々ですが、この際、利用価値があると考えて結託を試みたということです。自分のシナリオに利用できるならばイエスが招く恵みの道を拒む要素とも手を結んでしまうというあたりにも、私たちの心が探られる点はないでしょうか。

さて、こうした裏切りが進行する中で、イエスはどうしていたでしょうか。この動きに対して、イエスは特に何かをしているわけではありません。知らなかったのでしょうか。いや、そんなはずはありません。以前から「人の子は人々の手に引き渡され、殺される」（九・三一）と弟子たちに告知していましたから、その時が近づいていることは百も承知です。それなのに、特に対策を立てるでもなく、成るように任せるという姿勢です。なぜでしょうか。恵みの招きに対してこのように動いてしまう人間の現実を露わにするためです。告知しておいて、案の定そうなっていく様子を事実として見せていき、人間の罪の醜さを照らし出すためです。しかしそれは、人間を責め立てる告発書というよりも、罪の病巣を明らかにするC

Tスキャンのようなものでしょう。そして、イエスはまさしく人間の罪の病巣のただ中に来られて、そこからの癒やしの処方箋として自らの命をかけて恵みの招きを続けるのです。引き渡されると知りながら身を任せ、人間の罪を背負って犠牲となり、罪深い人間のために命を献げてまで招きなさるという姿です。あなたはこれにどう応えますか。

引き渡しのただ中へと自ら赴くイエス

イエスは確かにユダの裏切りに身を任せておられますが、それは単純な成り行き任せではありません。その様子をよく見ると、引き渡しの現場へと自ら赴くイエスの姿がそこにあります。裏切る者をも招いてやまない憐れみの深さがそこに示されています。

だれかを裏切り陥れる企みは、通常、実行の時まで首謀者たちだけの秘密にしておかれるものです。この場合も同じです。しかしながら、その思惑どおりに計画を隠すことができていたのでしょうか。先述のとおり、イエスはご自分が引き渡されることをご承知であり、弟子たちに告知しておられました。すなわち、ユダの様子にそうした要素が具体的に出てくる以前から、イエスは起ころうとしていることを見越したうえでそれを受けとめ、ユダを含む弟子たちに語りかけ、いつの日か彼らが本当に恵みの道に歩むことができるように招いておられたということです。深い憐れみですね。それゆえ、イエスは起こりくることを承知で身を任せただけでなく、自発的に引き渡しの事実に向き合っていたということなのです。

ゆえに、続きを読んでいくと、引き渡しの首謀者となるユダが秘密にしているはずの企みも、実はイエスには完全にばれており、それでもイエスはその企みどおりに自らも進んで行かれるのが分かります。「そして、彼らが席に着いて食事をしているとき、イエスは言われた。『まことに、あなたがたに言います。あなたがたのうちの一人で、わたしと一緒に食事をしている者が、わたしを裏切ります。』弟子たちは悲しくなり、次々にイエスに言い始めた。『まさか私ではないでしょう。』イエスは言われた。『十二人の一人で、わたしと一緒に手を鉢に浸している者です』」（一四・一八～二〇）。そして、もちろん結果がどうなるのかも織り込み済みです。祭司長、長老たちの手に引き渡され、苦しみを受け、異邦人の手に渡されて処刑されるということです（八・三一、九・三一、一〇・三三～三四）。そうなっていくのは分かっているというだけでなく、自らそこへと進んで行かれるのです。

しかも、その進み方は、イエスが彼らの計画に合わせていくというよりも、深い部分ではイエスご自身のほうでタイミングや場所をしっかりコントロールして事柄を進めるという形になっています。エルサレム入城以来、イエスは昼間エルサレムに出勤、夜間はベタニヤに滞在という行動を繰り返します（一一・一一～一二、一九、二七）。群衆が騒ぎを起こすとローマ軍が鎮圧に出動して神殿が侵害される、これを恐れた祭司長や長老たちは昼間にはイエスに手出しができません（同一八節、一二・一二）。ところが、過越の食事の晩、同じ理由で祭司長たちが祭りの間はイエス捕縛を見送ろうとしていたところ（一四・一～二）、この晩に限って、イエスはエルサレムに残り（同一二～一三節）、さらに他人の気配のないゲッセマネの園に少人数で出かけて、身柄引き渡しの機会を自ら作られるのです（同三二～五〇節）。ユダが機会を狙ったように見えて、本当はイエスが時も場所もコントロールし、引き渡しの現場へと出向いたということです。ユダが狙っているようで、実はイエスが狙っていたのです。その狙いは何だったのでしょうか。恵みの招きを引き渡してしまう人間の罪を露わにしつつ、その結果を自らが背負うためです。そのためにイエスが出向いたのはどこでしょうか。罪の渦巻くただ中へ、裏切りの現場へ、そして十字架の死へと出向いて行かれたのです。ユダを含むすべての人々が自らの罪を認めて悔い改め、恵みに生き直すことを望んで、イエスは進んで行かれたのです。この命がけの招きは、同じく私たちにも向けられています。あなたはそれに真摯に応えているでしょうか。

81　神の子羊イエス

〈マルコ一四・一二〜一六〉

「種なしパンの祭りの最初の日、すなわち、過越の子羊を屠る日、弟子たちはイエスに言った。『過越の食事ができるように、私たちは、どこへ行って用意をしましょうか。』イエスは、こう言って弟子のうち二人を遣わされた。『都に入りなさい。すると、水がめを運んでいる人に出会います。その人について行きなさい。そして、彼が入って行く家の主人に、「弟子たちと一緒に過越の食事をする、わたしの客間はどこかと先生が言っております」と言いなさい。すると、その主人自ら、席が整えられて用意のできた二階の大広間を見せてくれます。そこでわたしたちのために用意をしなさい。』弟子たちが出かけて行って都に入ると、イエスが彼らに言われたとおりであった。それで、彼らは過越の用意をした。」

子羊にどんなイメージを持ちますか。おとなしい小さな草食動物ですね。かわいいとか、か弱いとか、そんなイメージがあるでしょうか。聖書においても、人を羊にたとえる場合などは、ある意味でそんなイメージを共有しているところがあります。加えて、臆病とか迷いやすいといったイメージもあり、神の目に人はどう映るのかを、羊の特徴の幾つかを捉えて示していると言えるでしょう。

ところが同じ聖書でも、また別の意味合いで子羊のイメージが用いられることがあります。古代カナン（ユダヤ・パレスティナ）地域においては、契約を結ぶ場面で子羊を用いることが多く、契約を結ぶ両者が子羊をいけにえとして屠り、その肉を食することで同じ契約に参与したことを確認し、また、契約を破った場合にはいけにえと同じ仕打ちに遭うことにサインしたと受けとめます。したがって、そういう場面では、子羊とはいえ厳粛なイメージを持ちます。

そうした感覚を持つ古代の人々に対して、神は分かりやすくみ旨を示すために、ご自分の民となる契約を結ぶ際にいけにえを屠り共に食するという方法をお用いになりました。その典型とも言えるのが出エジプトにおける過越の出来事でしょう。エジプトで奴隷として苦しめられていたイスラエルの民を解放し、憐れみ深いご自身の民としてくださるために契約を結ぶというアクションです。子羊の犠牲の上に成立する正式の契約を神ご自身と結ばせていただけるという深い恩寵の経験です（出エジプト一二・一〜二八）。しかし、契約における罰則規定の責任を身に負うことも暗黙の了解とされる文化です。子羊の犠牲は、そのことも指し示すものと見なされます。それだけ強い神との絆を与えられたというメッセージになります。ところが事実上、残念ながら神との契約は破られてしまい、話の上では契約を破った人間が犠牲の子羊と同じことになるべきところ、憐れみ深い神は契約更新の手立てとして罪のためのいけにえというシステムを準備し、人々が再び神と契約を結び直すことができるようにしてくださったというのが旧約聖書の礼拝の形が示すところです。神ご自身が人々の契約違反の責任と痛みを負い、契約更新の手続きまであらかじめ備えてくださったということです。そして、そこを踏まえて新約聖書は、旧約聖書における子羊の犠牲の意味するところを実際にシステム以上の歴史的事実として示したのが主イエスであると語り、この方こそ神の子羊と呼ぶのです（ヨハネ一・二九、Ⅰペテロ一・一九、默示五・六、一二）。

この役目を自覚しつつ、イエスは十字架の道を歩まれます。もちろん、イエスの語る十字架の道は、マルコの福音書の強調するところでは、人々が恵みを分かち合う交わりに弟子として仕えていくことで、各自、自分の十字架を負って従って来るようにと語られるものです（八・三四）。「わたしについて来なさい」と弟子たちに語りかけるイエスご自身は、恵みを分かち合う交わりに人々を招いてやまない方です。招きを拒む人々をも招き続けるので、それは受難の道となり、イエスは現実に十字架の道へと進んで行かれます（同三一節、九・三一、一〇・三二～三四）。ところが、従って来ていた弟子たちは不穏な空気を感じ、また世間的なメシア待望の影響下にある自分たちの理想や野望とイエスの道が異なっていることを目の当たりにし、ついて行くのに困難を覚え始めます。その中には、拒んで殺意を抱く人々にイエスを引き渡そうと、裏切りを画策する者まで出てきます（一四・一〇〜一一）。このように、せっかくの恵みの招きに対して、結局そういったお返ししかできないという姿は、人間の罪深さがいかなるものかをはっきりと映し出すことになります。神の恵みの事実を感謝して分かち合うよりも、分かち合いを拒むわがままと了見の狭さ、そして、それを正当化する傲慢を優先・選択し、恵みに招く方を拒む、あるいは、従えなくなるという姿です。そして、これを背負って予告どおり十字架へと進んで行かれるイエスは、罪のためのいけにえとなり契約更新の道を拓く子羊さながら、否、それが指し示す本体として、ご自分の命を賭して罪人たちを恵みの道に招く神の子羊なのです。この方のゆえに、私たち罪深い者たちも恵みの招きに生き直す契約更新へと導かれ、悔い改めて、恵みを分かち合う交わりに仕える弟子として歩み始めることができるのです。

恵みの歩みへと解き放ついけにえ

「種なしパンの祭りの最初の日、すなわち、過越の子羊を屠る日、弟子たちはイエスに言った。『過越の食事ができるように、私たちは、どこへ行って用意をしましょうか』」（一二節）。過越の祝いの準備をする日のことです。日没から一日が始まるユダヤの暦では、正確には過越の子羊を屠るのは翌日になるのですが、ここでは前倒しするように、あるいは先取りする形で祭りの準備の日を祭りの最初の日と記しています。イエスのみわざは予告どおりに進むことを暗に示しているのでしょう。確かにイエスはこの翌日、祭司長や長老たちの手に渡され、苦しめられ、屠られる子羊さながら十字架で血を流し、命を捨てることになります。そもそもイエスは神殿を司る祭司長や長老たちから厳しくマークされていましたが（三・二二）、利権稼ぎ、弱者排除、異邦人憎悪の温床と化した神殿の様子を批判して人々に悔い改めを迫った宮きよめ以来、イエス殺害の計画が具体的になり（一一・一八、一二・一二、一四・一～二）、弟子たちの中からも内通者が出て、機会をうかがう状況にありました（一四・一〇～一一）。まさしく、その時が迫っていたわけです。

こうした緊迫した状況を念頭にこの箇所を読むと、興味深いことが見えてきます。まず、過越の準備についてですが、過越の祭りはユダヤ人にとって大切な記念日です。だから、その準備はきちんと行うのが普通です。ところが、イエスと弟子たちは当日になっても祝いの食事をする場所さえ決まっていない様子で、段取りの悪さに一言でも言いたくなるような感じです。ちなみに、これで筆者が思い出すのは、シカゴで出会ったユダヤ人一家の過越の祝いの様子です。かなり世俗化した（？）ユダヤ人一家で、過越の祝いの段取りが分からずネットで調べながら行っており、そんなことで大丈夫なのかと他人事ながら思った次第でした。イエスと弟子たちの場合、それとは話が違いますが、当日になっても会場すら決まっていないというのはどうよ、と思ってしまうところです。もちろん、過越の大切さを見失っていたわけではありません。ここで考えられるのは、当日までイエスが指示を出さなかったということです。状況から言って順当に思えるのは、ベタニアの滞在先で過越を祝う予定とすることでしょう。ここ数日、イエスはベタニアに宿泊しながら、昼間はエルサレムに出勤するという生活をしていました。だから過越の晩餐もベタニアで、となりそうなところ、イエスは一向に指示しません。緊迫した空気の中、弟子たちは聞くに聞けず、ついに当日になって弟子たちのほうから指示を求めたというわけです。

しかしながら、なぜイエスは当日まで黙っていたのでしょうか。一つ言えることとは、ご自分が引き渡されるタイミングとしてふさわしいのは過越の夜以外にあり得ないとイエスが考えておられたということです。イエス殺害を目論む人々は群衆が騒ぐのを回避したいと考えていましたから、やはり夜の闇に紛れて秘密裏にイエスを捕らえるのがよいと機会を狙っていたに違いありません。ただ、過越の祭りの間に事を起こせば群衆が騒ぐ可能性が高いので、「祭りの間はやめておこう」（同二節）と相談していたわけです。ところが、イエスとしては引き渡されるなら祭りの間、否、過越の子羊が屠られる夜でなければならないと考えておられ、その夜だけは引き渡されるための千載一遇のチャンスを彼らにお与えになったのです。このところ夜はベタニアに引き揚げていたイエスが、その夜はエルサレムに残り、過越の食事をすると言います（一三〜一五節）。つまり、夜半頃まではエルサレムにいることが確実になります。イエスを引き渡す機会を狙っていたイスカリオテのユダは、夜にはベタニアに引き揚げるイエスに焦らされていたはずです。しかし、この夜はエルサレムにいるとの情報をやっと掴み、最大のチャンスとばかりに動いたのでしょう。ユダに急かされて、「祭りの間はやめておこう」と言っていた祭司長たちも作戦実行に腰を上げたという様子が見て取れます。つまり、イエスが時を見計らって暗に事を動かしておられたということなのです。

それならば、なぜイエスはご自分が引き渡されるのに過越の夜を狙ったのでしょうか。これは、紛れもなく、過越の出来事とご自分の受難を結びつけるため、否、過越の出来事の本当の意味はご自分の受難において果たされることを示すためです。過越とは、上述のように、古の日、エジプトで奴隷であったイスラエルの民をその苦役から解放し、憐れみ深い神ご自身のものとしてくださるために、神がイスラエルの民と子羊のいけにえでもって契約を結んだ出来事のことです。苦役からの解放といっても、不当な重労働だけでなく、奴隷の反乱を恐れるエジプトの奴隷人口抑制策、早い話が幼児大量虐殺という残虐甚だしい状況からの解放です。それは単純に夜逃げのようにして去って行ければよいということではなく、そうした罪深い残虐な社会は神の恵みを無視しており、神のみこころに反していることが明確に示され、真の神は憐れみ深い方で、ご自身に助けを求める弱者を救いたもうことが明らかにされなければなりません。それゆえに、過越のいけにえで契約を結ぶ以前に、そこに至るプロセスを念入りに踏み、当時の残酷で傲慢なエジプト社会の誇りとするものが一つ一つ退けられて、真の神がどんな方かが明示されなければなりません（出エジプト七・一〜一〇・二九）。そのうえで、この方と契約を結ぶのだ、この方のものとなって恵みに生きる人々になるのだということが受けとめられてこそ、過越の意味が実を結ぶことになるのです。子羊の血がしるしとなってエジプトと区別され、恵みに生きる人々の長子となるべく贖われて（犠牲によって買い戻されて）、贖ってくださった神と契約を結んで恵みに生きるということです（同一一・一～一二・四二）。イエスはこの過越の意味とご自分の受難を結びつけ、ご自分こそ過越の意味するところを満たす者、過越の子羊のごとくにその命を犠牲として献げ、恵みに歩む人々を贖い出す者であると示されたのです。

イエスが招く恵みの道にあからさまに反抗する祭司長や長老たちも、あるいは、表向きは関心を向けつつ肝心なところを避けていく群衆も、また、ついて行くつもりで結局はついて行けなくなってしまう弟子たちも、恵みに歩むことを退ける罪の力の奴隷となっており、そこからの解放を必要としています。恵みの歩みに進めるように自由にされる必要があります。そして、これは私たちとて同じことです。人が罪の奴隷から恵みに生きる自由へと解き放たれなければなりません。そのためには罪の力に打ち勝った事実が人の世に打ち立てられなければなりません。そこで、過越のいけにえを通して神の力の勝利が示されたように、イエスは自らの命を献げる十字架の道をたどり、恵みを拒む罪の力に対しご自身の勝利を明らかにして、罪の奴隷であった私たちを恵みに生きる自由へと解き放つ道を拓いてくださったのです。十字架の死の脅かしにも屈することなく、むしろ自らの命を献げつつ、恵みを拒んで脅かす人々をも招く姿勢を示されます。決して屈することのない恵みの招きの力を明らかにし、さらに、そこを決定的とすべく死の力も打ち破って予告のごとくに復活されるのです（八・三一、九・三一、一〇・三二〜三四）。この力ある恵みの招きに応える者は、罪の力・死の力の縛りから解き放たれて、その眼前に恵みに生きる自由への道が開かれるのです。そして、恵みに生きる自由へと買い取ってくださった神との契約に生きる歩みが始まります。この道を開くために、イエスは自らを十字架でいけにえとして献げられたのです。過越のいけにえの血が解放のしるしとなったように、イエスの十字架の犠牲は、その招きを受け取る者にとって解放のしるしとなるのです。あなたはこの招きを受け取っておられますか。

神の民のために自らを犠牲にする愛

「都に入りなさい。すると、水がめを運んでいる人に出会います。その人について行きなさい。そして、彼が入って行く家の主人に、『弟子たちと一緒に過越の食事をする、わたしの客間はどこかと先生が言っております』と言いなさい。すると、その主人自ら、席が整えられて用意のできた二階の大広間を見せてくれます。そこでわたしたちために用意をしなさい」（一三〜一五節）。弟子たちは過越の当日まで会場の場所すら分からず、祝いの準備が全くできていませんでした。どうすればよいのか、やきもきしていた弟子たちを横目に、イエスご自身はこのあとどうするのかが分かっていました。それでイエスはこのような指示を出し、それに弟子たちが従うと、すでに手を回して話をつけていたのかと思うほど、順調に準備が進むことになります。「弟子たちが出かけて行って都に入ると、イエスが彼らに言われたとおりであった。それで、彼らは過越の準備をした」（一六節）。

もちろん、これはイエスが弟子たちに秘密でサプライズ・パーティーよろしく黙々と裏で準備していたなんて話ではありません。「都に入りなさい」とイエスが述べた時点で、一行は都の門の外にいたことになります。なので、都に入ると水がめを運んでいる人がいて、その人が入って行く家に準備がされているなんて、そんなタイミングを仕組むのは困難です。やはり、イエスは先を見通しておられたということになります。似たようなことは、数日前に子ろばに乗って都に入る場面でもありました。向こうの村にだれも乗せたことのない子ろばがいる、そして、つながれている縄を解こうとして見とがめられても、「主がお入り用なのです」と言えば貸してもらえるとイエスが述べて、弟子たちが行ってみると本当にそうだったという出来事です（一一・一〜六）。村外れに中小の輸送業者の家畜小屋があることは珍しくないことですし、そうした業者の中にイエスの言葉に素直に応える人々がいても不思議ではありませんが、そこにだれも乗ったことのない子ろばがいると知っているのはさすがに先を見通していると言わざるを得ません。つまり、イエスはあらかじめ先を見通して語ることのできる方であり、語られたことはそのとおりになるということです。

そうだとすれば、今まで再三にわたり語ってこられたご自分の受難と死、そして復活は、予告のとおりに実現するということなのです（八・三一、九・三一、一〇・三二〜三四）。また、逆に言えば、イエスはあらかじめ分かっていながら敢えてその道へと進んで行かれるということです。これは並の意志ではありません。ご自分が過越のいけにえのごとくに十字架で血を流して命を献げると分かっていて、そちらに歩みを進めるという覚悟です。さらに上述のように、イエスは状況をコントロールして、まさしく自らをいけにえとして献げるべく過越の夜に照準を定め、ご自分が引き渡される機会を設定されるのです。

このように、イエスが自らをいけにえとして献げなさるのは、古の日、過越の子羊のいけにえによって奴隷の民が解放されて、恵みに生きる民として神との契約に入れられたごとくに、罪の力・死の力の奴隷であった私たちが解放されて、恵みに生きる民として神との契約に生きるようになるためです。そのためなら命を献げても惜しくない、苦難も十字架の死も甘んじて受けるというお心です。なんともったいないほどの愛でしょうか。そこまで、私たちのことを大切に思っていてくださるということです。私たちはこの愛で愛され、恵みに生きるようにと招かれているのです。改めて、あなたはこの招きに応えているでしょうか。

82　弟子の悲しみ

〈マルコ一四・一七〜一九〉

「夕方になって、イエスは十二人と一緒にそこに来られた。そして、彼らが席に着いて食事をしているとき、イエスは言われた。『まことに、あなたがたに言います。あなたがたのうちの一人で、わたしと一緒に食事をしている者が、わたしを裏切ります。』弟子たちは悲しくなり、次々にイエスに言い始めた。『まさか私ではないでしょう。』」

イエスの弟子となることの魅力を宣伝したいのであれば、悲しみではなく喜びを取り上げるべきかもしれません。イエスに従うとは、こんなにも幸いで喜びに溢れていると。まず、これは確かなことだと強調しておきたく思います。イエスの弟子の道は喜びの道です。だから福音と言われます（一・一四）。しかしながら、その喜びとは、すべてがうまくいったから嬉しいというようなものではありません。むしろ、正直に人生や社会の現実と向き合います。そこには苦悩もあれば、困難もあります。悲しい思いをすることもあります。けれども、そういう現実の中で、それに負けないよう歩みを支え、慰めと勇気と希望を与えてくれるもの、それがイエスの弟子としての喜びです。それゆえに、イエスの弟子の道にも悲しみは悲しみとしてあるのです。むしろ、そこを真摯に見つめるように促されるのも、弟子の道の要点の一つと言えるでしょう。悲しみに打ちひしがれるのでもなく、悲しみからの逃避に明け暮れるのでもなく、それを真摯に受けとめるように導かれるのです。イエスに出会う前はできなかったこのことが、弟子として歩む中でできるようにと導かれていきます。また、どんなことを悲しむのかという、悲しみの内容も変えられていきます。悲しみという意味でもイエスに従うようになっていきます。

これは、マルコの福音書が明確に述べているところと言えるでしょう。「わたしについて来なさい」（一・一七、二・一四）とイエスに語りかけられて従い始めた弟子たちは、どこまでもついて来るようにと促されます。「だれでもわたしに従って来たければ、自分を捨て、自分の十字架を負って、わたしに従って来なさい」（八・三四）とイエスは言われます。ここに悲しみが含まれているのは明らかです。しかし、悲しみは主であるイエスを中心にして見つめられ、その意味合いが変えられるといいます。「自分のいのちを救おうと思う者はそれを失い、わたしと福音のためにいのちを失う者は、それを救うのです」（三五節）。イエスに従うということは、悲しみを背負いつつ、主であるイエスがその悲しみを豊かに意味あるものとつくり変えてくださるということなのです。

それならば、弟子として背負うべき悲しみとはどういうものなのでしょうか。確かに、イエスについて行くとは、神の恵みの支配に歩むということですから、それは幸いな道であり、その力強さを弟子たちもイエスの様々なみわざを通して知らされていきます。恵みの招きに心開くとき、病が癒やされ、孤独が解消し、差別構造に風穴が開き、絶望から立ち直らされ、恵みを分かち合う交わりが形づくられていきます。けれども、それにあずかるには、恵みに歩むことを拒んできた自らの罪を認めて悔い改めることを迫られます。「自分を捨て、自分の十字架を負って」ということの第一関門であり、その意味で悲しみを通る経験です。そのようにして弟子となって歩み始めると、今度は恵みを分かち合う交わりに仕えるように導かれます。しもべとなってへりくだるのですから、やはり「自分を捨て、自分の十字架を負って」ということに進むのです。さらに、悔い改めの迫りを拒む人々の中で、彼らをも招いてやまないイエスについて行くということですから、イエスと共に拒まれることになっても、イエスについて行くことを意味します。まさしく十字架の道です。イエスは悲しみと向き合う姿を自ら披瀝しながら、弟子たちになおも、イエスについて行く道において悲しみとどう向き合うべきなのかを示していかれるのです。

主イエスの弟子として健全に悲しむ

「夕方になって、イエスは十二人と一緒にそこに来られた。そして、彼らが席に着いて食事をしているとき、イエスは言われた。『まことに、あなたがたに言います。あなたがたのうちの一人で、わたしと一緒に食事をしている者が、わたしを裏切ります。』弟子たちは悲しくなり、次々にイエスに言い始めた。『まさか私ではないでしょう』」（一七〜一九節）。食事の時には、普通は楽しい会話をするものですが、この食事の席は実に重苦しい雰囲気に覆われています。そもそもこの会食は過越の祝いですから、本来は、神の憐れみで奴隷の地より救い出された史実を覚える祝賀ムード満載の食卓になるはずです。それが、悲しい食卓になったというのです。その発端は、弟子の一人の裏切りを予告したイエスの発言です。確かに、こんなことを言われた日には悲しく重苦しい空気になるでしょう。しかしながら、当然のこと、イエスには発言内容とタイミングについて明確な意図がありました。

そもそも、食事の席はイエスにとっても喜びの交わりであり、特にご自分の働きとして共に食事をするという機会を大切にしておられました。ユダヤ社会から疎外されていた取税人たちの食卓に着いたり（二・一五〜一七）、「羊飼いのいない羊の群れのような」ガリラヤの民衆に荒野のマナよろしくパンを大盤振る舞いしたり（六・三二〜四四）、デカポリス地方の異邦人の群衆にも同じみわざをなさったりと（八・一〜一〇）、共に食事をすることで神の恵みを喜び分かち合う交わりがそこに表現されることを狙っておられたのです。特に、食卓を共にしない慣例ができてしまっている文化的な壁（取税人や異邦人）に対して、神の恵みはそれを超えることを宣言し、その事実を分かち合う交わりにすべての人々を招かれたのです。まさしく、神の恵みの支配（神の国）への招きであるわけです（一・一五）。

ところが、こうしたイエスの招きに対して人々はどのように反応したでしょうか。喜んでついて行く人々もいます。しかし、そういう人々でも、自分たちの社会的立場や文化的慣習に根ざす感覚を脱却できず、また、当時の誤ったメシア待望に引きずられて、恵みの分かち合いに徹しきれない姿を露わにしていきます。十二弟子がその格好の例でしょう。ついて行こうと思った人々でさえそうであるなら、そうでない人々は言うまでもありません。

しかし、イエスはすべて承知の上で、いかなる危険が及ぼうが逃げることなく、恵みの招きにご自身の命を献げていかれます。イエスとしては、ご自分の命がまさしく過越のいけにえさながらに献げられて、人々が罪深さの支配から解き放たれて恵みに生きる民とされることを願い、その目的で進んで行かれるわけです。このことが明確に示されるには、ご自分の命が献げられる日は過越の子羊が屠られる日に合わせられなければならず、イエスはそこを狙って行動されます（一四・一二〜二六）。殺害計画も裏切りも承知でこのように行動なさるのです。まさしく、ご自分の命を自ら犠牲として明け渡して、恵みの招きに殉じていく姿です。したがって、この晩の過越の食事は、毎年の過越以上に特別な意味を持つわけです。

そういう食事の席ですから、そこでの会話も特別なものになるのはよく分かります。通常なら出るはずもない話題を切り出して、場の雰囲気よりも大切な伝達事項を優先するのです。すなわちイエスは、弟子たちに差し迫っている出来事の意味を受けとめてもらうために、「あなたがたのうちの一人で、わたしと一緒に食事をしている者が、わたしを裏切ります」

（一八節）と告げるのです。過越の食事の席での会話ですから、過越のいけにえとご自分の命の犠牲との意味の連なりを弟子たちに捉えさせようという意図があるでしょう。さらに、裏切りは承知だと告げることで、分かっていながら自ら赴く姿勢を示していると言えるでしょう。そのうえで、逃げることも、裏切り者をやっつけることもなく、自らその出来事へと進むということです。「まことに、あなたがたに言います」（一八節）という言い方は、確実にそうなること、そこに大切な意味があることを示します。これは、すべてを背負う覚悟であり、そのための完全な明け渡しであり、また、この極限の状況においても自ら事柄を制御して何ものにも脅かされない自由と勝利の姿であると言えるでしょう。このことを弟子たちがこの時点でどこまで悟ることができたかについては、甚だ心許ない感じですが、後に知るべしということでイエスは彼らに印象付けようと、この過越の食事の席であえて裏切りを告知したのです。

それならば、この裏切り予告を弟子たちはどのように聞いたでしょうか。間違いなく衝撃的な告知です。確かに、イエスは前々から受難を予告してきましたし（八・三一、九・三一、一〇・三二～三四）、宮きよめの一件以来、不穏な空気と緊張感が漂っていますので、何かとんでもないことになりそうな気配は感じていたでしょう。しかし、まさか十二人の内弟子の中からの裏切り、しかも、今この場にいる一人がそれだと面と向かって言われると、緊張感はマックスになります。そこからいかなる否定的なリアクションに転じても、何ら不思議はありません。何かと言い争いの多かった彼らの姿からすれば（八・一六、九・三四）、ここでもまた犯人探しや責任転嫁で大げんかが勃発しそうなところです。

ところが、マルコの福音書が弟子たちのリアクションとして記録するのは、悲しみです。「弟子たちは悲しくなり、次々にイエスに言い始めた。『まさか私ではないでしょう』」（一九節）。疑念でもなく、憤りでも、不安でも、恐れでもなく、悲しみが弟子たちの気持ちの中心だったということです。というのは、これは、イエスに従う人々としては実は大切なポイントの一つと言えそうです。これは、不安や恐れという感情は、自分がこの先どうなってしまうのかと、関心が自分中心になりがちなときに出てくるものですし、疑念や憤りは、だれかのせいにして自分は責任を負いたくないという、これまた関心の中心が自分であるときに出てきがちなものだからです。周りの状況や関わる人々の様子が関心の中心なのではありません。しかし、イエスの弟子として恵みを分かち合う交わりに仕えるならば、自分よりも周りの様子・他の人々に目を向けるべきでしょう。すると、この場合、裏切りに対する悲しみこそ適切な心の持ちようということになりそうです。

では、弟子たちは何を悲しんだのでしょうか。もちろん、今まで自分たちがついて来たイエスが裏切られ、引き渡されて苦しみを受けるという、予告された事実そのものが悲しみです。仲間から裏切り者が出て、自分たちの歩みも交わりも水泡に帰することへの悲しみです。「まさか私ではないでしょう」という問いかけは、確かに自分自身のことへの問いですが、今後の身を案じるとか、だれかのせいにする材料を得るとか、そういうことではないでしょう。むしろ、突きつけられた裏切り予告に自らを探られての問いかけでしょう。実は、何か思い当たるふしを感じていたのかもしれません。つまり、弟子たちの悲しみは、イエスが招く恵みの道が踏みにじられようとしていることへの悲しみであり、それが自分たちの仲間内から起きることへの悲しみであり、もしかしたら自分にも何か当てはまることを感じての悲しみであったということです。そうであるなら、イエスの弟子として健全な悲しみということになるでしょう。

翻って、私たちは何を悲しみとするでしょうか。この時の弟子たちと比べると、もしかしたらかなりレベルの低いことで悲しんでいるかもしれません。自分が望む立場や人気や支援がもらえないから悲しいとか、周りと比べて自分の不幸に納得がいかないから悲しいとか。けれども、イエスの弟子としての悲しみは、人として感じる普通の悲しみに、恵みの支配を重ねて見るものです。そこで、恵みに歩むことが踏みにじられようとしているのかどうか、そこに仲間が加担しようとしているのかどうか、また、もしかして自分自身もそうかもしれないこと、これらを探られての悲しみということです。悲しみは悲しみとして感じるだけのことですが、イエスの弟子としてふさわしくそこに向き合う者でありたく思います。

主イエスの悲しみについて行く

過越の食事の席で十二弟子の一人が裏切ると予告したイエスの発言には、これから起きることとその意味について弟子たちに告げる意図がありますが、それは弟子としてしかるべき気持ちを引き出す効果がありました。そこで注目したいのは、「弟子たちは悲しくなり」（一九節）と訳されている動詞です。この部分、直訳は「悲しみ始めた」ということで、しかも「始めた」（エールクサント）は特別な一瞬を切り取って描く不定過去形です。つまり、ここで描かれているのは、この瞬間から弟子たちの中に明らかに悲しみが始まったということなのです。それまでは、何となく不穏な空気を感じてはいても悲しみが自覚されることはなかったのですが、イエスの発言が弟子たちの中に悲しみを持たせた、あるいは、イエスの発言が弟子たちに悲しみを自覚させ始めたということなのです。これは、偶然にそうなったのではなくて、そういう意図がイエスの発言にあったということでしょう。今この時、弟子たちに悲しみをはっきりと自覚してほしい、この出来事を悲しみとして受けとめてほしい、ということなのです。

イエスがそのように思われたのはどうしてでしょうか。おそらく、弟子たちと悲しみを分け合いたいと考えられたからではないでしょうか。恵みの道への招きが踏みにじられることに悲しみを感じてほしい、ご自身の悲しみを自分たちの悲しみとして理解できる人々になってほしいということだったのでしょう。もちろん、イエスはこの後に起きる出来事を承知しておられたので、ご自身は悲しい思いを持っておられました。その時が近づくにつれて、悲しみも増してきたことでしょう。この食事を終えて、祈るために静かなゲッセマネの園に行く段になると、その悲しみはピークに達したと記録されています（一四・三二〜三四）。そして、イエスはこの深い悲しみの現場にも弟子たちを連れて来て、ご自身が悲しむ姿を披瀝なさるのです。言わば、悲しみの現場にまで「わたしについて来なさい」（一・一七、二・一四）ということなのです。イエスが悲しむことを自分たちも悲しいと思える、そういう弟子たちになるようにということでしょう。そこを目指して、この過越の食事の席で裏切りについて予告し、彼らのうちに悲しみを惹起されたのです。

それならば、イエスの悲しみとは何でしょうか。イエスは何を悲しまれるのでしょうか。もちろん、手塩にかけて育てた弟子に裏切られることは深い悲しみを引き起こします。イエスは人としてそういう感情を持っておられ、私たちも経験するそうした悲しみを分かってくださる方です。けれども、イエスの悲しみはそれだけではありません。せっかくの恵みの招きを踏みにじる人間の罪深さを悲しまれます。恵みの分かち合いよりも、自己中心で傲慢な生き方を選んでしまう罪の愚かさを悲しまれます。そして、こうした人間の罪を父なる神がどれだけ悲しんでおられるかを思い、共感して悲しまれます。父なる神の悲しみを思ったら、「あなたがお望みになることが行われますように」（一四・三六）と祈らざるを得ないということです。罪によって悲しい状況に陥った人間を本当に悔い改めに導くためには、これ以上ない悲しみを自ら背負わなければならない、そこまでしても恵みへと人間を立ち返らせたいという、心が引き裂かれるほどの憐れみの表れです。父なる神はその悲しみを引き受けて、イエスを十字架へと向かわせます。イエスもこの悲しみがだれよりも分かるので、父なる神のお心に沿って十字架の道を歩まれます。そして、弟子たちをこの悲しみの現場に連れて来て、同じくこの悲しみが分かる弟子になるようにと導かれるのです。

あなたはいかがですか。イエスの悲しみについて行っていますか。人間の罪深さを悲しんでいるでしょうか。今の世の中、悲しみだらけですね。あなたの周辺はいかがですか。また、そうした人間の罪深さを悲しむ神のお心をどこまで理解できるでしょうか。改めて問われると、心許ない気がするかもしれません。実際、弟子たちもこの時点でようやく悲しみ始めたところで、なかなかついて行けない姿を露呈することになります。しかし、イエスはそんな彼らを百も承知で、なおも「わたしについて来なさい」と招くのです。私たちも招かれています。イエスの悲しみを自分の悲しみとすることができる弟子となりたく思います。そのようにして、イエスの弟子としてふさわしく悲しみに向き合う者となりたく思います。

83　それでも招く悔い改め

〈マルコ一四・一七～二一〉

「夕方になって、イエスは十二人と一緒にそこに来られた。そして、彼らが席に着いて食事をしているとき、イエスは言われた。『まことに、あなたがたに言います。あなたがたのうちの一人で、わたしと一緒に食事をしている者が、わたしを裏切ります。』弟子たちは悲しくなり、次々にイエスに言い始めた。『まさか私ではないでしょう。』イエスは言われた。『十二人の一人で、わたしと一緒に手を鉢に浸している者です。人の子は、自分について書かれているとおり、去って行きます。しかし、人の子を裏切るその人はわざわいです。そういう人は、生まれて来なければよかったのです。』」

だれかがあなたを裏切ると察知したら、どうしますか。とにかく避難しますか。真相究明に乗り出しますか。いずれにせよ、自分が害を被ることのないように手立てを考えるでしょう。ところが、イエスの場合、そうではありませんでした。イエスは企みを阻止するために動くことは全くなく、むしろそれを実行しやすい状況へと事柄を動かしていかれます。けれども、それでなすがままというわけではなく、裏切りを働こうとする者にそれとなくメッセージを送るのです。その企みを百も承知だが、なおもそれを実行しようというのか、それが本心なのか、むしろ間違いを認めて悔い改めるべきではないのかと、間接的に語りかけなさるのです。裏切りを企む者を、それでも悔い改めに招くのです。

このことは、イエスの働きが神の国・恵みの支配に生きることへの招きであり、そのために悔い改めと信仰という応答が求められていることを考えれば、まさしくその一環であることが分かります。「時が満ち、神の国が近づいた。悔い改めて福音を信じなさい」（一・一五）とイエスは人々に語りかけ、ご自分について来るようにとお招きになります。恵みの事実に心開けば、そこには感謝と安心が溢れ、恵みを分かち合う交わりが生まれます。イエスがそこへと導いてくださいます。けれども、そのためには今までの生活の方向を恵みへと向け直さなければなりません。悔い改めへの迫りがあるということです。そして、この迫りが人々の態度を二分していきます。招きに応じて従おうとする人々がいます（弟子たちなど）。関心を傾けつつも、肝心なところで去って行く人々がいます（群衆など）。のっけから反発し、恵みの招きを拒み、イエスを抹殺しようと画策する人々もいます（多くのパリサイ人、律法学者、祭司長、長老たちなど）。つまり、従おうとするのかどうか、そこで大きく分けられていくということです。そして、それだけに従おうとする人々にはチャレンジが突きつけられます。つまり、去っていく者・拒む者・敵対する者がいる中で、それに屈することなく従うことが求められるからであり、そうしたリスクを負って従おうとするとき、従いきれない本音が自分の中にあることが浮き彫りにされてくるからです（社会的プレッシャーとともに世間的メシア待望の影響）。確かに、イエスに従う恵みの道は幸いな道、福音そのものです。けれども、恵みを受けとめない罪深さが人間の中にあり、それが激しい妨げを自己の内外に生み出し、結果、悔い改めとチャレンジングな従いが求められることになるのです。しかし、それでもイエスは従って来るようにと促されます。「だれでもわたしに従って来たければ、自分を捨て、自分の十字架を負って、わたしに従って来なさい」（八・三四）と。そして、拒む者・敵対する者のただ中で悔い改めを迫り、まさしく十字架の道を進んで行かれます。そこをなおも弟子として従って行くことを促されるとなれば、その厳しさに離脱や裏切りを目論む者が出てきても不思議ではありません。そして、イスカリオテのユダがまさしくその人であったというわけです（一四・一〇〜一一）。しかし、拒む者・敵対する者にも最後まで悔い改めを迫り、恵みの道に招いてご自分の命を献げるイエスは、弟子でありながらそちらについてしまった裏切り者をも、やはり最後まで命をかけて招きなさるのです。ご自分がどんなに犠牲を払っても、チャンスある限り悔い改めを迫り、恵みに招き続けるという、どこまでも深い愛の姿と言えるでしょう。イエスはこれほどの愛を持ってすべての人を招いておられます。否、これほどの愛の招きゆえに、そこから除外される人は一人もいないということです。まさしく、だれでも招かれています。ただ、その招きに応答するかどうか、そこで全く道が違ってくるのです。イエスの招きの背後にある命がけの愛に応える者でありたく思います。

命ある限り招き続ける愛

この場面、過越の食事の席でイエスは十二弟子の中から裏切り者が出ることを予告します。「あなたがたのうちの一人で、わたしと一緒に食事をしている者が、わたしを裏切ります」(一八節)。きっと、この祝いの場の雰囲気は凍りついたでしょう。もちろん、イエスはそうなることを承知の上で、しかし、この場で弟子たちに告げるべきこととして語ったわけです。罪と死の奴隷であった人々が神の恵みに生きる人々へと解放されるため、今まさに、過越のいけにえさながらご自分の命を犠牲にしようとしていることを弟子たちに告げ、特に裏切り者の予告によって事の重大さと切迫感を弟子たちに覚えさせるという意味があるでしょう。

さらに、弟子たちに悲しみをかき立てる狙いもあったでしょう。恵みの招きを拒む罪深い人間を招いて命を犠牲にするということは、それだけイエスが人々を愛しておられるからですが、そういう方を抹殺しようとする人間の罪の凄まじさが明確になります。そこを悲しむことができるように、また、それが他人事ではなく、自分自身を省みての悲しみとなるように、という意図があったでしょう。案の定、弟子たちは、この時点でどこまで大切な事柄を自覚できたかは別にして、イエスの告知によって自分自身を省みつつ悲しみ始めています。

「弟子たちは悲しくなり、次々にイエスに言い始めた。『まさか私ではないでしょう』」（一九節）。

そして、この弟子たちのリアクションに対してイエスが答えます。「十二人の一人で、わたしと一緒に手を鉢に浸している者です」（二〇節）。凍りついたムードにさらに追い打ちをかけるように、十二人の中から候補者（？）あるいは被疑者（？）を絞り込んで、間接的ではあるが名指しに近い形で告知を続けるのです。ここにある「鉢」とは、パンに味をつけるものが入っている小鉢で、普通、食事の席では二～三人に一つ用意されるものですから、「わたしと一緒に手を鉢に浸している者」とイエスが述べた時点でそれがだれであるかはほぼ特定できることになります。当時のユダヤでは、輪になって半分寝そべって食事をしましたから（その点、レオナルド・ダ・ビンチの名画「最後の晩餐」はルネサンス期のヨーロッパ人の想像画であって、古代ユダヤの実際の食事風景を描いたものではないので注意が必要です）、鉢まで全員でシェアするとなると面倒なことになるので、だいたい両隣の人と同じ鉢を使うぐらいの感覚で準備されていたはずです。なので、このイエスの告知は裏切り者を特定したも同然ということになります。そして、それはだれよりも、裏切りを目論んでいるイスカリオテのユダ本人にドキリと響く言葉であったはずです。

そのイエスの心は何だったのでしょうか。簡単に言えば、ユダに悔い改めを迫るメッセージを暗に送ったということでしょう。すなわち、ユダがしようとしていることをイエスはすでに見抜いているということ、また、それはいかなる理由があろうとも「裏切り」、つまり、恵みの招きを売り飛ばして引き渡すことであり、拒み倒すことになるということ、そして、その道をユダの結論にしてほしくないということ。これらを暗に伝えたということです。「悔い改めて福音を信じなさい」（一・一五）とのイエスのメッセージは、この緊迫の場面でも響いているのです。ここで名前を伏せている点も、悔い改めの招きとしての配慮と言えるでしょう。イエスは皆の前でユダを指差すなんてことはしません。それでは招きではなく断罪になってしまいます。けれども、本人なら確実に分かる形で逃げ場を封じ、真剣に考えさせています。ここでイエスがユダだけ呼び出して問い詰めることをしないのも、悔い改めへの招きということでしょう。悔い改めとは問い詰められて渋々白状するというようなものではなく、示されて自ら罪を認め、憐れみを求めて方向を変えることです。イエスはユダにそのチャンスを与えておられるのです。

とはいえ、続くことばはかなり辛辣な感じがします。「人の子は、自分について書かれているとおり、去って行きます。しかし、人の子を裏切るその人はわざわいです。そういう人は、生まれて来なければよかったのです」（二一節）。しかし、これもやはり悔い改めの招きと言うべきでしょう。この「わざわいです」（ウーアイ）は厳しい言葉ですが、こう言われたら即刻地獄行きというわけではありません。マタイの福音書二三章には同じ表現でパリサイ人や律法学者を厳しく批判するイエスの発言が記録されていますが、それで彼らの永遠の刑罰が確定したというわけではなく、むしろ厳しい語りかけによって彼らが罪を認め、憐れみを求めることが望まれているわけです。呪いが実行されるのではなく、状況が残念極まりないという事実を語り、目覚めて立ち返ることを切に願っての一喝なのです。それゆえ、「裏切るその人」という言い方も、嫌味ではなく、事実の陳述、つまり、イエスの引き渡しに自ら関わる者という事実を述べているわけです。

しかしながら、「生まれてこなければよかった」とは言いすぎではないかと感じる人もいるでしょう。そこで、この出来事の周辺を注意深く観察する必要があります。確かに、ユダがイエスの言葉をどのように受けとめたか、その心情については何も語られていません。しかし、実際にイエスが見抜いたとおりにユダは行動します。悔い改めることなく、イエスを祭司長・長老たちの手に引き渡してしまいます。そして、マタイの福音書によれば、イエスが無抵抗のまま捕らえられて十字架へと進む姿に、思惑が外れたことを後悔して、ユダは自ら命を絶つわけです。その意味では「生まれて来なければよかった」ということが、結果、的中したことになります。しかし、これはあらかじめ呪ったということではなく、結果を予見しつつ、なおも悔い改めを迫ったということなのです。確かに、マルコの福音書はユダの行く末とイエスの招きの関係について触れていませんが、それは、ユダヤ戦争直前の差し迫った状況の中でも読者がイエスに従いゆくことに徹すべきことを明確にするためでしょう。イエスの辛辣な言葉は、厳しくも悔い改めの迫り・招きの言葉であったということです。

というのは、まず裏切りの内容として言えることは、「裏切る」（パラディドーミ）とは引き渡すということで、イエスが招く恵みの道を手放し、それを拒んで踏みにじる流れに手渡してしまうことで、それに加担することです。しかし厳密に言えば、それはイエスが殺される状況を設定することと同義ではありません。前々から告知していたように、イエスご自身が十字架の道を歩んで行かれるのです。ここでも「人の子は、自分について書かれているとおり、去って行きます」と述べています。織り込み済みの状況に一枚嚙んでも、それは裏切りではありません。むしろこの場合の裏切りとは、招かれた恵みの道、弟子として歩み始めた道を手放してしまうことなのです。そうだとすると次に、裏切り行為が完了するのはどの段階なのかということが問題となります。祭司長・長老たちと約束した時でしょうか。しかし、その段階では事はまだ実行されていません。実際にイエスが捕らえられた時でしょうか。しかし、ご自分の命を捨てることはイエスご自身織り込み済みです。イエスが十字架で息を引き取った時、これもご自身の計画の中にあったことです。このように考えていくと、悔い改めの迫り・恵みの招きに応えるチャンスを完全に手放してしまったのは、ユダが自らの命を絶った時ということになるでしょう。「人の子を裏切るその人はわざわいです」ということが最終的に成立するのは、その時となります。逆に言えば、その時まで「悔い改めて福音を信じなさい」との招きはユダのうちにも語りかけられており、それは厳しい表現を用いながらも、そうなってほしくないというイエスの引き裂かれるお心を示していることになるのです。そして、そのお心そのままに、イエスは十字架で命を捨てなさるのです。

このようにイエスは、裏切りを働こうという者のためにもご自分の命を犠牲として献げて、悔い改めを迫りなさる方なのです。引き裂かれるお心を痛烈な言葉で言い表しながら、本当にチャンスが消え去ってしまうギリギリまで、ご自分の命を献げて恵みに立ち返るように招く方なのです。ここまでするのは愛以外の何ものでもありません。そして、この愛で招かれない人はだれもいません。この招きにふさわしくお応えする私たちでありたく思います。

罪の結果を背負う愛

「人の子は、自分について書かれているとおり、去って行きます」（二一節）。イエスはご自分の受難について以前から告知してきました（八・三二、九・三一、一〇・三二〜三四）。したがって、ここで述べているのは目新しいことではなく、ご計画の中にあることです。イエス自ら十字架の道を歩んでおられるわけです。また、イエスを拒み抹殺を図る人々からしても計画中のことでした（一四・一〜二）。彼らはユダヤ社会の権威であり実力者たちですから、やろうと思うことは基本的には何でもできる立場にあったでしょう。もちろん、都合よく物事が進むために群衆とローマの駐留軍との様子をうかがう必要はありましたが、イエスを葬り去るために何でもする動機と力は持っていたわけです。すると、イエスの側でも敵の側でも、同じ出来事を目指していたことになります。そして、構図的には、ユダがそこを取り持ったということになります（一四・一〇～一一）。

しかしながら、そのユダの行動は、イエスの受難が成立するために不可欠な要件だったのでしょうか。この問いの立て方をすれば、イエスにしても敵にしても共通の出来事を目標に動いていたわけですから、その意味で不可欠の要件とは必ずしも言えないのではないかという憶測が成り立ちます。確かに敵たちにしてみれば、秘密裏に事を動かすのにユダの申し出は便利であることと不可欠であることとは意味が違います。イエスにしてみれば、過越の夜こそ受難の意味を示す点でタイミングとしては狙い目で、そのタイミングを回避しようとする敵たちの目論見をかわすという意味では、ユダの動きは呼び水的な事柄として承知の上のことになるのですが、承知していることと不可欠であることとは別問題です。歴史に「もしも」はないので、文字どおり憶測でしかないのですが、そう考えるとユダの動きは不可欠と言える程度（水の分子ができるために水素と酸素が不可欠であるのと同じ程度）のことではなく、そうならば厳密には余計なことであったということになりそうです。それゆえ、「人の子は、自分について書かれているとおり、去って行きます。しかし、人の子を裏切るその人はわざわいです」（二一節）とは、イエスの受難そのものはご計画のとおりであるが、ユダの動きは余計なことであり、それだけに残念極まりない、まさしく「わざわい」と言うべきものだという意味合いになるでしょう。

罪の一つの特徴として、余計なことをしてしまう、そして結果、とんでもないことに自らと周囲を巻き込んでしまうということがあるでしょう。世俗のメシア待望に引きずられて、自分のイメージどおりのメシアとしてイエスに行動してもらおうというユダの思惑は、全くもって余計なことであり、そのためにユダが拒む人々の手にイエスを引き渡した結果、ユダは自分が歩むべき恵みの道を売り渡し、ユダの思惑と異なってイエスは受難の道を進み、そして、ユダは裏切りという形でそこに関わることになってしまったわけです。

　しかし、イエスはユダがそういう行動を起こそうとしていることを百も承知で、共に食事をし、また悔い改めを迫りなさるのです。ユダが企みを実行しやすいように事柄をコントロールしながら、本当にそのことをなすのかと問いかけつつ、ユダが自ら恵みの歩みに立ち返るようにと招きなさるのです。そして、最終的にはご自分の受難の姿でもって、悔い改めを迫りなさるのです。裏切りを働く者をもここまでして招くという、計り知れない愛の深さ。これがイエスの愛なのです。これほどの愛で招かれているのなら、お応えしない道は本来あり得ないのではないでしょうか。

84　主の晩餐・恵みの契約

〈マルコ一四・二二～二五〉

「さて、一同が食事をしているとき、イエスはパンを取り、神をほめたたえてこれを裂き、弟子たちに与えて言われた。『取りなさい。これはわたしのからだです。』また、杯を取り、感謝の祈りをささげた後、彼らにお与えになった。彼らはみなその杯から飲んだ。イエスは彼らに言われた。『これは、多くの人のために流される、わたしの契約の血です。まことに、あなたがたに言います。神の国で新しく飲むその日まで、わたしがぶどうの実からできた物を飲むことは、もはや決してありません。』」

約束を守るということは、信頼関係を形づくって社会生活を成り立たせるうえで最重要事項の一つと言えるでしょう。個人的な約束から国同士の条約まで、およそ約束は守られてなんぼのものです。特に、明確に公的な性格を持つ約束を契約と言いますが、これはまさしく正規の話で、双方にきちんと権利と責任があり、しっかりと履行されなければなりません。

さて、聖書には、契約とは人間の社会生活だけの話ではなく、それ以前に神がご自身と人間との間に契約を設けて、私たちがその契約によって導かれることをご自身のお心とされたのだと語られています。神によって主体性を持つ存在として創造された人間は、主体性を与えてくださった神と主体性の最たる形である契約を結ぶことで、健やかな主体性に生きることができるということです。その契約の内容は、簡単に言えば、つくり主なる神が私たちの神となること、そして、私たちがつくり主なる神の民となることです。私たちは神の恵みで生かされる権利を持ち、恵みを注ぐ神を崇めて恵みを分かち合う使命（責任）を負います。神は私たちを恵みで生かす責任を負ってくださり、互いに恵みを分かち合う私たちの姿から喜びと栄光を受け取る権限（権利）を持ちます（創世一・七～一五など）。

ところが、この契約の難しいところは、約束をきちんと守れない私たち人間と、そこを何とか守ることができるようにしようとする神の熱意とのギャップです。普通ならば契約破棄で終わるところ、契約関係を回復させて恵みに生きる幸いにあずからせようと、神は歴史を通して手段を講じていかれます。そして、その頂点とも言うべき出来事が主イエスの出来事、私たちを恵みに招いてご自分の命を献げた十字架の死なのです。イエスご自身、このことについて、「多くの人のために流される、わたしの契約の血」（二四節）と述べています。約束に誠実でない私たちを、ご自分の命をかけて契約へと招き直してくださる、契約関係を提供し直してくださるというのです。それならば、そのように招かれた私たちはいかなる態度でそれを受けとめたらよいでしょうか。

この点について、マルコの福音書は力強く私たちにチャレンジしてきます。イエスは「時が満ち、神の国が近づいた。悔い改めて福音を信じなさい」（一・一五）と徹頭徹尾、人々に迫り、そのために「わたしについて来なさい」（一・一七、二・一四）と招かれます。神の恵みの事実に心開いて、感謝と安心に溢れ、恵みを分かち合う交わりをつくる神の民の歩みへの招きです。神の民となる契約に歩み始める招きと言えるでしょう。間違いなく幸いな歩みへの招きですが、踏み出すには悔い改めが求められます。残念ながら、そこでつまずいて怒る人々が出てきます。世間的なメシア待望と異なることから、去って行く人々もいます。恵みを分かち合う交わりに仕えるために求められる謙遜や寛容の次元の違いに想定を崩されて、葛藤を覚える人々がいます。そうした強い抵抗のある中で人々を招き続けるわけですから、イエスの道は受難の道となります（八・三一、九・三一、一〇・三二〜三四）。そして、それでもご自分について来るようにと、イエスは人々に語りかけなさるのです。「だれでもわたしに従って来たければ、自分を捨て、自分の十字架を負って、わたしに従って来なさい」（八・三四）。そして、弟子たちを含めて、実際にはだれもついて来ることができないという事実が暴露されながらも、イエスは最終的に十字架でご自分の命を献げてまで人々を恵みに招き、かつ、その死を打ち破ることで恵みの招きを確かなものとして提供なさるのです。ここに神の恵みに生きる人々になるという契約更新の可能性が改めて開かれるわけです。この場面、イエスはご自分が歩みゆく十字架の道の目的を弟子たちに解き明かす意味で、過越の食事を共にして、その中で「多くの人のために流される、わたしの契約の血」（二四節）について語りなさるのです。そして、そこに私たちもまた、礼拝においてあずかる聖餐の意味の一つを見いだすことができるのです。

神の契約への誠実な招き

「さて、一同が食事をしているとき」（二二節）。ここでイエスと弟子たちは、過越の食事をしています。古の日、エジプトで奴隷であった人々を神が憐れみ、奴隷の地から解放し、ご自分の民としてくださった出来事を記念する祝いの食事です。実際の出来事としては、屠った子羊の血を家の門と鴨居に塗って目印とし、その肉を共に食して犠牲を分かち合い、血の目印によって区別された人々が神のものとして保護され、そうでないエジプトには神の裁きが臨むということでした。そのようにして奴隷制の上に成立する社会は神のみこころに反することが明確にされたうえで、神の言葉に聴いた人々は神のものとされ、苦しみの地から解き放たれ、憐れみ深い神の民としてふさわしく互いに憐れみ深くなっていくことが目指されるのです。このことは、さらに言えば、恵みを知らず傲慢で欲が深く暴力的なエジプト的あり方ではなく、恵みに心開いて感謝と安心に溢れ、恵みを分かち合う神の民の生き方へと召し出されることで、そのために屠られた子羊の血と肉がしるしとして用いられるという、古代人にとっては契約をイメージさせる出来事でもって実行されたものでした。そして、この出来事をベースにして、実際には奴隷の地から約束の地へと旅路を導かれる中で、恵みに生きる神の民の生き方を具体的に教えられ、正式に神と契約を結ぶという運びになるわけです（出エジプト二四・三～八）。つまり、「わたしは、あなたがたをエジプトの地、奴隷の家から導き出したあなたの神、主である」（同二〇・二）が契約の言葉の冒頭で語られるように、あくまでも、この契約のベースは過越の出来事であるということです。

そして、イエスと弟子たちが過越の食事をしているこの場面、大切なのは、この契約が古代史上の事実であるというだけではなく、むしろ、憐れみ深い神はこの出来事を通してすべての人々を恵みに生きるように招いておられるのだというメッセージです。過越の出来事は、一方的に見ると神が奴隷の民をひいきしてエジプトを裁いたかのように見えてしまうかもしれませんが、実はそんなことはなく、神はエジプトに対して再三にわたり悔い改めを迫り、恵みに心を向け直すように招いておられます。ただ、その招きに対して心を頑なにしてしまったというのが事実でした（同七・八～一〇・二九）。なので、やはり神はすべての人々を招いておられ、そのことを世界に向けて証しするために、奴隷の地から贖われたイスラエルの民と契約を結ばれたのです。ところが、契約を結んだはずの当のイスラエルの民は契約に不誠実で、本来なら契約破棄で終わるところ、なおも神は憐れみ深く、契約更新のために手を差し伸べて、恵みに生きる人々の姿を通して恵みの招きを世界に証しするヴィジョンを遂行していかれます。その延長線上に、また、その頂点としてイエスの出来事があるということなのです。イエスはこのことを弟子たちに告げるために共に過越の食事をしたうえで、その晩、恵みを拒んでイエスを抹殺しようと企む人々に自らの命を差し出してまで、すべての人々を恵みに招くお心を示されるのです。事実、ここまでの展開が物語るように、イエスはその晩に敵対する人々の手にかかるように事柄をコントロールしてこられ、実際にイエスのお心のとおりになっていきます。つまり、イエスご自身が過越の子羊さながら自らをいけにえとして献げ、すべての人々を招く神の恵みの招きを明らかにし、新しく契約を結び直そうと御手を伸べる神のお心をお示しになるのだということです。

このような意味を過越の食事に語らしめるべく、イエスはその席上で弟子たちに、主の晩餐と言われる行為を実施なさるのです。「イエスはパンを取り、神をほめたたえてこれを裂き、弟子たちに与えて言われた。『取りなさい。これはわたしのからだです。』また、杯を取り、感謝の祈りをささげた後、彼らにお与えになった。彼らはみなその杯から飲んだ。イエスは彼らに言われた。『これは、多くの人のために流される、わたしの契約の血です』」（二二〜二四節）。ここに言われる「契約の血」とは、過越の出来事により奴隷の地から連れ出された民が神の民となる契約を結んだ際に語られた言葉、「見よ。これは、これらすべてのことばに基づいて、主があなたがたと結ばれる契約の血である」（出エジプト二四・八）を背景に述べられた言葉であることは明らかです。つまり、古の日に結ばれた契約を改めて新しく結び直そうと、ここでイエスは語っておられるのです。

この契約を結び直すという提案がどれほどに憐れみ深いことであるかは、古代オリエントの人々にとって契約がどういうものなのかを知ると、よく分かります。過越の出来事もそうであるように、いけにえを屠って共に食して契約となすとは、同じ約束にあずかることを意味しますが、それは同時に、約束が破られるなら、破った側がいけにえと同じ仕打ちに遭うということをも意味します。日本語のイメージでは契約は「結ぶ」ものですが、ヘブル語では契約（ベリース）は「切る」もの、つまり、いけにえを屠るということです。それだけの厳しさと真剣さをうかがい知ることができます。それゆえ、神と民が契約を結ぶとはそれだけの間柄に立つということなのですが、民がそこまで契約に誠実でいられたかというとそうもいかず、契約から外れた道に歩んでしまうというのがイスラエルの歴史でした。そうすると、民がいけにえとして切り裂かれて契約破棄の責任を取らなければならないところ、憐れみ深い神はそうなる前にあらかじめ契約更新の手続きを定め、民が悔い改めて立ち返ることができるようにしてくださいました。罪のためのいけにえがそれに相当します（レビ四・一～六・七）。民が破った契約の責任を神が背負い、改めて結ぶ契約に招いてくださるということです。そして、そのことの本当の意味を明確に示すべく、イエスご自身が契約を結び直すいけにえとして自らの命を献げるのだと、ここで示しなさるのです。すなわち、ご自身の働きの帰結として、拒む敵たちを含めてすべての人々を招いてやまないお心を示し、十字架で命を捨ててまで彼らをも招きなさるしるしとして主の晩餐を行い、十字架で流される血を「多くの人のために流される、わたしの契約の血」(二四節)と語りなさったのです。ここに、何としても契約を結び直したいとの憐れみに満ちた情熱、そして、契約破棄の痛みと責任を引き受けてでも更新の道を開くという契約への誠実さを知ることができるのです。

この招きによって神との契約関係に迎えられた私たちは、それにふさわしく心からの感謝をもって誠実に応答し続ける、すなわち、招かれたとおりに恵みに生き続けることが求められます。そのために大切なのは、礼拝において主の晩餐の出来事に基づく聖餐にあずかり、イエスが命がけの誠実さで私たちのような者も招かれたのだと心に銘記して歩むことです。

主イエスの命という贖いの代価

契約とは、双方が同じ一つの事柄に対して合意し、約束を正式に交わすということですから、本来は対等であることが前提とされます。世の中には不平等条約をはじめ、全く対等でない双方の決め事は幾らでもありますが、本来は、事柄に対して双方対等であることが要件とされるはずです。

そう考えると、神が人間と契約を結ぶとは、神が本当に身を低くして私たちに関わってくださることを意味します。天地のつくり主、全能の神、聖なる方が私たちに目を留めていつくしみ、契約を結んでくださるということです。私たちをご自身の民となるように招き、私たちの神となってくださるというのですから、驚きです。そこまで身を低くして同じ契約のテーブルに着くとは、どこまで憐れみ深く、へりくだった方なのでしょうか。

しかも、その契約を改めて新しく結び直すために、そのお心を表すべくイエスが罪のためのいけにえとなって契約破棄の痛みと責任を背負い、十字架において血を流し、命を捨てるというのです。恵みによって生かされている身でありながら、その意味で最初から契約に招かれていながら、恩知らずにもそこを無視し、恵み深い神に背き、わがままで傲慢で欲が深く、罪の中に歩んでいた私たちのために、命をかけて契約を結び直す道を備えて招いてくださったという、こんな憐れみ深さが他にあるでしょうか。これがイエスの十字架のメッセージです。ここでは「多くの人のために流される、わたしの契約の血」と述べられていますが、似たような表現で「多くの人のための贖いの代価」（一〇・四五）とも語られています。まさしく、罪の支配の中で奴隷であった私たちを、ご自身の命の犠牲でもって恵みの支配へと買い戻してくださるということです。イエスがそこまでしてくださったことを悔い改めと信仰を持って受けとめるとき、私たちは恵みに生きる契約に改めて新しく迎え入れていただくことができるのです。

私たちは礼拝において聖餐にあずかるとき、この主の晩餐においてイエスが示された恵みの契約への招きを感謝しつつ確認し、神の民として恵みに生きるようにと導かれるのです。この恵みの契約への招きに応答して、そこに生き続けるお互いでありたく思います。

85 主の晩餐・聖徒の交わり

〈マルコ一四・二二〜二五〉

「さて、一同が食事をしているとき、イエスはパンを取り、神をほめたたえてこれを裂き、弟子たちに与えて言われた。『取りなさい。これはわたしのからだです。』また、杯を取り、感謝の祈りをささげた後、彼らにお与えになった。彼らはみなその杯から飲んだ。イエスは彼らに言われた。『これは、多くの人のために流される、わたしの契約の血です。まことに、あなたがたに言います。神の国で新しく飲むその日まで、わたしがぶどうの実からできた物を飲むことは、もはや決してありません。』」

一緒に食事をすれば、そこには語らいがあり、交わりが生まれます。仲良くなろうと思えば、一緒に食事をするのは常套手段ですし、一緒に食事ができれば、それだけ仲良くなれるのが普通です。やはり、共に食することと交わりを深めることには密接な関係があります。

私たちが礼拝において聖餐にあずかるとき、そこで行われるのは共に食するということです。主の晩餐の出来事が意味するところの、十字架において裂かれるイエスの肉を示すパンと、流されるイエスの血を示す杯とを分かち合うことです。それゆえ聖餐は、一つの交わりを形づくる意味合いがあると言えます。教会の伝統によって聖餐のイメージは多彩ですし、各々に深い意味と学ぶべき事柄がありますが、厳粛なイメージが強すぎて交わりを形づくるという点が曇ってしまってはいけません。聖餐は共に食すという行為で成り立ちます。それは、イエスの十字架を覚えて神の前に出るお互いの交わりを生み出すのです。この世を超える、聖なる神の恵みの招きにあずかる人々となるということですから、これを聖徒の交わりと言ってよいでしょう。私たちを恵みに招くべく命をかけてくださったイエスの出来事の周りに集まる交わりです。恵みに生きることを分かち合う、イエスの弟子たちの交わりです。そこには恵みに生きる幸いと分かち合う喜びが豊かに湧き出るのです。

マルコの福音書は、確かにイエスの受難と十字架の死を強調します。文章の割合から言っても、全体の三分の一が受難週の出来事の描写となっています。また、前半と後半を区切るところでイエスご自身による受難予告が始まります（八・三一）。すなわち、イエスこそメシアであるとの弟子たちの告白（実際の内容理解は別にして）を受けて、その弟子たちにイエスはご自分の受難と十字架の死を語り始め、また、実際に十字架に向かって歩む姿を明らかにされるのです。そして、そういうご自身について来るようにと弟子たちに語られます。「だれでもわたしに従って来たければ、自分を捨て、自分の十字架を負って、わたしに従って来なさい」（三四節）。厳粛な招きであることは間違いありません。しかし、イエスの招きは神の国の福音、恵みの支配の良き訪れです。「時が満ち、神の国が近づいた。悔い改めて福音を信じなさい」(一・一五)。神の恵みに心開き、感謝と安心が溢れ、恵みを分かち合う交わりが生まれる幸いな道です。疎外されていた人々が一緒に食卓を囲み(二・一三〜一七)、隔離・差別されていた人々が社会復帰を果たし(一・四〇〜四五)、崩れていた家族の絆が回復します(五・一〜二〇)。イエスの目的は、恵みを分かち合う交わりが成立し、その輪が拡げられて神の民となることですから、十二弟子の形成はその象徴であり、その働きの端緒となります(三・一三〜一九)。この働きは、恵みを知らないこの世にあって、恵みに生きる人々の交わりを生み出すこと、つまり、世俗とは方向が異なる聖なる民、聖徒の交わりを生み出すということです。まさしくそのことのゆえに、世俗との様々な摩擦、葛藤、困難を味わうことにもなり、それが受難の道・十字架の道となるということなのです。この場面、弟子たちは依然として悟りが鈍く、イエスについて十字架の道を行くことに抵抗を感じていますし、いまだに世俗的なメシア待望を抱いていますが、イエスはこの席で、十字架の死という命がけの招きにより恵みの道を分かち合う交わりが確かに生まれることを弟子たちに握らせようとなさるのです。私たちが聖餐にあずかるとき、この主の晩餐に連なって、私たちもまた恵みを分かち合う聖徒の交わりを形づくるようにと召されているのです。

主イエスの命に生かされる憐れみ深い交わり

「さて、一同が食事をしているとき、イエスはパンを取り、神をほめたたえてこれを裂き、弟子たちに与えて言われた。『取りなさい。これはわたしのからだです。』また、杯を取り、感謝の祈りをささげた後、彼らにお与えになった。彼らはみなその杯から飲んだ。イエスは彼らに言われた。『これは、多くの人のために流される、わたしの契約の血です』」(二二〜二四節)。イエスはご自分が十字架で命を捨てる前夜、食事の席で弟子たちにこう言われました。もちろん、イエスは翌日に自分の身に起こることを知っておられます。弟子たちも、イエスが前々から告知してきたことや、宮きよめ以来、不穏な空気が漂っていることもあり、イエスの受難が現実味を帯びていることを感じています。しかも、その食事の席で出た話題が、弟子たちの中からイエスを裏切る者が出るという話(一四・一八〜二一)。その場に非常に重苦しい空気が流れています。

ところが、そうした雰囲気とは若干趣を異にする言葉が登場します。「神をほめたたえて」「感謝の祈りをささげた後」と。受難を目前にして、裏切り者のことを話題にしておいて、それでほめたたえるとか感謝するとは、いったいどういうことなのでしょうか。

そもそも、この食事は過越の食事ですから、儀式的に食卓をリードする者が祈ったり賛美を導いたりということは実際に行われることです。神の憐みによってエジプトの奴隷から解放された出来事を記念する祝いの食事ですから、それを喜んで神を賛美することや感謝の祈りをささげることは、当然、行われるわけです。しかし、これは単に昔の出来事を誇ることが本意なのではなく、奴隷の民をエジプトから導き出した神は今も生きておられ、その出来事を通して自分たちをも神の民としてふさわしく歩ませようと臨んでおられると受けとめることが肝心なことです。つまり、神は奴隷制度の上に成立する残酷な社会を退けて、弱い者・貧しい者に手を伸べて助け出してくださる憐れみ深い方で、その方に召し出されて、その方のものとされるということは、その方と同じく互いに憐れみ深い人々として生きることなのだと自覚することを意味するのです。そして、その生き方の実践によって、憐み深い交わりが形づくられることが目指されるのです。そのようにして神の恵みに生きる神の民となること、それが過越の本来の意味です。そこに導いてくださる神を喜び祝い、感謝するということです。それゆえ、イエスが弟子たちと過越の食事をしているこの場面、当然のこと、過越の本来の意味が覚えられて、賛美と感謝がささげられたわけです。

ところが、当時、世間においてはどうだったでしょうか。過越を祝うという儀礼的習慣が受け継がれていたことは確かですし、そこにある種の盛り上がりが見受けられたのも確かです。ただ、それは自分たちのルーツを誇り、民族的な高揚感に浸る類のもので、憐れみ深い神の民となって恵みを分かち合う交わりを形づくるという過越の核心はどこかへ吹き飛んでしまっているようでした。神の民の交わりを形づくる中心的な機能を発揮するはずの神殿さえも、異邦人憎悪、利権稼ぎ、弱者排除の温床と化しており、そこに悔い改めを迫ったイエスを憎み、殺害を目論む有様でした（一一・一五～一九）。しかも、当の過越期間中はその実行を差し控える相談はしますが、その理由は「民が騒ぎを起こすといけない」というもので、過越の理念にもとることなど考えにも及んでいません（一四・一～二）。つまり、騒ぎさえ起きなければ、悔い改め拒否もイエス殺害も問題なしと考えられており、恵みを分かち合う交わりの形成は完全に拒まれようとしていた、ということです。

こうしてイエスは十字架でご自分の命を献げることになりますが、それによって過越本来の意味が成就するのだと示すべく、過越の食事の席で賛美と感謝をささげつつ主の晩餐の行為としてパンと杯を弟子たちに振る舞うのです。すなわち、イエスの十字架の死を通して恵みの招きを受けとめて悔い改め、恵みを分かち合う交わりを形づくる人々が起こされていくということを告げるのです。過越の子羊のいけにえとその血によって召し出された人々が互いに憐れみ深い交わりを形づくるという過越のみわざの目指すところは、イエスの十字架によって成し遂げられるということです。そして、ここで主の晩餐にあずかった弟子たちは、そのような人々になるように、と語りかけられているのです。そうした将来を見つめて、この食事の席で賛美と感謝がささげられたと言うことができるでしょう。

この点から考えるならば、私たちが礼拝であずかる聖餐の大切な意味の一つとして、イエスの十字架による恵みの道への招きによって互いに憐れみ深い神の民が生み出されること、恵みを分かち合う聖徒の交わりが形づくられることを受けとめなければなりません。そして、そこに私たちも召し出されたことを自覚するようにと、聖餐を通して私たちは導かれるのです。

したがって、ここでイエスがパンを裂いて弟子たちに与えて「これはわたしのからだです」(二二節)と述べ、杯も同じようにして与えて「これは、多くの人のために流される、わたしの契約の血です」(二四節)と述べた言葉は、深く読み取られなければならないでしょう。これらの言葉は教会の歴史において、従来、聖餐におけるパンと杯そのものの効力をめぐって議論されることが多かったわけですが、はたしてそこにとどまっていてよいのかということです。確かに、その議論は重要です。イエスが「わたしのからだ」と述べるパンや「わたしの契約の血」と述べる杯が文字どおりのイエスの筋肉と血液に変化するというのは主の晩餐の現場でも起きていないことで、それゆえ、聖餐におけるパンと杯そのものを崇め奉ることは過度なことだとしても、パンと杯とともに主イエスの臨在があると理解して、聖餐におけるパンと杯を聖なるものとして丁寧に扱うことは信仰の姿勢として大切ですし(ルター)、また、パンと杯そのものに自動的に効力が備わっているのではなく、やはりそれはしるしであって、大切なのはそれにあずかる者の信仰だとする主張も必要な認識ですし(ツヴィングリ)、さらに、聖餐の場において主イエスの臨在をもたらして、あずかる者の信仰を喚起する聖霊の働きに注目し、両者を総合する考え方にも大事な理があります(カルヴァン）。しかし、パンと杯そのものの効力うんぬんという観点よりも、聖餐によって形づくられる聖徒の交わりという観点によって論点を整理すると、より深い意味が見えてきます。すなわち、聖餐におけるパンも杯も分け与えられて、分かち合うものです。そして、イエスはそれがご自身のからだであり契約の血であると述べるのです。つまり、主イエスを覚えて分け与えられ、分かち合う行為の中に、恵みの道に命をかけて招いてくださった主イエスの臨在があり、また、その招きを改めて受け取る信仰が喚起されるが、それは聖霊の働きとしてなされると理解できます。パンと杯そのものだけを見て、臨在なのか象徴なのかとこだわりの主張に固執するとまとまりにくいのですが、分け与えられ、分かち合う行為におけるパンと杯という視点で聖徒の交わりの形成に注目するならば、理解のまとまりを見いだすだけでなく、実際に恵みを分かち合う交わりが形づくられることでしょう。

聖餐にあずかるとは、イエスが十字架でご自身の命を献げてまで招いてくださった恵みを分かち合う交わり、聖徒の交わりが形づくられることを意味しています。聖餐を重んじ、教会が聖徒の交わりとしてふさわしい姿に形づくられていくように、祈りつつ歩んでいこうではありませんか。

主イエスによる満たしを覚えて世界に広がる交わり

「さて、一同が食事をしているとき」（二二節）。主の晩餐の行為が行われたこの食事、そもそもは過越の食事です。そして、その食事のメインは屠られた子羊の肉です。過越とは、屠られた子羊の血が目印となって、弱く貧しくとも神の憐れみにすがる人々と、そのような人々を暴力的に支配する人々とが区別され、後者は神の裁きの下に置かれ、前者は苦しみの地から救い出された古の出来事で、真の神の憐れみ深さを示すものです。そして、屠られた子羊の肉を共に食することで、憐れみ深い神の民となる契約を結ぶのです。

さて、この場面、イエスは過越の本当の意味がご自身の受難によって成就することを示すべく、主の晩餐の行為をなさるのですが、興味深いことにメインである子羊の肉を用いることはなさいません。十字架で裂かれるご自身の肉を示すのであれば、屠られた子羊の肉こそストレートなしるしになりそうなところ、イエスがお用いになったのはパンでした。もちろん、過越の出来事の大切な場面として、出エジプトの際はパン生地を発酵させる間もなく旅立つということで、出発前の食事として発酵させない種なしパンを食した事実がありました（出エジプト一二・一～二〇）。それを記念する意味で過越は「種なしパンの祭り」（一四・一二）とも言われていましたので、その場にパンがあったのは当然のことです。しかし、裂かれるご自身の肉を示すのであれば、種なしパンよりも子羊の肉のほうがふさわしいようにも思えます。それなのに、どうして肉ではなくパンだったのでしょうか。

一つの理由として、少なくとも過越のコピーを行ったのではないということが大切なポイントとなります。過越の中で、過越と絡めて、しかし、改めて主の晩餐を行っているということです。では、その真意は何なのでしょうか。

一つは、子羊の犠牲は神との契約を古代の人々の感覚に訴える手段ですが、イエスご自身の犠牲によってその意味は満たされるわけで、それゆえ実際に子羊を屠る必要はもはやなくなるという事情があります（ヘブル九・一一～一〇・一四）。これは、聖餐で食すのが実際の肉ではないという消極的な側面の話です。もう一つ、積極的な意味でパンを食すことの根拠として注目したいのは、パンを弟子たちにお与えになるときのイエスのアクションです。「イエスはパンを取り、神をほめたたえてこれを裂き、弟子たちに与えて言われた」（二二節）。どこかで見た光景ですね。そう、パンの奇跡です。「イエスは五つのパンと二匹の魚を取り、天を見上げて神をほめたたえ、パンを裂き、そして人々に配るように弟子たちにお与えになった」（六・四一）。「すると、イエスは群衆に地面に座るように命じられた。それから七つのパンを取り、感謝の祈りをささげてからそれを裂き、配るようにと弟子たちにお与えになった」（八・六）。イエスはパンの奇跡と絡めて主の晩餐の行為を行い、ご自身の十字架の犠牲で開かれる事柄を示されたのだということです。

まず五つのパンの奇跡ですが、これは、欠乏を満たす主なる神の臨在をイエスが示した出来事です。あの時、弟子たちはあらゆる面で欠乏を覚える状況でした。二人一組で派遣されて大成果にあずかったのはよいのですが、弟子たちは疲れ切っていました。そんな彼らを見かねて、イエスは彼らが休息を取ることができるように静かなところに連れ出してくださいました。しかし、そこにも群衆が集まって来て、しばらくイエスが相手をしたのですが、時間も遅くなり、解散させることを提案したところ、「あなたがたが、あの人たちに食べ物をあげなさい」との課題（六・三七）。ただでさえ疲れて体力がない、なのに五千人以上の大群衆、茫然として気力がない、夕食時なのに場所は荒野で店がない、それだけの食料を調達するお金もない、それで何とかしろと言われても知恵がない、ということでまさしく欠乏状態でした。しかしイエスは、そういう状態の弟子たちの目の前で五つのパンと二匹の魚を祝福して裂き、弟子たちに配らせます。すると結局、大群衆がみんな満たされたということで、荒野の旅路でもマナでもって大群衆を養った主なる神の臨在が示されたわけです。欠乏を満たす神ご自身がここにおられるというメッセージです。そして、その神の恵みを分かち合う交わりが生まれて、みんなが満たされるのです（六・三〇～四四）。主の晩餐でイエスが感謝をささげてパンを裂くというアクションは、改めてこの出来事を思い起こさせます。イエスがご自分の命を献げて招く恵みの支配は、欠乏を満たす主なる神の恵みを分かち合う交わりを生み出すということです。

さらに、この奇跡は七つのパンの奇跡につながります。やはり集まっていた大群衆に食物を提供するという課題に直面してのことですが、以前の経験を生かしてどうしたらよいか見当がつきそうなところ、弟子たちは何もすることができません。異邦人の居住地域のことで、異邦人主体の大群衆に五つのパンのごときみわざが提供されることへの偏屈な抵抗感が妨げとなっていたと考えられます。しかし、イエスは七つのパンでもって同じく大群衆を満たすというみわざをなさいます（八・一～八）。主の晩餐でイエスが感謝をささげてパンを裂くというアクションは、この事実をも思い起こさせます。イエスがご自分の命を献げて招く恵みの支配は、欠乏を満たす主なる神の恵みを分かち合う交わりを生み出し、それが人間の障壁を超えて世界に広がることを可能にするのです。

私たちが聖餐にあずかるとき、欠乏を満たす神の恵みが覚えられているでしょうか。その豊かさを分かち合う交わりが形づくられているでしょうか。その交わりは、私たちの偏屈で狭い了見を砕き、人間の様々な障壁（人種・民族、地位、出身、経歴、経済状況など）を超えて、世界に広がるものとなっているでしょうか。私たちの聖餐が恵みに生きる交わりを真摯に形づくるものでありますように。

86　主の晩餐・御国の希望

〈マルコ一四・二二〜二五〉

「さて、一同が食事をしているとき、イエスはパンを取り、神をほめたたえてこれを裂き、弟子たちに与えて言われた。『取りなさい。これはわたしのからだです。』また、杯を取り、感謝の祈りをささげた後、彼らにお与えになった。彼らはみなその杯から飲んだ。イエスは彼らに言われた。『これは、多くの人のために流される、わたしの契約の血です。まことに、あなたがたに言います。神の国で新しく飲むその日まで、わたしがぶどうの実からできた物を飲むことは、もはや決してありません。』」

私たちは希望なしに生きることはできません。希望がなければ、生物として生存できたとしても、人格として生き生きと生きることはできません。それゆえに、身体の生存も希望を切に求めます。希望が元気を与えてくれるというわけです。その点、聖書のメッセージは、死の力をはじめとする人間の限界、希望を奪い去るものを前にしても、衰えることなく希望を語ってくれるので、まさにいのちの言葉と言うべきものです。どんな時にも私たちを生かす良き知らせ（福音）なのです。その中身は、恵み深い神が治めてくださる神の国の訪れ、そこに命をかけて私たちを招いたイエスの復活、そして、やがて再びイエスが来られて成就する神の国の完成というアウトラインで描くことができます。そして、そのイエスの招きに応えるならば、神の恵みで治められる幸いの中に歩み、約束された完成に向けて希望を抱いて進むことができます。否、ある面、その約束の成就を遠い未来のこととしてではなく、部分的ではあるが現在から味わうことができるというものです。希望とは、それが確かなものであるなら、将来のある部分を先取りして味わわせ、そこへ向かう現在を喜ばせ、前を向いて進ませるもので、その意味でも、聖書の示す神の国の福音は確かな希望なのだということです。そして、私たちはこの希望をあらゆる機会に告白することができますが、とりわけ、礼拝における聖餐は、将来の先取りを味わうという意味において、まさしく舌で味わう行為によって特別に明確に希望を告白する機会として定められたものと言えます。ぜひとも、聖餐にあずかりつつ、この希望を告白して歩んでいきたいものです。

この希望というテーマについて、マルコの福音書はユニークな形で提示してくれます。確かに、マルコの福音書はイエスの受難を浮き彫りにして、イエスの働きを紹介します。全体の三分の一が受難週の出来事の描写であり、イエスの受難告知が合図となって前半と後半が区切られる構成となっており（八・三一）、受難告知を巡る弟子たちとの会話のパターンが福音書全体の主張を明確にしています。イエスの受難告知を弟子たちが勘違いして受けとめ、そこをイエスが修正するというパターンです。そして、弟子たる者、受難の道を歩むイエスに従って歩むべしと括られます。けれども、忍従のテーマは、そこに希望がなければ福音として成立するはずはありません。逆に、忍従のテーマが福音として成立するならば、そこに語られる希望は想像を超えて輝かしいものであるはずです。マルコの福音書は、実にそのような逆説的な形でイエスに従う道の希望を語るのです。「わたしと福音のためにいのちを失う者は、それを救うのです」（八・三五）。そしてイエスは十字架の出来事の前夜であっても、普通なら希望など持てそうにない中であっても、弟子たちに希望の先取りを示して、そこに生きるように諭されます。それが主の晩餐のもう一つの意義なのです。

御国の完成の先取り

「さて、一同が食事をしているとき」（二二節）。ここでイエスと弟子たちが食事をしているのは、過越の祝いです。普通は賑やかに盛り上がる食卓になるところです。しかも、ここで祝うのは過越、すなわち、古の日、神がエジプトで奴隷であった先祖を憐れんで救い出してくださった偉大なみわざの記念ですから、喜びと感謝で溢れる食卓になるべきところです。けれども、気分的にはそういうわけにもいかない雰囲気がありました。その席でイエスが十二弟子の中からイエスを裏切る者が出るとの告知をなさいます。そして、この告知は、かねてからのイエスによる受難予告と宮きよめ以来の周囲の不穏な空気と相まって、一気に現実味を帯びて感じられて、弟子たちは悲しみ始めるわけです（一四・一七〜二一）。

しかし、イエスはそういう中で、「神をほめたたえて」パンを裂き、弟子たちに分け与え、「感謝の祈りをささげた後」、一つの杯を弟子たちに与えられます。そして、イエスはそのパンを「わたしのからだ」、その杯を「多くの人のために流される、わたしの契約の血」とおっしゃり、過越の出来事と絡めてご自身の受難によって起こることを指し示すのです。それが、この場面、主の晩餐ということです。過越の出来事において屠られた子羊の血の目印とその肉を共に食する行為が境界線となって、奴隷制のごとき残酷な社会システムの上で経済を回して国力を高める罪深い社会と、そうした苦境の中で神に憐れみを求めて神の言葉に聴く人々とを区別し、前者は神のみこころでないことを明示したうえで、後者を苦境から解き放ち、憐れみ深い神の民とするという契約の真意がイエスの受難と犠牲によって今まさに明らかになろうとしていることを弟子たちに示されたわけです。確かに、そのためにイエスが通って行く受難や裏切り、十字架を生々しく考えると陰鬱な感じになりますが、それによってなされることは罪の支配からの解放であり、恵みに生きる神の民の交わりの形成であるので、やはり賛美してパンを分け、感謝して杯を分かち合うのは当然のことなのです。

そして、さらにここで注目したいのは、そのようにして形づくられる神の民の交わりは、この先どんなところを通っても、最終的に勝利・完成に至る、ゆえに喜び祝うゴールが待っているということです。恵みを分かち合う交わりが形づくられたとしても、途中で分解して終わってしまうのなら喜び祝うなんてことはできないのですが、そうではありません。イエスは、ここで「神の国で新しく飲むその日まで」（二五節）と言っています。その裏の意味は、必ずそういう日が来るということです。形づくられ始める神の民・恵みを分かち合う交わりは、神の国・恵みの支配が完成して祝杯を挙げるその日に向かう、その日を目指す、そして、その日を迎えるのだという希望を述べているのです。ここで「新しく飲む」と言っているのは、「ぶどうの実からできた物」（二五節）ですから、明らかに祝杯です。確かに、「その日まで、……飲むことは、もはや決してありません」という言い方は、希望よりも、何か成果を挙げるまで精進するみたいなストイックな忍耐をイメージするかもしれませんが、「その日まで」とは「その日」が来ることを前提としており、その日には、あるいは、その日からというニュアンスを暗に含んでいる表現です。共に喜び合う日が最後に待っている、それは確かなことだ、その時には喜びを爆発させて共に祝うのだという響きをにじませています。イエスは、十字架の出来事の前夜にこのように述べたのです。もちろん、通るべき事柄として十字架を通ります。しかし、それで終わりではありません。終わりは神の国の完成であり、イエスはその日、恵みに歩んできた人々と共にそのことを喜び祝うのです。その将来を垣間見て、十字架の前夜にその希望を先取りして語っているのです。

それでは、なぜそのように確かなこととして、神の国の完成を先取りする発言ができるのでしょうか。そこまで強く希望を語ることができるのは、どうしてでしょうか。イエスは、ご自分の働きの始めから、「時が満ち、神の国が近づいた」(一・一五)と語り、ご自分の働きとともに旧約聖書の約束は果たされつつあり、神の国・恵みの支配は決定的な形で接近しているという宣言しています。この「近づいた」(エーンギケン)とは、ある意味、すでに来ているというニュアンスを持っています。なので、完成したわけではないが間近に到来してきており、心を開けばすぐにその幸いにあずかることができるというリアリティの中にあるということなのです。そして、そう宣言されるごとく、実際にイエスの招きに応える人々がその幸いと力強さを経験するのです。確かに、世にあっては悩み多く、罪の力・死の力が人々を恵みから遠ざけようとしますが、イエスが示す神の恵みの招きはそれらをしのぎ、恵みに生きる幸いが証しされていきます。そういう意味で恵みに生きる幸い・神の国はすでに来ているので、その将来の完成まで見通して、希望を持って先取りすることができるのです。

実に興味深いことですが、この主の晩餐の場面で将来の希望を語る際、「まことに、あなたがたに言います」(二五節)という言い方をイエスは用いています。この言い方は、恵みの支配は来ているというニュアンス、希望の先取りを可能にする根拠について述べる場合に用いられます。例えば、この世代には改めてメシアのしるしが与えられることはない、なぜなら、しるしを超えるイエスご自身がおられるからだ、という発言(八・一二)。あるいは、この世代の間に恵みの支配の力が決定的に現されるという宣言(九・一)。完成されてはおらず終わりの時はまだ先ではあるが、すでに決定的なことは示されたので、恵みに生きる者は歴史の終わりを超えて確かな約束に生きることができるというメッセージ（一三・三〇～三二）。このようにイエスは、しばしば「まことに、あなたがたに言います」と言いながら、恵みの支配の到来のゆえに将来の希望を確かに先取りできることを語られるのです。主の晩餐もまた、そうした機会であったのです。

確かに、主の晩餐はイエスの十字架前夜の出来事ですし、その行為は十字架の意味を過越と絡めて告げ知らせるものです。恵みの招きを拒んだり無視したりする私たちのために、その罪のすべてを背負い、命を捨てても招くというイエスのお心であり、そうまでして私たちを恵みに生きる人々とする契約にあずからせようというメッセージです。その事実を覚える聖餐に私たちがあずかるとき、それはまさしく厳粛に神との契約の前に出ることを意味しますが、それは同時に、恵みに生きる人々の交わりを形づくることでもあります。そして、その交わりは終わることなく、やがて完成する神の国の勝利にあずかるのであり、しかも、その幸いを今から先取りして味わうことを意味するのです。やがて主イエスと共に、また代々の聖徒たちと共に恵みの支配の完成を祝うときが来るという希望を味わうことなのです。礼拝における聖餐にあずかり、なおもこの希望に生きるお互いとならせていただきましょう。

完成を目指して進む弟子の道

「まことに、あなたがたに言います。神の国で新しく飲むその日まで、わたしがぶどうの実からできた物を飲むことは、もはや決してありません」（二五節）。主の晩餐においてイエスが語ったこの言葉を改めて眺めてみましょう。「その日まで、……もはや決してありません」という言い方は、上記のように、その日が来ることが前提としてありますが、言葉のストレートな意味としては、その日はまだ来ていないからその日まで差し控えるということになります。すなわち、「ぶどうの実からできた物を飲む」こと、心底から喜びを爆発させて共に祝うこと、これをその時までは差し控える、その日まで取っておくということです。神の国・恵みの支配は将来必ず完成する、罪の力・死の力は完全に消滅し、すべてが恵みで治められて、損なうものがないというその時が必ず来る、しかし、まだその時ではないので、完成を共に祝うのはその時まで取っておくということです。

このことは、イエスがいかに憐れみ深い方であるかをよく示しています。まず、共に祝うことをしばらく差し控えるというのは、イエスご自身がそうするということで、弟子たちに対しては、むしろこれにあずかるように招いておられます。マルコの福音書では、「わたしを覚えて、これを行いなさい」（ルカ二二・一九）とのイエスの発言は記録されていませんが、過越の食事と絡めて、また「契約の血」という言葉を用いて語っておられるので、弟子たちはこの先もこれを行うようにというのが主の晩餐の意味、イエスの招きということになります。すると、イエスご自身は差し控えるけれども、弟子たちには前祝いとしてこれにあずかってほしいと招いておられることになります。ご自分の命を十字架で献げてまで恵みに生きる人々になるようにと招き、その交わりの完成を前祝いしながら歩むようにと語ってくださっています。ところがその一方で、イエスご自身としては前祝いを控えるというのは、恵みの支配が完成するまでなおも残る諸問題とその中で苦悩する人々に心を寄せておられるということです。そして、すでに恵みに心向けた人々と同じく、恵みに心を向けるようにと憐れみ深く招いておられるのです。

こうしたイエスのお心は、「ただし、その日、その時がいつなのかは、だれも知りません。天の御使いたちも子も知りません」（一三・三二）という終わりの日に関するみことばにも表れています。その日、つまり、恵みの支配の完成の日がいつなのかはだれも、ご自身も分からない、と語られます。イエスは神の御子ですから、知ろうと思えば知れなくもないでしょう。しかし、終わりの時・完成の時がいつなのか分からないで不安や諦めに負けそうな私たちと歩調を合わせるために、ご自分もその日がいつなのかは知らなくてもよいというスタンスを取ってくださったということです。そうしたお心そのままに、イエスは苦悩の中にいる人々と歩調を合わせるべく、ご自分としては前祝いを差し控えると言われるのです。ただ、恵みの招きに応えた人々には、むしろ前祝いにあずかり続けて、希望を確かにして歩むようにと励ましてくださるのです。礼拝において主の晩餐にちなむ聖餐にあずかるとき、私たちは実にこうした主の憐れみを深く味わうことになるのです。

そして、そのようにして希望を確かにしながら歩み続けると、やがて迎える将来、私たちはイエスと顔を合わせてお会いすることができるのです。約束されたように恵みの支配が完成し、その喜びを共に分かち合い、祝うことができるのです。その日その時には、イエスご自身もそれまで憐れみのゆえに控えてこられた祝いの杯を自ら解禁し、共に喜んでくださいます。私たちも、そこまで憐れみ深くあってくださったイエスと喜び合って、深い慰めを味わうことになります。私たちの歩みの行き着く先にこれが約束されているのです。なんという大きな希望でしょうか。

それゆえに、私たちはイエスの招きに従い、弟子の道を歩むことができるのです。確かに、イエスについて行くということは、「自分を捨て、自分の十字架を負って」（八・三四）歩むことを意味します。今の世にあっては恵みの支配の完成はまだ先ですから、イエスの招きに応えて恵みに歩むということは、恵みを理解しない世間のただ中で厳しい葛藤を通過することになります。十字架の道を通ります。しかし、それができるのは、十字架の道は十字架で終わるのではなく、やがて迎える恵みの支配の完成にあずかり、そこでイエスと顔を合わせてお会いして、共に喜び祝うことが約束されている、その日がゴールで待っているからなのです。礼拝における聖餐は、このことを指し示します。私たちは、聖餐によってこの希望を味わい、励ましを受けて、なおも弟子の道を歩んでいくことができるのです。

87　主の頼もしさをたたえる

〈マルコ一四・二二～二六〉

「さて、一同が食事をしているとき、イエスはパンを取り、神をほめたたえてこれを裂き、弟子たちに与えて言われた。『取りなさい。これはわたしのからだです。』また、杯を取り、感謝の祈りをささげた後、彼らにお与えになった。彼らはみなその杯から飲んだ。イエスは彼らに言われた。『これは、多くの人のために流される、わたしの契約の血です。まことに、あなたがたに言います。神の国で新しく飲むその日まで、わたしがぶどうの実からできた物を飲むことは、もはや決してありません。』そして、賛美の歌を歌ってから、皆でオリーブ山へ出かけた。」

教会の集会では賛美を歌う機会がたくさんあります。みんなで集って賛美するとき、恵み深い神を見上げる私たちの信仰は励まされます。教会に来始めた方々でも神の恵みに心が開かれて、慰めを受けたりします。とある伝道集会に来てくれた筆者の学生時代の同級生も教会での賛美に感動して、「讃美歌の魔力ね」なんて言っていました。ともかく、賛美には力があり、殊に一緒にささげる賛美には力があります。

ところが、そうした賛美の力を知っているはずなのに、どんな時にも賛美しているかと問われると、そうとも言えないという人がいるかもしれません。たまに喜び、時々祈り、調子が良ければ感謝するという程度ですと、恵み深い神を礼拝する者としてはかなり寂しい感じがします。確かに、心情的に賛美のことばが出にくい時と出やすい時があるかもしれません。しかし、私たちが賛美をささげる方、恵み深い神がいかに頼もしい方であるかを味わうにつれて、自分の調子うんぬんを超えて、否、調子の悪いときほど、神の頼もしさを深く実感して、賛美が出てくるようになります。そして、その中で慰めと励まし、力を得ることができるのです。これは生ける神を信じて歩む人生ならではのことと言えるでしょう。

このように、賛美が出にくいような調子の悪い中でも、恵み深い神の頼もしさのゆえに賛美できるのは、神のその姿が歴史の中で具体的に形となって現れてきたからです。しかも、その具体的な形の頂点とも言うべき出来事は、とても賛美などできそうもない状況に直面しながらも賛美の世界を切り拓く出来事で、それを歴史の中で現実としてくださった方がおられるということです。その方こそ、福音書が証しする主イエスご自身なのです。

特に、マルコの福音書が証しするイエスの姿は、「わたしについて来なさい」（一・一七、二・一四）と招く姿です。その招きに応えるならば、そこに神の国・恵みの支配の訪れを味わい知ることができます（一・一五）。確かに、このイエスの招きはすべての人々に対するものですが、それに応えるのはどちらかと言えば人間目線では賛美が出にくそうな状況の人々が多く、しかし、その中で彼らはイエスが語る恵みの支配の訪れに慰めを見いだして、そこに賛美が出てくるという経験をします。病のゆえに差別されて人前に出られなかった人が癒やされ、恵みの力を伝え始めます（一・四〇〜四五）。仕事上、疎外されていた人が恵みの分かち合いに見いだされ、同業者を同じ交わりに招きます（二・一三〜一七）。自分を制御できず自傷他害に走るしかなかった人が癒やされて、家族のもとに戻り、恵みの分かち合いを始めます（五・一〜二〇）。こうした出来事では、解放という幸いな経験が賛美のきっかけとなっていますが、それはその時だけの話ということではありません。大切なのは、先々何があっても神の恵みに信頼して賛美することへの導きが与えられたということです。

同じく招かれてイエスについて行き始めた弟子たちは、こうしたみわざを目の当たりにして恵みの支配の力強さを経験しますが、世間的なメシア待望や天下取りと出世欲という自分たちの野望に関心が傾き、恵みの神への賛美に生きることができない様子です。しかし、イエスは忍耐深く彼らを正して語られます。「だれでもわたしに従って来たければ、自分を捨て、自分の十字架を負って、わたしに従って来なさい。自分のいのちを救おうと思う者はそれを失い、わたしと福音のためにいのちを失う者は、それを救うのです」（八・三四〜三五）。恵みの分かち合いに仕えることは、イエスご自身が歩むように十字架の道になるけれども、その苦難で賛美が奪われることはなく、むしろ、労苦の報い豊かなる約束のゆえに賛美のうちに歩むことができるのだということです。そこを歩ませてくださる神はいかにも頼もしい方。それを身をもって示すべく、イエス自ら賛美のうちに十字架に向かって歩む姿を弟子たちに示しなさるのです。恵みに歩み、恵みに招く道は、どんな中でも恵み深い神の頼もしさを味わい、賛美に歩むことができるということです。私たちも主イエスに従いつつ、どんなときにも賛美に歩むお互いでありたいものです。

神の助けの力強さ

「さて、一同が食事をしているとき」(二二節)。イエスが十字架で命を捨てる前夜の食事です。それは過越の祝いの食事でもあり、イエスは翌日に控えたご自分の受難の意味について、過越の出来事を絡めて弟子たちに語り、主の晩餐としてパンと杯とを弟子たちに振る舞われました。過越のいけにえの血と肉がしるしとなって、神の言葉を聞く人々が奴隷の地より解放されて神の民とされたように、ご自身の十字架で流された血と裂かれた体を通して恵みへの招きがなされ、それに応えて歩む人々が起こされることを告げなさったわけです(二二~二五節)。この時点で弟子たちがどこまで理解できたかは別にしても、実に厳かな空気がそこに流れていたでしょう。そこには、直前にイエスが裏切り者の告知をされたことも相まって(一四・一七~二一)、張り詰めた緊張感が漂っていたでしょう。そのようにして、この食事は閉じられます。

「そして、賛美の歌を歌ってから、皆でオリーブ山へ出かけた」(二六節)。この食事の締めは、みんなで賛美することでした。どんな歌を歌ったのでしょうか。マルコの福音書は、この時の選曲について具体的に述べてはいません。賛美の歌を歌ったと短く触れているだけです。けれども、大切な意味があればこそ、省略しないで記録したものと言えるでしょう。そこで見当をつけてみたいのですが、状況的に言って、おそらくここで歌われたのは詩篇一一八篇だと思われます。過越の食事の締めとして歌われた賛美ですから、そう考えるのが順当です。しかし、これは毎年のお祝いの締めということ以上に、十字架前夜、イエスがご自分の十字架の死の意味について弟子たちに語ったその席の締めとして歌われたのだと捉えると、意味の深みと力強さが見えてきます。

そこで、詩篇一一八篇を概観してみましょう。その内容は、主なる神がご自分の民を窮地から救い出してくださる姿がいかにも頼もしく、これを味わいつつ心から感謝をささげるというものです。ここでの窮地とは、「すべての国々が私を取り囲んだ」(詩篇一一八・一〇)、「蜂のように 彼らは私を取り囲んだ」(同一二節)という状況です。そのように敵に取り囲まれて、追い詰められた状態だったということです。しかし、その中で主なる神に助けを叫び求めると、「主は答えて 私を広やかな地へ導かれた」(同五節)というみわざを経験します。これを踏まえて、「主は私の味方。私は恐れない。人は私に何ができよう。主は私の味方 私を助ける方。私は 私を憎む者をものともしない」(同六〜七節)と告白するのです。ここで

「ものともしない」と訳される言葉は、そもそもは「眺める」（ラーアー）という言葉で、取り囲んで襲いかかってくる敵を眺める落ち着きが与えられたことを意味します。相手の動きが見えるというのは、勝利を得る要件ですね。このように力強く助けてくださる主なる神が自分の味方なのだという頼もしさ。それゆえに「主に身を避けることは　君主たちに信頼するよりも良い」（同九節）と述べるのです。この発言は、実に大胆と言わなければなりません。古代社会においては、君主を領土内の治安・経済はもちろん、すべての実権を握る存在と見るのが常識であるのに、主なる神はそれを超える方だと賛美するのです。

「そして、賛美の歌を歌ってから、皆でオリーブ山へ出かけた」（二六節）。十字架の前夜、イエスが弟子たちと賛美したのが詩篇一一八篇だったとすると、これは実に深い意義を持つことになります。まさしく数時間後にイエスは蜂に取り囲まれるようにして敵対する人々に取り囲まれ、怒号・罵声を浴びせられ、むち打たれ、十字架に釘付けにされるのです。そうなると分かっていて、イエスはそちらに向かって進まれます。その際に詩篇一一篇を賛美して、「主は私の味方。私は恐れない。人は私に何ができよう。主は私の味方　私を助ける方。私は　私を憎む者をものともしない」（詩篇一一八・六〜七）との告白さながらに、すべてを父なる神に委ねて進んで行かれるのです。十字架という極限の状態であっても、詩篇一一八篇の示すところは嘘ではないのだとお示しになるのです。そして、その姿でもって、恵み深い神の頼もしさ、その方にすがる心強さに私たちを招いてくださるのです。そのように十字架に向かって歩んで、実際にどうなったでしょうか。「主は私を厳しく懲らしめられた。しかし私を死に渡されはしなかった」（同一八節）。イエスは十字架で、確かに死にました。しかし、死の力は打ち破られて、予告のとおりイエスは復活します（八・三一、九・三一、一〇・三三〜三四）。すなわち、詩篇一一八篇が示すところの、主なる神の頼もしさ、この方にすがる心強さは間違いないことが示されるのです。十字架直前でも、この賛美をささげることができたという力強さを覚えます。同じく、どんな中でも賛美ができるという歩みに私たちも招かれているのです。

礼拝の民の回復

「そして、賛美の歌を歌ってから、皆でオリーブ山へ出かけた」（二六節）。十字架の出来事の前夜、イエスが弟子たちと歌ったと考えられる詩篇一一八篇は、主なる神の頼もしさ、信じ頼る人々を窮地から救い出してくださる心強さを歌いますが、そこで終わりではありません。ピンチから脱出できても、その先どうなるのか分からないというのでは、真の解放とは言えません。その先、自分勝手に歩んで神の導きを見失うようでは、真の自由とは言えません。詩篇一一八篇が描くのは、神の力によって窮地から解き放たれた人々が感謝のうちに神に従うようになる、神のみこころを慕い求めて、神の恵みに生きるようになるということです。すなわち、礼拝の民となるということです。

「私はあなたに感謝します。あなたが私に答え 私の救いとなられたからです」(詩篇一一八・二一)との賛美は、礼拝の場所の設営につながっています。「家を建てる者たちが捨てた石 それが要の石となった。これは主がなさったこと。私たちの目には不思議なことだ」(同二二〜二三節)。この句は礼拝の場所である神殿の土台石が据えられたことを述べていますが、特に、廃墟となった場所に神殿を再建するように導かれた神のみわざの不思議さを描いています。具体的には、神の恵みに背き、神の守りにすがるよりも自分たちの力に依存して、結局、他国の侵略に呑み込まれて捕虜となり(バビロン捕囚)、そこで悔い改めに導かれ、捕囚の地から解放されて廃墟となった故郷に戻り、まず、礼拝の場所を整えようと立ち上がった様子と心情を歌っています。自分たちが背いたのだから見捨てられても仕方がないのに、神は憐れんで、なおも神の民として歩ませようとしてくださることに感動して、神に心ひれ伏しているわけです。そして、この力強い憐れみのみわざに心惹かれて、「ああ主よどうか救ってください」と人々が集まって来ます(同二五節)。そして、そのように求めて集う人々を礼拝の民が歓迎して、祝福を祈ります。「私たちは主の家からあなたがたを祝福する」(同二六節)。そして、共々に主なる神の頼もしさを覚えて、喜び賛美しようと呼びかけていくのです。「主に感謝せよ。主はまことにいつくしみ深い。その恵みはとこしえまで」(同二九節)。そのようにして礼拝の民が神の憐れみのうちに回復される、これを詩篇一一八篇は歌っているのです。

十字架前夜、イエスが弟子たちと賛美したのは、この詩篇一一八篇と考えられます。すると、そこには、さらに深い意義が認められなければなりません。おそらく、弟子たちは一緒に賛美しながら、鳥肌が立つ思いだったに違いありません。なぜなら詩篇一一八篇が描くのは、実につい数日前に自分たちが見た光景でもあったからです。「どうか救ってください」（ホーシーアー・ナー）と叫ぶ（同二五節）、「枝をもって」「行列」を組んだ人々（同二七節）というのは、イエスと弟子たちが都エルサレムに入城したときの群衆の姿でした（一一・八〜九）。また、「家を建てる者たちが捨てた石 それが要の石となった。これは主のなさったこと。私たちの目には不思議なことだ」（詩篇一一八・二二〜二三）との言葉は、イエスが神殿で祭司長や長老たちから挑発を受けたとき、議論の中で語ったたとえ話の締めに引用されたものでした。詩篇一一八篇が描く礼拝の回復はイエスにおいて果たされるということです。イエスは力強く恵みの支配をもたらす方、恵みから引き離す勢力に取り囲まれた人々を解放する頼もしい救い主、人々を恵みに招くために命をかけて礼拝の場をきよめ、まさしく捨て石のように命を捨てることになるが、死を打ち破って復活する勝利の主。その招きは確かで、そこに礼拝の民の礎が据えられる、そして礼拝の民は回復する、イエスはそのみわざを成し遂げる方である、ということです。この時点で弟子たちは明確には理解できなかったでしょうが、実際にイエスの十字架と復活の出来事に触れて、恵みの招きに圧倒され、まず、彼ら自身が回復された礼拝者として主なる神の御前に心ひれ伏すのです。

そして、この招きは現代、私たちにまで及んでいるのです。神の恵みから遠く離れていた私たちでしたが、礼拝の民となって恵みに生きるようにと主イエスの十字架と復活により招かれて、今、礼拝者として歩ませていただいています。私たちをも礼拝の民へと招く憐れみの力強さ、恵みから引き離す勢力に囲まれる中から解放して礼拝の民となす主イエスの頼もしさ、これを深く覚えて、詩篇一一八篇さながら、共に賛美をささげつつ歩んでいきましょう。

88　つまずきから立ち直れるわけ

〈マルコ一四・二七～三一〉


「イエスは弟子たちに言われた。『あなたがたはみな、つまずきます。

「わたしは羊飼いを打つ。

するると、羊は散らされる」

と書いてあるからです。しかしわたしは、よみがえった後、あなたがたより先にガリラヤへ行きます。』　すると、ペテロがイエスに言った。『たとえ皆がつまずいても、私はつまずきません。』　イエスは彼に言われた。『まことに、あなたに言います。まさに今夜、鶏が二度鳴く前に、あなたは三度わたしを知らないと言います。』　ペテロは力を込めて言い張った。『たとえ、ご一緒に死ななければならないとしても、あなたを知らないなどとは決して申しません。』　皆も同じように言った。」


よちよち歩きの幼子がつまずいて転んで泣き出すのを見かけることがあります。転んで痛いということもあるでしょうが、びっくりしてどうしていいか分からずに泣くというのが大方でしょう。そんなときの一番の助けは、やはり近くで見ている親が手を差し伸べて声をかけることではないでしょうか。つまり、大丈夫だよというメッセージです。転んで泣いても受けとめてくれる、また立ち上がって歩き出せばいい、ということを感じさせてくれることです。堅く言えば、受容と希望のメッセージということになるでしょう。

このことは、幼子の歩行に限ったことではありません。私たちが人生で何かにつまずいたり転んだりするとき、それでも立ち上がって歩み出すことができるためには、受容と希望のメッセージが必要です。つまずいて転んでも、それで人生が終わるわけではない、転んだ事実、弱さや痛みや恥を受けとめて、まだ行けると先を指し示してくれるメッセージがあれば、そこに力を得て立ち上がり、進みゆくことができます。

そして、こうした受容と希望のメッセージの中でも究極の力強さと確かさを持っているのが、聖書の語る福音なのです。天地のつくり主なる神、私たちにいのちを与え、恵みで生かしてくださる神ご自身が、また立ち上がって歩み出せばよいと、つまずいている人々に語りかけてくださいます。そして、立ち上がって正しい方向に歩み出すことができるために、ご自身の存在をかけて手を差し伸べてくださるのです。そして、歴史の中でその神の心を見せたのが主イエスの出来事です。ぜひとも、この方に信頼して歩みたいものです。

当然、聖書全巻がこのことを語っているのですが、特にマルコの福音書は、イエスを主と告白して歩む私たちが文字どおりイエスの弟子として歩もうとするときに起こるつまずきについて、最初の弟子たちが歴史の現場でどうであったかを描きつつ、そこから立ち直る契機をドラマティックに提示してくれています。イエスは神の国の訪れ・恵みの支配について語り（一・一五）、「わたしについて来なさい」と人々を招きます（一・一七、二・一四）。その招きに応えた人々は弟子となり、神の恵みの支配の力強さを目の当たりにしますが、世間的なメシア待望を引きずる彼らはそのイメージをイエスに投影して、イエスの意図とは違う野望（天下取りと出世欲）を本音のところで抱きます。言ってみれば、つまずきの石が顔をのぞかせています。しかし、イエスはそんな彼らをたしなめて、その認識を修正します。そして、イエスについて行くとは苦難の道となるけれども、それは苦難で終わるものではなく、そこを突き抜ける恵みの力の勝利にあずかることだと語り、なおもついて来るように励まされます（八・三一～三八、九・三〇～三七、一〇・三二～四五）。けれども、いよいよイエスが十字架へと進んで行かれるとき、彼らのうちに本当につまずきが起きてきます。すでにイスカリオテのユダによる裏切りは水面下で進行しつつありましたが（一四・一〇～一一、一七～二一）、それだけでなく、弟子たち全員、最後にはイエスについて行けなくなって逃げ出してしまうのです（同五〇節）。イエスはこのこともあらかじめ弟子たちに告げますが、まさしくその告知が彼らのつまずきからの立ち直りの契機として機能するのです。厳しい現実の告知の中にも、そこまでの配慮でもって事前に語りなさるイエスの憐れみ深さを覚えます。弟子の道に歩みつつも、つまずいてしまう私たちがなおもそこから立ち直り、歩み続けることができるのは、この憐れみがあるからなのです。

弱さをさらけ出させる愛

「イエスは弟子たちに言われた。『あなたがたはみな、つまずきます』」（二七節）。これは、十字架の出来事の前夜、主の晩餐の直後、「皆でオリーブ山へ出かけた」（二六節）道中での発言です。そのオリーブ山のふもとのゲツセマネの園でイエスは祈りの時を持ち、自らの身を敵の手に渡して十字架へと進んで行かれます。その現場に向かう途中での会話です。

すでにイエスは、直前の晩餐の席で裏切り者について言及していますし、自らの命をいけにえとして献げることについても語られています（一四・一七〜二五）。実に緊迫した雰囲気が流れていたことでしょう。そこに追い打ちをかけるように、イエスが弟子たち全員のつまずきを告知するのです。先ほどの裏切り者の告知のときは、「まさか私ではないでしょう」（同一九節）と確かめることができたのですが、全員つまずくと言われたからには、それもできません。自分が裏切り者になるのではないと確認できて、一応、ほっとしていた者も、その安堵感を叩き潰される思いがしたに違いありません。それにしても、なぜイエスは、この期に及んでこんなことを告げたのでしょうか。

イエスご自身は、今後のことを告知してきただけあって、当然、何が起きるのか分かっておられます。というか、告知したとおりに事柄が動くように、イエス自ら行動し、そこへ向かって進んで行かれます。反発する相手にも臆することなく悔い改めを迫り、命を捨てても恵みに招く使命を果たすためです。すなわち、ご自分の犠牲によって恵みの道へと解放される人々が起こされることを示すべく、ご自分の受難と過越の出来事を絡めるために、過越のいけにえが屠られる晩にご自分が捕らえられる機会を提供されるのです。そうした緊迫した覚悟の中で、「あなたがたはみな、つまずきます」（二七節）と語るわけですから、少なくとも軽い言葉ではありません。もちろん、イエスは怒ったり取り乱したりすることなく、静かな口調で弟子たちに告げられたでしょう。けれども、そのまなざしには悲しみが溢れていたでしょう。つまずきと言いますが、これは少々バランスを崩す程度のことではありません。言語では「スカンダリゾー」という言葉が使われています。「スキャンダル」の語源に当たる言葉です。実に衝撃的な出来事、打ちのめされるような出来事を経て、みんな散らされる、ついて行けなくなってしまう、そういう現実を突きつけられることになるとイエスは告げるわけです。

このように、そちらに向かって自ら進みながら覚悟を持って告知するイエスの意図は何だったのでしょうか。衝撃的な出来事であっても告げられていれば衝撃も和らぐという、メンタルにおける緩衝材という意味もあったかもしれません。しかしそれ以上に、イエスご自身も承知のことであったと明らかにすることで、理解してくださるイエスに後々すがることができるようにとの配慮であったと言えるでしょう。そのイエスのお心は、この後の会話からも透けて見ることができます。

しかしながら、弟子たちとしては心穏やかではありません。即座に強く反発します。「すると、ペテロがイエスに言った。『たとえ皆がつまずいても、私はつまずきません』」（二九節）。「ペテロは力を込めて言い張った。『たとえ、ご一緒に死ななければならないとしても、あなたを知らないなどとは決して申しません。』皆も同じように言った」（三一節）。イエスは、そういう弟子たちの姿をある意味では嬉しく受けとめたでしょう。たとえ強がりであっても、命がけで忠誠を尽くすという発言は感動ものです。しかし、同時にイエスは現実を冷静に見ています。一番強がっているペテロにこう言われます。「まことに、あなたに言います。まさに今夜、鶏が二度鳴く前に、あなたは三度わたしを知らないと言います」（三〇節）。鶏が二度鳴くと夜明けというのは、神殿で夜勤を担当する人の感覚です。つまり、ペテロは夜明け前にイエスを三度も否定することになると告げられるのです。夜明け前ですから、夜勤担当の感覚で言えば、最後まで務めを全うできなかったというニュアンスになるでしょう。最後のところでイエスについて行けなかったということを示すことになります。三度の否定は、イエスが十字架の道を告知したうえでなおもついて来るようにと弟子たちを諭した機会が三度あったという記録に対応しています（八・三一〜三八、九・三一〜三七、一〇・三二〜四五）。三度語られたのに三度否定するというのは、全部否定するということです。これは聞かされるほうもショックでしょうが、語るほうも心引き裂かれる思いでしょう。

しかしペテロは（そして他の弟子たちも）、この場では強がっています。強がりは、一般的には弱い証拠となります。本当は弱いし、自分でも弱いことを知っているし、周りにも薄々気づかれているようだけれども、知られたくない、指摘されたくない、だから強がるということです。ペテロや他の弟子たちも、きっとその類だったでしょう。皆がつまずくと言われても素直に受け入れられず、「たとえ皆がつまずいても、私はつまずきません」（二九節）と、自分だけは例外だと主張するのは、他の人々に自分の弱さや失敗をさらしたくない、知られたくないという反応なのでしょう。そしてその背後に、弟子たちがこれまでに時々やらかしてきた論争、この中でだれが偉いかという競争心が影を落としているのは間違いないでしょう（九・三四、一〇・三五～四二）。また、「たとえ、〇〇でも、私は決して〇〇しない」（三一節）という言い方も気になります。周りの条件がすべてまずくても、自分だけは大丈夫という言い方は、自分に根拠を置いているということです。しかし、こういう言い方をするときは危険です。人間は自分自身を根拠にして絶対を主張することはできないからです。そのように言ってしまうとき、それは強がりです。そして、強がりというのは、弱さを隠しているようで、実は何よりも弱さをさらけ出していることになります。

　この場面、弟子たちはみな強がっていますが、特にはっきりと強がりを言っているのはペテロです。しかし、別の面から言えば、ここまで言わせたのはイエスです。皆がつまずくと言い出したのも、ペテロが夜明け前に全否定すると皆の前で告げたのもイエスです。確かに、そう言われたらムキになるでしょう。彼らは「網を捨てて」（一・一八）、つまり、職を捨ててまでイエスについて来たわけです。なのに、そこまで言われちゃ黙っていられないという気持ちでしょう。もちろん、イエスはその気持ちも知ったうえで告知しておられます。しかし、これは意地悪ではありません。それは、ペテロの（そして弟子たちの）強がりを引き出すため、あえてさらけ出させるためです。だったら、やっぱり意地悪じゃん、と思われそうですが、確認しておきたいのは、弱さと弱みは違うということです。弱みとはだれかから何かをゆすり取るために悪用される弱点のことですが、弱さはそうではありません。弱さを弱さとして認めることは、そこを超えていく鍵となります。イエスはここでペテロに、だからお前はダメなんだ、などと言いません。むしろ、弱さをさらけ出させて、それを丸ごと受けとめるのです。ペテロが強がったとき、人間的な同情でペテロを持ち上げて終わっていたら、そこまでだったでしょうが、イエスは冷静に夜明け前の全否定まで告知してペテロの弱さを引き出し、それを受けとめなさいました。すると、どうなったでしょうか。本当にペテロがそうなってしまったとき、彼はイエスの言葉を思い出して泣き崩れるのです（一四・七二）。このイエスの告知がなかったとしたらペテロは泣き崩れたでしょうか。歴史に〝たられば〟を言っても仕方のないことですが、おそらくペテロは一人、敗北感を内心に押し殺して、引きずっていく人生を送ったのではないかと思います。しかし、事実はそうではありませんでした。イエスの告知があり、それを思い出してペテロは泣き崩れ、悔い改めて立ち直るのです。それができたのは、イエスが弱さをさらけ出させたまま丸ごとそれを受けとめてくださったからです。強がらなくてもよいと語り、弱さをさらけ出すことができるようにして、それを丸ごと受けとめてくださる深い愛に出会うことができれば、私たちは立ち上がることができます。イエスは私たちに対して同じように臨んでくださいます。

つまずく前から再出発の約束

「イエスは弟子たちに言われた。『あなたがたはみな、つまずきます』」（二七節）。この場面、イエスはこの先のことを見通して、弟子たちのつまずきを告知しておられます。しかし、予告が目的でこれを語ったのでしょうか。上述のように、ペテロの（そして弟子たちの）強がりから弱さを引き出すというのも、イエスが狙ったところではあるでしょう。しかし、それだけでしょうか。そうではありません。確かに、つまずきを避けて通ることはできません。しかし、つまずきを超えて、そこからの回復があることがここに約束されています。

「しかしわたしは、よみがえった後、あなたがたより先にガリラヤへ行きます」（二八節）。確かに、この直後にイエスは、予告のとおりに捕らえられ、苦しみを受け、十字架に命を捨てていきます。そして、弟子たちはつまずいて逃げていきます。ペテロは三度、イエスを否定します。しかし、事はそれで終わりではありません。十字架で死んだ後、イエスは三日目によみがえるのです。前々からイエスはこのことを告知してきましたが（八・三一、九・三一、一〇・三四)、ここで改めて告知するのです。弟子たちはみなつまずくと述べてからの、ご自分の復活の告知。これはいったい何を言おうとしているのでしょうか。ここで注目すべきは、復活の予告に加えて、今までになかった新しい情報が述べられていることです。復活後の行き先がガリラヤだと告げられています。どうしてイエスはここで復活後の行き先を示唆するのでしょうか。そして、なぜそれはガリラヤなのでしょうか。

ここでイエスは「あなたがたより先にガリラヤへ行きます」(二八節)と言っています。つまり、イエスはガリラヤへ行くのですが、弟子たちも後からそこへ行くことになると述べているのです。イエスにつまずいて逃げ出した後、お互い再びガリラヤへ行くのだ、と。ガリラヤは、弟子たちがイエスと出会った地です。イエスが語る恵みの招きに触れて心が動き、イエスから「わたしについて来なさい」(一・一七、二・一四)と声をかけていただいた場所です。あの頃はまだ一介の漁師だったり、嫌われ者の取税人だったり、貧しい熱心党員だったりで、イエスの語ることをすべて分かったわけではなかったけれども、招かれてイエスに従い始めた場所です。そこからせっかく従い始めたのに、この土壇場でつまずいて逃げ出すとの告知。しかし、十字架の死から復活したイエスは、弟子たちより先にガリラヤ、すなわち出会いの地へ行き、そこに弟子たちが来てくれるのを待っているということです。弟子たちのつまずきを告知しながら、けれども、つまずきっ放しではない、イエスは死から復活した後、先回りして出会いの地へ行き、弟子たちと再会するのだと約束してくださっているのです。たとえつまずいても、出会いの地で再会して、もう一度やり直そうじゃないか、やり直すことができるから、必ず再会しようということです。つまずいて転倒した幼子の先回りをして、大丈夫だからこっちにおいでと手を差し伸べる親の姿になぞらえることができるでしょうか。失敗を受けとめ、再び立ち上がらせるという希望を与えてくれるメッセージです。十字架に向かうイエスを一人残して逃げ出してしまう失態を考えると、あらかじめここまで言ってくださるイエスの取り計らいは恩寵以外の何ものでもありません。いったいイエスの他にだれが、このひどい失態をやらかす者たちに対して、ここまでの慰めと励ましと可能性を語ることができるでしょうか。こういう方だから、私たちはイエスについて行くことができるのです。たとえつまずくことがあっても、そこから立ち直って再び歩み出すことができるのは、イエスが先回りして出会いの場で待っていてくださるからです。

89　散らされて始まる主のみわざ

〈マルコ一四・二七〜三一〉


「イエスは弟子たちに言われた。『あなたがたはみな、つまずきます。

「わたしは羊飼いを打つ。

すると、羊は散らされる」

と書いてあるからです。しかしわたしは、よみがえった後、あなたがたより先にガリラヤへ行きます。』　するとペテロがイエスに言った。『たとえ皆がつまずいても、私はつまずきません。』　イエスは彼に言われた。『まことに、あなたに言います。まさに今夜、鶏が二度鳴く前に、あなたは三度わたしを知らないと言います。』　ペテロは力を込めて言い張った。『たとえ、ご一緒に死ななければならないとしても、あなたを知らないなどとは決して申しません。』　皆も同じように言った。」


人生の中で時々経験することですが、今まで積み上げてきたものを一度崩して、新たな何かとして建て直すことがあります。それは、新たなものを建てるという意味では、間違いなく希望へと向かう動きです。しかし一方で、せっかく積み上げてきたものを崩すのですから、残念な感じや惜しむ気持ちを伴うことでもあります。受験や就職活動の途中での進路変更、仕事やその他のことでの計画の見直しなど、ほろ苦い思い出があるという方々も多いことでしょう。けれども、新たなものを建て上げるためにはやらなければならないということならば、避けて通るわけにはいかないでしょう。

こうしたことは、神が私たちの人生に働きかけて事をなさる場合にも当てはまることです。しかも、なされる事柄は神のみわざとしての明らかな方向を持っており、また、それだけのスケールを伴う出来事になります。私たちにいのちを下さり、恵みで生かしてくださる神のみわざですから、そして、私たちを愛して祝福を注いでくださる神のみわざですから、まさしくそういう方向で、それだけ豊かな事柄がなされるということです。すなわち、一度崩すとはいえ、そこに新たに建て上げられるものは祝福に溢れているということです。けれども、そこに至る途中で何か妨げになるものがあったり、今まで積み上げてきたものを一度チャラにしたほうが恵み深さが身に染みるということであったりするならば、そこが崩されるという経験を通ります。そして、それだけの痛みを伴うことになります。しかしながら、それは新たな祝福溢れる何かに至るプロセスであり、そこを通ってこそ恵み深い神のみわざにあずかることになるのです。

その点、マルコの福音書はパワフルなメッセージを私たちに語ります。「わたしについて来なさい」（一・一七、二・一四）と語りかけるイエスを力強く描きます。イエスは私たちがついて行くべき方、主なる方です。ところがイエスは、一方でそう語りつつ、もう一方では、ついて行き始めた弟子たちに、今のままではこの先もついて来ることはできないと示していかれます。どんなに意気込んでいても、今のままではいけない、一度崩されて散らされて、そこで自分の弱さを知り、そういう自分になおも注がれる神の憐れみを知らなければ、この先もついて来ることはできないということです。

イエスの招きに応えて恵みに生きる道に歩み始めた弟子たちは、確かに、恵みの道の力強さをイエスの間近で経験します。しかし弟子たちは、恵みの分かち合いに仕えるよりも天下取りと出世に関心が強く、イエスを世間的なメシア待望の範囲で理解するところから抜け出すことができない様子（八・一四～二一、三一～三三、九・三三～三四、一〇・三五～四二）。そこでイエスは彼らを薫陶して、イエスの弟子となる道は十字架の道を通るのだと諭されます（八・三四～三八、九・三五～三七、一〇・四二～四五）。実際にイエスはこの道を進み、命を捨てていくことになります。その中で弟子たちはふるいにかけられ、散らされ逃げ出し、やはりついて行けない自分たちの弱さを見せつけられることになります。けれども、実はそこが通るべきプロセスで、その弱い自分になおもついて来るようにと語ってくださる深い憐れみを受け取るようにと導かれるのです。

罪と汚れをきよめる泉

「あなたがたは、みなつまずきます。『わたしは羊飼いを打つ。すると、羊は散らされる』と書いてあるからです」（二七節）。このイエスの発言は、過越の食事の晩、すなわち、主の晩餐の出来事の直後、ゲツセマネの園で静まるためにイエスが弟子たちと出かけていく途中で語られたものです。その後イエスはゲツセマネの園で捕らえられ、不当な裁判にかけられて、出来事は十字架刑へと進んでいきます。もちろん、イエスはすべてご承知であり、また、イエスご自身がそちらへと事を動かしておられました。宮きよめ以来、イエスを妬む人々による殺害計画は具体的になってきており（一一・一五～一九、一四・一〇～一一）、イエスはこの晩に限ってベタニアに退去することなく都で夜を過ごし（一四・一二～一六）、しかも人の気配のない場所に赴いたのですから（同二六節）、分かっていて自ら網にかかりに行くようなものです。そういう中で、イエスは弟子たちに彼らのつまずきを告知します。この告知の理由については、その後の会話が示すとおり、ついて来ることができない弟子たちの弱さをさらけ出させて、そこを丸ごと受けとめるため、また、再出発の約束を示唆しておいて、彼らがつまずいて打ちひしがれても、立ち上がらせるためと言えるでしょう。

さて、そのような告知の中で、イエスは旧約聖書の預言書から一つの聖句を引用していま す。「わたしは羊飼いを打つ。すると、羊は散らされる」。これはゼカリヤ書一三章七節からの引用で、弟子たちのつまずきの告知として捉えられるゆえにイエスはこれを引用しているのですが、実際、この聖句のゼカリヤ書におけるそもそもの意味は何なのでしょうか。そこに注目してみましょう。

ゼカリヤ書は、イエスの時代から遡ること約五百年、預言者ゼカリヤを通してユダの人々に語られた主なる神のメッセージです。当時の状況は以下のように描くことができます。かつてユダの人々が神の守りよりも自分たちの知恵と力に当て込んで都合よく事を運ぼうとして、警告どおり、他国との争いに呑み込まれ、大国バビロンに征服され、多くの人々が捕虜となりました（バビロン捕囚）。ゼカリヤが語ったのは、人々がそこから神の憐れみにより解放され、悔い改めのうちに再起を図り、ユダの地に戻って礼拝の場である神殿を再建しようとしていたときのことです。人々は今度こそ神のみこころを求めて礼拝を第一にしようと神殿再建に取り組んでいましたが、様々な妨げや困難の中で挫折しかかっていたところ、ゼカリヤが預言者ハガイと共に遣わされて来て、礼拝の民として挫折から立ち上がるようにと励ましのメッセージを語ったのです。その中で特に強調されるのが、「帰る」（シューブ）という言葉。これは通常、「神に帰る」、つまり悔い改めるという意味で用いられることが多いのですが、ゼカリヤ書では、神が人々のところに帰って来てくださるというメッセージが込められています。「わたしは、あわれみをもってエルサレムに帰る」（ゼカリヤ一・一六）、「わたしはシオンに帰り、エルサレムのただ中に住む」（同八・三）と語られています。つまり、神のもとに帰って礼拝の民となる人々のもとに、神もまた憐れみをもって帰って来てくださるということです。したがって、イエスが引用した「羊飼いを打て。すると、羊の群れは散らされて行き」(同一三・七)も、こうした全体のメッセージの中で意味を持つもので、つまずいて散らされておしまいではないということなのです。

それならば、イエスが引用した箇所は、いったいどんなところで出てきて、何を意味するのでしょうか。ゼカリヤ書は、前半においては、上述の歴史状況の中で人々の信仰を喚起して悔い改めに導くメッセージが語られます。そして後半は、神殿が再建されたものの人々の信仰生活は礼拝の民にふさわしくないという中、純粋に恵みの神を見上げて恵みを分かち合う歩みが廃れていき、特に、礼拝の民をリードする立場の人々にそうした傾向が見られるという状況が記されます。しかし神は見捨てることなく人々に悔い改めを迫り、神に心を向けさせるのだと語り、そのために救い主が送られると告げます。その方は王として統べ治める方だけれども、平和でもって治める方で、その象徴として軍馬ではなく、ろばに乗る方だと言われます(同九・九)。これは、イエスの生涯において、エルサレム入城の際に成就した預言ですね(一一・一〜一二)。そして、そうしたことを語るゼカリヤ書の後半において特に目立つモチーフが、イエスも言及した羊飼いなのです。

ゼカリヤ書において羊飼いのモチーフは二種類あって、一つは愚かな偽の羊飼い、もう一つはゼカリヤ扮する苦労人の善良な羊飼い。前者は、人々を養い導く役割でありながら、全くそこに関心がなく、自らの立場にあぐらをかいて人々を圧迫し、また、それで十分に養われない人々は、神の恵みに生きることから大きく外れてしまっており、敵の手に渡されるのも時間の問題となっています。それに対して後者は、神の命により忍耐深く人々を養おうとします。すると、偽羊飼いたちとの間に確執が生じます（ゼカリヤ一一・八〜一〇）。そして、それがもとで苦労人の善良な羊飼いは退職することになります。その退職金が銀三十シェケル（奴隷の労災保険一人分の相場。出エジプト二一・三二）、すなわち、屈辱的な値段で辞めさせられるというわけです（ゼカリヤ一一・一二〜一三）。このことは、イエスを祭司長たちに売り渡したユダが受け取った銀貨三十枚を暗示しています（マタイ二六・一五。通貨の価値自体は時代の違いゆえに異なりますが）。さらに、退けられた善良な羊飼いは大きな苦難を受けることになると語られます。それが「羊飼いを打て。すると、羊の群れは散らされていき」（ゼカリヤ一三・七）という聖句なのです。

しかしゼカリヤは、この善良な羊飼いの受難が逆転の〝てこ〟になると語ります。確かに、これによって人々は散らされ、善良な羊飼いは打たれて突き刺されてしまうのですが、そこで人々が気づきます。自分たちが退けてしまったのはだれであったのか、自分たちを養い正しく導こうとしてくださった方ではなかったか、と。「彼らは、自分たちが突き刺した者、わたしを仰ぎ見て、ひとり子を失って嘆くかのように、その者のために嘆き、長子を失って激しく泣くかのように、その者のために激しく泣く」（同一二・一〇）。しかし、それによって悔い改めに導かれて、「罪と汚れをきよめる一つの泉が開かれる」（同一三・一）のです。イエスの受難と十字架の死がどういうことなのか、ゼカリヤ書と重ね合わせて見ると、その意味が一つあぶり出されてくるのが分かります。神の恵みに歩むように人々を招くイエスは、その迫りに憤る人々の手によって打たれて刺し貫かれ、また、ついて行くつもりだった弟子たちも散らされてしまいますが、そのことを通して、反抗した人々も逃げ出した弟子たちも自分の罪深さを認め、神の憐れみを求め、悔い改めに導かれるということです。散らされて、それで終わりというのではありません。神はそこから憐れみのみわざを始めてくださいます。十字架で命を捨ててまで私たちの罪を背負い、そんな私たちをも恵みに招いてくださるイエスの姿がはっきりと示しているとおりです。

鍛えられて整えられる神の民

「羊飼いを打て。すると、羊の群れは散らされて行き、わたしは、この手を小さい者たちに向ける。全地はこうなる——主のことば——。その三分の二は断たれ、死に絶え、三分の一がそこに残る。わたしはその三分の一を火の中に入れ、銀を練るように彼らを練り、金を試すように彼らを試す。彼らはわたしの名を呼び、わたしは彼らに答える。わたしは『これはわたしの民』と言い、彼らは『主は私の神』と言う」（同七～九節）。イエスが弟子たちのつまずきを告知して引用したゼカリヤ書の聖句の続きを見ると、羊飼いが打たれ、羊が散らされ、そこから大変なところを通りながらも、鍛えられ整えられた敬虔な神の民が出てくると語られています。

この引用から語られるイエスの受難は、もちろん本質的には恵みの道への命がけの招きですが、同時に当時の社会への痛烈な警告でもあります。イエスの招きに聴くかどうか、すなわち、恵みの分かち合いに生きるかどうか、異邦人とも（征服者側のローマ人とさえ）恵みを分かち合えるかどうか、そこが試されて、その後の歴史の流れが決まるということです。するところが、当時の社会はイエスの招きを拒み、イエスを十字架にかけてしまいます。すると結局、情勢はローマ憎悪に歯止めがかからなくなり、ついに戦争に突入します。そして、マルコの福音書一三章で予告されたごとくに、ユダヤの地はローマ軍に蹂躙されることになるのです（一四〜二〇節）。それゆえ、「その三分の二は断たれ、死に絶え」（ゼカリヤ一三・八）はその出来事と重なり、イエスの警告を裏打ちするものとなるのです。

けれども、そういうところを通して、イエスの弟子たち（すなわち、教会）は練られ、試され、鍛えられていきます。イエスの受難に直面したときにはイエスについて行くことができずに散らされてしまった弟子たちも、復活したイエスに再会した後には、しっかりとイエスの招きに応え、「主は私の神」と信仰告白に生きるようになるのです。「銀を練るように彼らを練り、金を試すように彼らを試す。彼らはわたしの名を呼び、わたしは彼らに答える。わたしは『これはわたしの民』と言い、彼らは『主は私の神』と言う」（同一三・九）と語られるごとくです。イエスがご自分の受難と弟子たちの離散を予告した言葉の中に、ゼカリヤ書の聖句が引用されている意義の深さを思い知らされます。弟子たちは散らされて終わりではない、そこから始まるのだというメッセージ、それはまさしく福音です。

「あなたがたは、会堂で打ちたたかれ、わたしのために、総督たちや王たちの前に立たされます。そのようにして彼らに証しするのです。まず福音が、すべての民族に宣べ伝えられなければなりません」（一三・九～一〇）とイエスが告げたとおり、弟子たちに始まる教会は厳しいところを通りながらも、イエスの証人としてその務めを果たしていきます。かつては力なく、イエスの受難の前に散らされていった人々です。けれども、ただ一人で十字架の道を歩み、自分たちの罪も弱さも背負って命を捨てるイエスの姿を見ました。自らそこへと赴く姿、十字架の死さえもイエスの歩みを止めることができなかった事実を知りました。死を打ち破って復活し、恵みの招きの勝利を明らかにされたイエスに再会し、もう一度、弟子の道をやり直すことが許された人々です。ついて行けなかった自分たちをなおも憐れみ、悔い改めに導き、立ち上がらせてくださるイエスの招きの奥深さを味わいました。罪の力・死の力を打ち破って、今も生きて恵みに招く方が伴ってくださるので、そのことを味わい知ったので、この先は厳しいところを通っても、この方について行くことができる、この方の証人として身を献げて歩むことができるということです。

散らされることは、願わしいことではありません。けれども、そこでイエスの十字架の出来事とその招きのメッセージを受け取るとき、深い癒やしと回復のみわざが始まります。つまずいて、ついて行くことができなかった者たちが、再び立ち上がり、神の恵みの証人として力強く歩み始めるのです。信仰の生涯、いろいろな失敗があるでしょう。プライドが崩されること、痛い思いをすることがありますね。もうついて行けないと、諦めかけてしまう局面があるでしょう。けれども、散らされた弟子たちをイエスはどのように扱ってくださったか、イエスの十字架は何を語りかけてくるのか、深く味わい知りたいと思います。十字架の前に身を置くとき私たちは、散らされることを通して自分の罪深さと弱さ、そして、神の憐れみ深さが分かり、練られ鍛えられて、恵みの証人として再び立ち上がって歩み出すことができることを知るのです。

90　従いゆく苦難の中で祈る

〈マルコ一四・三二～四二〉

「さて、彼らはゲッセマネという場所に来た。イエスは弟子たちに言われた。『わたしが祈っている間、ここに座っていなさい。』そして、ペテロ、ヤコブ、ヨハネを一緒に連れて行かれた。イエスは深く悩み、もだえ始め、彼らに言われた。『わたしは悲しみのあまり死ぬほどです。ここにいて、目を覚ましていなさい。』それからイエスは少し進んで行って、地面にひれ伏し、できることなら、この時が自分から過ぎ去るようにと祈られた。そしてこう言われた。『アバ、父よ、あなたは何でもおできになります。どうか、この杯をわたしから取り去ってください。しかし、わたしの望むことではなく、あなたがお望みになることが行われますように。』イエスは戻り、彼らが眠っているのを見て、ペテロに言われた。『シモン、眠っているのですか。一時間でも、目を覚ましていられなかったのですか。誘惑に陥らないように、目を覚まして祈っていなさい。霊は燃えていても肉は弱いのです。』イエスは再び離れて行き、前と同じことばで祈られた。そして再び戻って来てご覧になると、弟子たちは眠っていた。まぶたがとても重くなっていたのである。彼らは、イエスに何と言ってよいか、分からなかった。イエスは三度目に戻って来ると、彼らに言われた。『まだ眠って休んでいるのですか。もう十分です。時が来ました。見なさい。人の子は罪人たちの手に渡されます。立ちなさい。さあ、行こう。見なさい。わたしを裏切る者が近くに来ています。』」

聖書のメッセージは「福音」（良い知らせ）と言われます。マルコの福音書も、その名が示すとおり「イエス・キリストの福音」（一・一）を語ります。主イエスが招く恵みの道に歩むとき、癒やしと自由が与えられ、慰めと平安と希望に溢れ、感謝と喜びのうちに分かち合う幸いに進むことができるということです。良い知らせですね。しかし、これは苦難が消失することではありません。「世にあっては苦難があります。しかし、勇気を出しなさい。わたしはすでに世に勝ちました」（ヨハネ一六・三三）とイエスは言われます。苦難はある、けれども、それに負けない歩みがある、勇気をもって乗り越えていくことができる、超えさせてくださる方・勝利者イエスがおられる、だから福音だということです。苦難の中でなお、恵みに歩む幸いを覚えることができ、また、起こりくる苦難に負けることなく、乗り越えていくことができるということです。イエスの招きに応えて、イエスに伴われて歩むとは、やはり幸いなことですね。まさしく福音です。

そして、これを味わうのに鍵となるのは、イエスが招く神の恵みに心を開き、恵み深い神との交わりに生きること、すなわち、祈りということです。「聖なる父よ、わたしに下さったあなたの御名によって、彼らをお守りください」（同一七・一一）とイエスが祈ってくださっている祈りの後押しを受けて、私たちも主の御名によって祈るとき、祈りの中で苦難を越えゆく足場を確かめることができ、また、そのための力をいただき、導きたもう神を覚えることができるのです。改めて、祈りがいかに大切であるかを自覚させられます。

マルコの福音書では、他の福音書と比べると表面的には祈りに関する記事や表現が目立たないように思えるかもしれませんが、大いなるみわざがなされる際に天を見上げるイエスの姿も（六・四一、七・三四、八・六）、信じて祈ることへの教導の言葉も確かに記録されています（九・二九、一一・二三）。そして何よりも、マルコの福音書全体の主張と受難を前にしたイエスの祈りの姿との相関から、苦難の中でも祈ることができる領域が拓かれており、そこに私たちも招かれていると知らされるのです。

「時が満ち、神の国が近づいた。悔い改めて福音を信じなさい」（一・一五）。神の恵みの支配の訪れを告げるイエスの姿を、マルコの福音書は冒頭から明確に打ち出しています。恵みに向き直って歩むようにと人々を招き、「わたしについて来なさい」と語られます（一・一七、二・一四）。招きに応えてついて行き始めた弟子たちは、恵みの支配の力強さをイエスの間近で見せられ、これを分かち合う交わりに仕えるようにと薫陶を受けていきます。それは、へりくだってしもべとなることを意味します。また、ここに人々を招く働きは悔い改めへの迫りを含みますから、これを理解しない世間との間には摩擦が生じ、それゆえの受難を覚悟しなければなりません。十字架の道となります。イエスはその道を、言葉で教え諭すだけでなく、自ら進んで切り拓いていかれます（八・三一～三八、九・三一～三七、一〇・三二～四五）。そして、ご自身が予告したとおり、その道は十字架の死を突破して復活に至ります。そして、イエスはそこに至る受難のプロセスにおいて、どんな中でも祈りのゆえに支えられるという領域を切り拓き、祈りがどれほど重要かを身をもって弟子たちに示されるのです。その場面から、イエスに従いゆく苦難の中でも、祈りのゆえに支えられるということを学び得たく思います。

分かってくださる主イエス

「さて、彼らはゲッセマネという場所に来た。イエスは弟子たちに言われた。『わたしが祈っている間、ここに座っていなさい』」（三二節）。イエスは以前からご自分の受難について告知してこられましたし、宮きよめ以来、それは現実味を帯びてきています（一一・一五～一九）。そして、過越の食事の席でイエスは、裏切り者が出ることを弟子たちに告げ（一四・一七～二一）、また食事の後には、他の弟子たちも皆つまずくと告げられます（一四・二七～三一）。もちろん、これはイエスが自らの使命として引き受けなさった道程です。それゆえ、前途の厳しい現実を語りながらも逃げることなく、受難の場へと身を投じていかれます。すなわち、古の日、過越のいけにえにより奴隷の民が自由を得たように、ご自身の犠牲により人々が恵みに生きる自由へと解き放たれることを示すべく、過越の祝いの晩に受難に向けて捕らえられる機会を敵対者たちに提供なさいます。その晩に限って都の中で夜を過ごし、しかも、わざわざ人の気配のないゲッセマネの園に出かけられるのです。そうした緊迫の場面でのエピソード、それがこのテキストの描くところです。

イエスは、祈るためにゲッセマネにやって来たのだと弟子たちに語ります。弟子たちはイエスの受難や自分たちのつまずきについて〝まさか〟と思っており、現実味を今一つ持てない様子ですが、イエスは深い自覚のうちに、この緊迫した空気に直面しておられたわけです。それは、一方では、敵対する人々も含むすべての人が恵みの道に立ち返ることを願う父なる神のお心と、それをいかなる犠牲を払っても成し遂げたいとのイエスご自身のお心があり、しかしもう一方で、そのためには人としてこの上ない苦難を身に受けることになるというプレッシャーがあるという厳しい板挟みです。その中で、イエスは祈るのです。そもそも、イエスが祈ること自体、神の助けを必要とする私たち人間と同じ立場に立っておられるへりくだりの姿勢を示していますが、そのお心は、人間の罪を明らかにしつつも、それを背負って私たちを招くために十字架で命を捨てるところにまで達します。そのことを深く自覚したイエスは、大きな悲しみと恐れを感じつつ、この場所で祈りをささげるのです。

そこで、まず興味深いのは、イエスがこの祈りの場に弟子たちを伴って行かれたことです。

ここまでの記録では、イエスの祈りの姿としては、ひとりで静まって祈る場合がしばしば見られたのですが（一・三五、六・四六）、ここでは一緒に来てほしいとばかりに弟子たちを伴い、さらに奥へと祈り場を求めて「ペテロ、ヤコブ、ヨハネを一緒に連れて行かれた」（三三節）のです。もうしばらくしたらイエスを見捨てて逃げ去ってしまう人々なのに、それを承知で、祈りの場に一緒に来てほしいと彼らを連れて行かれたのです。それだけの苦しみであったということが一つ見て取れます。そこで「イエスは深く悩み、もだえ始め」（三三節）、ペテロとヤコブ、ヨハネに対して「わたしは悲しみのあまり死ぬほどです」（三四節）と言われ、「少し進んで行って、地面にひれ伏し」（三五節）祈り始めるのです。それは、弟子たちにこんな姿をさらすほどの苦しみであり、助けになるのか分からない弟子たちさえもそばにいてほしいというほどの苦しみでした。しかし、イエスがこうした苦しみの姿を惜しげもなく見せるのは、それだけ濃密な弟子たちとの交わりを願ってのことであったでしょう。

イエスは苦しみや悲しみが分かる方です。他人事でなく、ご自身のこととして分かってくださいます。この方は嵐を静めた方であり（四・三五～四一）、死んだ少女に命を回復した方であり（五・二一～四三）、悪霊が恐れをなして逃げ出す権威と力を持つ方です（五・一～二〇）。それなのに、ここでは「死ぬほど」の悲しみ苦しみを味わい、それを弟子たちに吐露して、身をもってそうした人の気持ちを理解する方としてご自身をお示しになったのです。私たちが苦しみもだえるとき、イエスはそれを理解してくださる方として私たちのそばにおいでくださるのです。

それならば、ここでイエスは具体的にどんなことについて「死ぬほど」に苦しみ悲しみを感じておられるのでしょうか。イエスが直面している現状と予告してきた事柄を併せて考えると、いくつかのことが見えてきます。⑴十字架の死に対する震撼。その痛みと屈辱と孤独、また、死に直面する恐れと存在の空虚さ。⑵間もなく弟子たちがご自分を見捨てて逃げ去ってしまうことへの悲しみ。手塩にかけて育てた人々に手の平を返される残念さ。⑶人々が恵みの道に歩むように力を尽くして招いたのに拒まれ、十字架という仕打ちで返される悔しさ。注いだ愛が徒労に終わる痛み。さらに、神の恵みの招きを拒み倒す人間の罪深さへの深い嘆き。また、罪深い社会の中で起きる様々な破壊とそれで犠牲になる人々を思っての心痛。⑷そうした人間の罪を悲しまれる父なる神の悲しみ。父なる神の悲しみが分かるゆえに、人々を悔い改めに導いて恵みに歩ませるためにいかなる犠牲も払うという痛み。そのためにご自分を十字架の死に至らしめる父なる神の悲しみ。それで父なる神と引き裂かれることになる痛み。神に捨てられるという経験における絶望感。これだけそろえば、「悲しみのあまり死ぬほど」としか言いようがないでしょう。もちろん、イエスご自身が予告しているように、この悲しみは復活の喜びへと突き抜けていきますが、だからといって平気で通りすぎることができるものではありません。復活があると分かっていても、「悲しみのあまり死ぬほど」のことなのです。イエスご自身も父なる神のお心に従いゆく中で、これほどの悲しみ苦しみを味わいなさったのです。

しかしながら、そこで大切なことは、イエスがこうした悲しみ苦しみをご自分の中だけにとどめて解消したのではなく、そうした姿を弟子たちに見せて、そこを祈りつつ通過するという道を切り拓いて範を示し、いかなる悲しみ苦しみも味わい知る方として従う者たちをその領域にお招きになったということです。「わたしについて来なさい」との招きはゲッセマネの園にまで通じているのです。そして、ご自身に従いゆく者たちの苦難を分かってくださる方として励ましとなり、祈りをもって通過できることをお示しになるのです。

その意味で、ゲッセマネの園に弟子たちを連れて行かれたこと、特に、ペテロとヤコブ、ヨハネの三人を一緒に奥まで連れて行き、もだえ苦しむ姿を直に見せ、ひれ伏して祈る声を聴かせたのは、実に意義深いことです。この三人は、ヤイロの娘に命を回復したイエスのみわざを直に見た人々ですし、さらには、山頂にてイエスの姿が栄光に包まれるのを目撃した人々でもありました。けれども、ここで彼らは、それほどの力と栄光を帯びた方がもだえ苦しんでおられる、しかし、そこを祈って通過していかれる姿に触れたのです。この時点では、この三人でさえもイエスの真意を理解することはできなかったわけですが（三度も居眠りをしてしまっているので。一四・三七〜四二）、この三人は後の原始教会の要人となる人々です。ペテロは最初の説教者、ヤコブは使徒としては最初の殉教者、ヨハネは最後の目撃証人にして正典執筆者です。イエスの弟子たち、イエスの招きに応える教会は、従いゆく中で苦難に直面するときにも、祈りをもって通過することができる、いかなる苦しみも味わい知るイエスが共に歩み、助けてくださるとの証しを携えゆくためです。

私たちがイエスの招きに従い、恵みに歩むとき、やはり苦難を通る場面がありますね。しかし、私たちのいかなる苦しみよりも深い苦しみを味わい知って、祈って通過する道を拓いてくださった主イエスが共におられることをはっきりと自覚したく思います。そして、この方の名で祈るとき、私たちの苦難をも分かってくださるイエスの慰めをいただきつつ、祈って通過する道があるということを深く覚えたく思います。

立ち上がらせてくださる父なる神

「わたしは悲しみのあまり死ぬほどです」（三四節）。このようにイエスは弟子たちに述べて、地面にひれ伏して祈ります。このことは、苦しみや悲しみをイエスが分かってくださることを示すだけでなく、父なる神に祈る祈り場はここまで自分をさらけ出すことができる場なのだということも示しています。

父なる神の前でイエスはどのように祈っているでしょうか。「できることなら、この時が自分から過ぎ去るようにと祈られた」（三五節）。ちょっと待ってください。そもそも、イエスのメッセージは「時が満ちた」（一・一五）という語り出しでした。今や、神の恵みの支配がご自分とともに訪れてきていることを人々に告げ、応答を迫るメッセージでした。それを考えると、この期に及んで「この時が自分から過ぎ去るように」というのは、どうも格好がつかない感じがします。けれども、祈り場というのは、格好をつけるところではありません。父なる神の前では自らの真実をさらけ出すことができるのです。そのことをイエスは身をもって示してくださったのです。私たちもまた、祈り場においては格好つけることなく、正直に自らの真実をさらすことができるのです。

さらに、父なる神の前に自らの真実をさらけ出すことができるということは、神にそれだけ信頼することができるということです。格好つける必要がないとは、すべてを受けとめてくださると知っているということです。つまり、全く信頼しているのです。その信頼の思いは、ここではまず「できることなら」という言葉に表現されています。もちろんこれは、できる・できないという実力の話ではありません。父なる神のお心かどうかの話です。お心にかなうならお願いしたいのです、という気持ちの吐露なのです。裏を返すと、お願いはしたいけれども、願いのとおりになるかどうかの決定権は父なる神にあり、最後はそこに委ねますという信頼の姿なのです。けれども、祈りをもって近づく者の気持ちを父なる神は汲み取ってくださるという信頼のゆえに、気持ちは正直に伝えるということです。

そして、こうした信頼の思いは、「あなたは何でもおできになります。どうか、この杯をわたしから取り去ってください。しかし、わたしの望むことではなく、あなたがお望みになることが行われますように」(三六節)との祈りの言葉に集約されます。まず、父なる神の全能の力への信頼の告白。次いで、自らの正直な願い。そして、自分の願い以上に、父なる神のお心を最善とする信頼の告白。自分の願いよりも、父なる神のお心がなされるほうが素晴らしい結果になるのだ、という信頼です。ご自分の命に関わる極限の状況においてここまで言えるという、これは究極の信頼と言うべきものでしょう。そして、こういう祈りと信頼の領域を切り拓いてくださったイエスの憐れみとともに、ここまでの信頼を告白させる父なる神の厚意・善意は圧倒的だと言わなければならないでしょう。こうした信頼関係を神と結ばせていただくことが祈りの主眼であり、イエスはそこに私たちを招いてくださるのです。祈るということがどれほどに深遠で、パワフルであるか、そこに招いてくださる神の恩寵を味わい知りたく思います。

しかしながら、この祈りにおける神の恩寵の深みを知るのに、そんなに複雑で難しい手続きは必要ありません。実に単純な一言で、これほどの深い信頼関係を神と結び、それを告白させていただけるのです。それは、イエスの父なる神への呼びかけに示されています。「アバ、父よ」（三六節）。「アバ」とはヘブル語またはアラム語で、言葉を話し始めた幼子が父親に向かって呼びかける響きを持っています。受けとめてもらえるものという前提で身を投げ出して飛び込んでいく信頼感です。「天の父よ」と私たちが祈るとき、それは神が父のような方だという概念的な説明をしているのではありません。父なる方を呼んでいるのです。全能の神に向かって「父よ」と呼ばせていただけるなんて、すごいことではありませんか。

イエスがゲッセマネで祈りを弟子たちに聴かせたのは、極限の状態・耐えがたい苦難を前にして、しかも、誠実に従っているのになぜこんな苦難に遭うのかという矛盾に直面してもなお、天の父に信頼をもって祈ることができるのだ、全能の神をアバと呼ぶ信頼関係に歩むことができるのだと示すためであったと言えるでしょう。

もちろん、この信頼に応えて、父なる神は苦難から立ち上がる力を下さいます。祈り終えたとき、イエスは弟子たちに言われます。「立ちなさい。さあ、行こう」(四二節)。そして、目前の事態に立ち向かって行かれます。結果、十字架の苦難と死を通ります。けれども、そこを突破して、予告どおり復活の勝利に至ります。私たちもイエスに従いゆく苦難の中でも父なる神に祈り、深い信頼関係の中で立ち上がる力をいただいて進みゆく者たちでありたく思います。

91　祈りと眠り

〈マルコ一四・三二～四二〉

「さて、彼らはゲッセマネという場所に来た。イエスは弟子たちに言われた。『わたしが祈っている間、ここに座っていなさい。』そして、ペテロ、ヤコブ、ヨハネを一緒に連れて行かれた。イエスは深く悩み、もだえ始め、彼らに言われた。『わたしは悲しみのあまり死ぬほどです。ここにいて、目を覚ましていなさい。』それからイエスは少し進んで行って、地面にひれ伏し、できることなら、この時が自分から過ぎ去るようにと祈られた。そしてこう言われた。『アバ、父よ、あなたは何でもおできになります。どうか、この杯をわたしから取り去ってください。しかし、わたしの望むことではなく、あなたがお望みになることが行われますように。』イエスは戻り、彼らが眠っているのを見て、ペテロに言われた。『シモン、眠っているのですか。一時間でも、目を覚ましていられなかったのですか。誘惑に陥らないように、目を覚まして祈っていなさい。霊は燃えていても肉は弱いのです。』イエスは再び離れて行き、前と同じことばで祈られた。そして再び戻って来てご覧になると、弟子たちは眠っていた。まぶたがとても重くなっていたのである。彼らは、イエスに何と言ってよいか、分からなかった。イエスは三度目に戻って来ると、彼らに言われた。『まだ眠って休んでいるのですか。もう十分です。時が来ました。見なさい。人の子は罪人たちの手に渡されます。立ちなさい。さあ、行こう。見なさい。わたしを裏切る者が近くに来ています。』」

祈っている最中に眠ってしまったことはありますか。信仰生活を続けていく中では、そういうこともありますね。身体を持って生きる私たちには限界がありますから、眠らないわけにはいきません。祈りのうちに眠ってしまうのは、与えられる平安のうちに安眠しているのかもしれません。居直ってはいけないでしょうが、そういう光景を主なる神は微笑ましく思ってくださるようにも思います。

身体的な意味での眠りを祈りの時間と絡めるなら、こういったことになるでしょうが、眠りの意味が神の招きに対する姿勢の問題であるなら、そう悠長なことは言っていられません。せっかくの恵みの招きに対して心が鈍くなってしまい、しっかりと応答できないようであれば、残念では済まされません。恵みとして感謝すべきことを無視するとか、恵みに応えて従うべきことに素直でないとか、恵みを分かち合うために献げるべきことを惜しんでいるとか、そういうことであれば信仰的に眠っている、目が覚めていないということになります。そして、そうであってはならないと聖書は語ります。

「わたしについて来なさい」（一・一七、二・一四）。マルコの福音書はイエスがこのように招いておられるとストレートに語りますが、ついて行くというのは、眠っていたらできないことです。イエスが語る神の福音は「時が満ち、神の国が近づいた。悔い改めて福音を信じなさい」（一・一五）と要約されますが、眠っていては悔い改めるも信じるも何もありません。「時が満ち」というコールを目覚まし時計のアラームのように聞いて、自覚的に恵みの招きに応えることが求められるのです。生活の中に神の恵みが注がれていることに目覚め、その事実に心を向け直し、招いてくださった方を信頼して仰ぎ、恵みに応えて感謝のうちに安心して分かち合うということです。しかしながら、このようにイエスに招かれてついて行き始めた人々は弟子となるのですが、彼らが最初からシャキーンと目が覚めたかといえばそうではなく、寝ぼけ眼のままのような、勘違いの多い姿が目につきます（八・一七～一八）。世間的なメシア待望の影響を引きずり、天下取りや出世への欲が強く、恵みを分かち合う交わりに仕える奉仕者の姿勢が分かっていないところがあります。加えて、恵みの支配を理解しない世間の中で恵みの証人として生きるゆえに覚える摩擦や妨げ、迫害などは受け入れがたく思っています。イエスはそんな弟子たちを忍耐深く薫陶し、恵みの道は世にあっては十字架の道になるけれども、そこに恵みの勝利が表され、その証しとして復活に至るのだと説き、実際に十字架の道を歩んで行かれます（八・三一～三八、九・三一～三七、一〇・三二～四五）。恵みの道は、それに背く人間の罪に屈することなく、招いてやまない神の愛の勝利を指し示すのだということです。そのようにご自分の姿を示しつつ、イエスは弟子たちに恵みの道の真意に目覚めるように導かれるのです。そして、どんな場合でも目覚めているために大切なこととして、恵みの神を覚えて祈ることを強調し、体験的に教導なさるのです。恵み深い神に心を向けて祈ることで、恵みに生きることに常に目覚めていることができるのです。

祈りへの忍耐深い促し

「さて、彼らはゲッセマネという場所に来た。イエスは弟子たちに言われた。『わたしが祈っている間、ここに座っていなさい』」（三二節）。弟子たちと過越の食事をした後、イエスは弟子たちを連れて祈るためにゲッセマネの園に来られました。もちろん、イエスはこの後にどんなことが起きるのか、百も承知でした。イエスを裏切る者が動き始めています。弟子たちも今は強がっていますが、いざ事が起きると、予告されたとおりにつまずいて散らされていきます。イエス一人が捕らえられ、イエスを妬む人々の手に渡されるのです。

こうしたことは、すでにイエスが弟子たちに語り聞かせてきたことであるので、彼らも受け入れたくないとはいえ、不穏な空気を感じ取っていたことでしょう（一四・一七～二一、二七～三一）。周囲の状況も、特に宮きよめの一件以来、イエスに対するマークが厳しくなっているのに（一一・一五～一九）、イエスは相変わらず神殿界隈を出入りして妬む人々にも悔い改めを迫っていましたから（一一・二七～一二・四四）、受難の告知はかなり現実味を持って弟子たちに響いていたことでしょう。しかも、この晩はあえて都の中で夜を過ごし、人の気配のないゲツセマネの園へ出かけるという、自ら罠にかかりに行くような行動です。もちろんこれは、過越の祝いの晩こそ、人々を恵みの道へと解放するための犠牲というご自分の受難の意義を示す機会となるゆえに（一四・一二〜二二）、この晩に事が起きるように事態を制御しているゆえの行動ですが、この時点ではそこまで理解できたわけではなかった弟子たちは、何か得体のしれない緊張感を覚えさせられていたことでしょう。ただピーンと張りつめた空気の中で、彼らはこの先の事柄に不安と恐れを感じながら、イエスに連れられてゲツセマネの園にやって来たわけです。

イエスとしては、ゲツセマネの園に来たのは、これから起きる事柄に備えて父なる神に祈るというのが大きな目的であり、また、その祈りの姿を弟子たちに見せることも大切な意義として意識しておられました。十字架の道を歩む、大きな犠牲を払う、それゆえに「悲しみのあまり死ぬほど」（三四節）という思いを抱え、「深く悩み、もだえ始め」（三三節）、「地面にひれ伏し」（三五節）、祈る、そういうお姿です。こういう中でも、父なる神に正直に祈ることができる、そして、祈って進むことができるのだとイエス自ら改めて味わいながら、こういう領域を切り拓いて示し、そのうえで弟子たちを招くということでした。

ところが、肝心の弟子たちはどうだったでしょうか。イエスが祈りをいったん終えて戻ってみると、彼らは居眠りをしていたのです（三七節）。「わたしは悲しみのあまり死ぬほどです。ここにいて、目を覚ましていなさい」（三四節）と言われていたのに、居眠りをしてしまったのです。緊張で張り詰めた空気の中、いつになく深い悲しみで苦悶の表情をしておられるイエスからそのように言われたのですから、もう少し別の対応があるはずであろうに、まさか居眠りをするとは何たることと言われてしまいそうです。

けれども、ここで弟子たちを弁護するならば、彼らはイエスの言われることを聞いて、実行しようとしてはいました。「ここにいて」（三四節）と言われた場所にきちんといたわけです。どこかに勝手に行ってしまったとか、まして、この時点で怖くなって逃亡したとか、そういうことはありません。また、結果として彼らは居眠りをしてしまったのですが、最初から眠っていたわけではありません。眠ろうと思っていたわけではないでしょう。イエスが祈るために少し奥へと進まれたら、即刻、眠ったというのでもありません。なぜなら、彼らはイエスの祈りの言葉をある程度は聞いており、それゆえに後になって福音書にこうして記録されたわけですから。起きていて、イエスの祈りの言葉を聞いていた時間帯があったという、何よりの証拠です。そして、それこそがイエスの狙いであり、弟子たちにとっては後々、大いなる信仰の糧となったのです。

しかしながら、裏を返せば、そういうイエスの真剣な祈りを聞いていたにもかかわらず、眠ってしまったとはいかがなものかということになります。これは、かつて嵐の湖で弟子たちが恐れてイエスに叫んだのに、イエスは眠っていたというのとは話が違います。ゲツセマネの園で彼らは恵みの支配のゆえに平安を得て安眠していた、ということではありません。むしろ逆に、恵みの道に招かれているのに、恵みの神に委ねるのではなく、自らの力を当てにのし上がろうとする、そして、つい先程まで「たとえ皆がつまずいても、私はつまずきません」（一四・二九）と豪語していた彼らが、ここで居眠りをしているという失態、そこが問題だということです。イエスについて行っているようで、ついて行っていない様子です。主であり師である方が「悲しみのあまり死ぬほど」という姿をさらしてまで、それでも祈ってそこを通過できることを示そうとされているのに、それがピンときていないということです。これ以上ない厳しい苦難の中でも、祈りにおいて恵みの支配を知ることができ、ついには父なる神の最善に委ねて立ち上がることができると、イエスが身をもって示しなさるというのに、その真剣さが今一つ受けとめられていないわけです。

こんな時、あなたがイエスの立場であったらどうしますか。「人がこんなに真剣になっているのに、居眠りするとは何事だ」と怒りをぶつけるでしょうか。イエスはそうではありませんでした。「シモン、眠っているのですか。一時間でも、目を覚ましていられなかったのですか。誘惑に陥らないように、目を覚まして祈っていなさい。霊は燃えていても肉は弱いのです」（三七〜三八節）と言われます。どうしたのかと尋ね、祈りの大切さを切々と教えてくださいます。「目を覚ましていなさい」（三四節）と言われたのに、それができなかったので、「目を覚まして祈っていなさい」（三八節）と、祈りという新しい要素を加えてお勧めになるのです。恵みの力強さに目覚めているためには、祈ることが大切なのだと教えてくださるのです。しかも、この動詞は複数に対する命令形です。つまり、あなたがたは一緒になって祈りなさいとのニュアンスが込められています。一人では困難でも、みんなで一緒になって取り組めば何とかなるもの。「霊は燃えていても肉は弱い」（三八節）ので、単独では非力さを感じるものですが、そこを一緒に祈って進むということです。居眠りしていた彼らに、イエスはこのように祈りについて丁寧に教えてくださるのです。

しかも居眠りしていたのは、この一回だけではありません。イエスがその場を離れるたびに繰り返されます。しかし、そのたびごとにイエスは彼らのところに戻って来てくださるのです。同じことを繰り返してしまう彼らとしては、気まずくて言い訳もできない感じですが（四〇節）、そんな彼らのところにイエスは戻って来てくださいます。見捨てないで声をかけ、忍耐強く付き合ってくださいます。私たちに対しても、イエスは同じように接してくださるということです。けれども、そうだったら安心して居眠りしていよう、ということにはなりません。弟子なのに、主であり師であるイエスを忍耐させてしまっているという状況です。申し訳ないですね。もったいなくもイエスは、私たちにさえ忍耐深く付き合い、祈るようにと促してくださるのですから、その愛の配慮に応えて一緒に祈り、恵みに目を開くお互いでありたく思います。

時の宣告と進みゆくイエスの後ろ姿

ゲツセマネの園でイエスはもだえ苦しみながら祈り、その姿を弟子たちに見せ、また祈りの声を聞かせました。それは、いかなる苦難の中でも父なる神の最善に委ねて祈ることで通過していけることを、身をもって弟子たちに示すためでした。ところが、その間に弟子たちは居眠りをし、そこにイエスが戻って来て弟子たちを目覚めさせて祈りに導こうとなさるのですが、そのパターンが三度繰り返されます（四一節）。どうして三度なのでしょうか。もちろん、実際に三度だったということではあるのですが、「わたしを裏切る者が近くに来ています」（四二節）と、いよいよご自分が捕らえられる時をイエスは分かっておられて、そのタイミングで三度目というのは何か偶然を超えた意図を感じさせます。居眠り三度、目覚まし三度、どうしてでしょうか。

マルコの福音書において、三度ということで思い起こすのは、イエスの十字架予告が記録されている箇所が三か所（八・三一、九・三一、一〇・三二～三四）。そして、そこには毎度、ご自分について来るようにとの弟子たちへの促しが続きます。また、イエスによる恵みの招きに応じることなく、実を結ぶことのできない神殿界隈の様子に、その崩壊を予見しつつ、さらに遠く世界の終末にまで言及する箇所では、「目を覚ましていなさい」が三回繰り返されます（一三・三三、三五、三七）。そして、ゲツセマネに来る途中、弟子たちのつまずきを予告した際は、ペテロがイエスを三度否認することになると告げられます（一四・三〇）。そして、実際にそのとおりになります（同六六〜七二節）。メッセージとして繋がりがあるということが、あぶり出されてきますね。

すなわち、弟子たちは、恵みの道に歩むようにとの招き、苦難の中を通ってもイエスについて来るようにとの促し、そして、どんなときにも恵みに目覚めて歩むようにとの薫陶を受けます。ところが、ペテロをはじめ弟子たちは本当に十字架へと進んで行くイエスについて行けない失態を犯し、実は恵みに目覚めていなかったことが暴露されます。しかし、それでもなお目覚めるようにとの憐れみ深い招きは彼らに及び、それで生み出された原始教会は「目を覚ましていなさい」とのイエスの促しに励まされて、告知どおりに神殿崩壊へと向かう不穏な世相と厳しい苦難の中でも、恵みに目覚めて歩むように導かれていくということです。マルコの福音書の読者たちは、居眠り三度と目覚まし三度のゲッセマネの出来事に自分自身と現場とを重ねて、恵みに目覚めてイエスに従うことの意味と、そのために父なる神の最善にすがって祈ることとの意義とを深く教えられることになるのです。

ということで、三度目の目覚ましの際には、ここまでということでイエスは言われます。「まだ眠って休んでいるのですか。もう十分です。時が来ました。見なさい。人の子は罪人たちの手に渡されます。立ちなさい。さあ、行こう。見なさい。わたしを裏切る者が近くに来ています」（四一〜四二節）。「もう十分です」とはどういうことでしょうか。もう十分に眠ったでしょう、という嫌味でしょうか。わたしは十分に祈ったから大丈夫だ、という励ましとフォローでしょうか。けれども原文を見ますと、別訳として紹介されているように、もう眠っていなさいというニュアンスが含まれます。となると、やっぱり嫌味でしょうか。けれども、嫌味を言うような相手に、「さあ、行こう」と言うのも変な感じです。そこで注目したいのが、次の言葉、「時が来ました」です。この言い方で思い浮かぶのは、「時が満ち」（一・一五）ですね。今や旧約聖書の約束が果たされる時、恵みの支配がイエスとともに訪れてきていることを示す響きです。時の宣告とでも言うべきでしょうか。そして、興味深いことに、「わたしを裏切る者が近くに来ています」の「近くに来ています」は、「神の国が近づいた」の「近づいた」（エーンギケン）と同じ言葉です。表現の一致はただの偶然と言ってしまえばそれまでですが、これから起きることと照らし合わせると、大切なメッセージがほのめかされているように思います。イエスによる恵みの招きを人々は拒絶で返し、イエスについて行くつもりだった弟子たちもちゃんと目覚めてはおらず、つまずいてしまう鈍さをさらします。こうなったら、別の形で恵みの招きを訴えかけるしかないということで、イエスは本当に命を捨てて恵みの招きの力を証ししていくのだ、人々に悔い改めを迫るのだ、目を覚まさせるのだと立ち上がりなさるのです。それが、今ぞこの時という、時の宣告となって表現されたと言えるでしょう。時を告げ知らせて、今より本当に苦難の中を通過するけれども、祈りをもって通過していくご自身の姿を目に焼きつけるようにと言わんばかりです。

祈って闘いに出て行く姿、あたかもゴングが鳴り響くような宣告です。「時が来ました。見なさい。人の子は罪人たちの手に渡されます。立ちなさい。さあ、行こう」と（四一～四二節）。

筆者が牧師を務める教会には、共に祈る時間の終わりを告げる小さな鐘が講壇に備えられています。先代の主任牧師・中島一碩牧師が四十年近く前に韓国で購入してきたもので、集会ごとに共に祈る時間の終わりを告げるのに用いられています。その音は澄んだ金属音で、ある人はそれをゴングが鳴るかのように思い、祈りの闘い（エペソ六・一八）について教えられたとコメントしてくださったことを思い起こします。ちなみに、このエペソ書の聖句にも、「目を覚まして」との一句が用いられています。

まさしくゴングが鳴るかのように、ここでイエスは時を告げ知らせ、次の段階へ、つまり、恵みに人々を招いて悔い改めを迫り、また弟子たちを目覚めさせるため、いよいよ本当に十字架に向かって行かれます。その後姿を弟子たちに見せて、背中で語るがごとくです。わたしについて来なさい、よく見ておきなさい、恵みの招きの力強さはいかなる苦難をも突破していく、祈りにおいてその力強さをいただくことができるのだ、それが十字架の死という痛みと屈辱であっても止めることはできず、そこを突破していくのだ、と。「見なさい。人の子は罪人たちの手に渡されます。立ちなさい。さあ、行こう」（四一～四二節）。

弟子たちは、このメッセージをどのように受けとめたでしょうか。その時点では、周囲の不穏な空気と居眠りしていた気恥ずかしさとで、イエスの語りかけの真意を受けとめることはできなかったでしょう。けれども後に振り返って、イエスの深い憐れみに心ひれ伏す思いを持ったことでしょう。ついて行けない自分たちの無力さ、否、ついて行きますと格好つけておきながら、肝心な時に眠ってしまい、きちんと応えることができなかったふがいなさ、恵みの招きにしっかりと目を開いていなかった情けなさ、そして、そんな自分たちの目をはっきりと覚ましてくださるために命を捨てて進んで行かれるイエスへの申し訳なさ、さらに、それでもなお、ついて来なさいと言ってくださるありがたさ。そうした思いが混然一体となってひたすらに心ひれ伏すしかなかったでしょう。しかし、そのようにしてイエスの招きを受けとめる人々こそ、実は恵みに目覚めた人々なのです。このようにイエスは、私たちをも恵みに本当に目覚めさせるために、命をかけて十字架へと進んでくださったのです。どんな時も恵み深い神を覚えて、祈って突破する歩みができるために、十字架に向かうその背中で語ってくださるのです。

おわりに

前巻『自分の十字架を負って』（マルコの福音書に聴くⅡ）の原稿を書き終えて、出版準備に入っていた二〇二三年秋のこと。十月七日にイスラム武装組織ハマスによるイスラエル襲撃、そして、これをきっかけに勃発したイスラエル軍によるガザ侵攻。なおも続く戦火に深く心を痛めつつ、ニュースで流れるガザ市街の様子が、紀元一世紀のエルサレム陥落・神殿崩壊を告げた主イエスの言葉の逆を行っているように見えました。シャロームと挨拶をする人々がシャロームとは真逆の状況に陥っている皮肉な現実の中に、人間社会に巣くう罪の根深さを思い知らされます。

イデオロギー紛争が一応は治まったかに見えた二〇世紀末、次世代では国家間の戦争は終焉し、この先はテロとの戦いだなどと言われていたのも今は昔、ガザ侵攻に先立つこと一年半、ロシアがウクライナに侵攻し、なおも多くの犠牲者が後を絶たない現実。そのほか、世界中で戦争、紛争、ジェノサイド、圧政、迫害、難民と、人の命と社会を破壊する問題が渦巻いており、その火種まで含めるとだれも他人事とは言えず、やはり平和を求めずにはいられません。そして、この世界の中でイエスこそ主と告白し、恵みを分かち合い平和を証しする教会を建て上げていくようにと、私たちキリスト者は召されています。その使命の大きさと意義深さを思うほどに、それに対する誠実さが問われていることを思います。

こうしたことを改めて思わされながら、本巻の原稿はまとめられました。その元となっているのは、二〇一一年九月四日から二〇一二年十一月二十四日にかけて基督兄弟団一宮教会の主日礼拝式にて取り次がれた説教で、マルコの福音書一一章一節〜一四章四二節をカバーしています。約十年を経て、改めてこの箇所を読み直してみると、上述の世界情勢と照らし合わせるなかで、その主張が説得力をもって迫ってくるのを覚えます。なるほど、マルコの福音書は神の言葉として生きており、主イエスの活動現場だけでなく、はたまた、福音書記者の執筆現場だけでもなく、あらゆる状況の教会に対してイエスを主と告白して恵みに生きる証し人の群れであるようにと語りかけ、特に、歴史の終局・主イエスの再臨を意識させられるなかにおいて文字どおり恵みの招きに目を覚まし、恵みを分かち合う交わりに仕えて平和の証しに生きるようにと私たちを強く促します。そうした福音書のメッセージを損なうことなく、むしろ、でき得るかぎりそこに肉薄して説教の言葉に落とし込むことを目指して、本巻は書き記されました。現代の私たちが主イエスに従うことの意味を、読者の皆様とともに考えることができれば幸いに思います。

さて、本巻において取り扱った箇所における主要トピックは、イエスのエルサレム入城と宮きよめ（一一章）、神殿における論争エピソード（一二章）、神殿崩壊の予告（一三章）、受難前夜（一四章）ということになりますが、並べてみると、神殿崩壊という一つの終末的な出来事を軸として主イエスの受難・十字架への道が描かれていることが分かります。それは、かつてバビロンによって神殿が崩壊し、多数の人々が捕虜として連行されたバビロン捕囚を凌駕する出来事で、いずれも主なる神が「わたしの名をそこに置く」（I列王八・二九）と約束された場所の崩壊、すなわち、主なる神が歴史に関わる道筋の決定的な転換という意味で終末的な出来事と言えます。イエスはそのことを予告しながら、神殿の形式は崩れ去るけれども、ご自身を通して神殿本来の意義は成就して、神の恵みを分かち合う人々の群れが起こされることを約束します（一二・一〜一一）。そして、それは教会の誕生をもって実際となるわけです。

角度を変えて言えば、イエスは恵みを分かち合う群れが起こされるために人々を恵みに招いて悔い改めを迫り、その一環として神殿界隈の人々にも妥協することなく恵みのチャレンジを命がけで行い、拒絶する彼らの姿から神殿の崩壊を予見しつつ、拒絶する人々に対しても恵みの招きと迫りを十字架の死に至るまで決行します。そして、その死からの復活を果たした結果、恵みの招きの意味を本当に受けとめて歩み始める人々が起こされていくということなのです。その中でも、特に神殿界隈へのチャレンジは、恵みの分かち合いとその証しに生きることを歴史の中で期待されてきた人々のアイデンティティの中心でありながら、その真意から大きく外れ、その機能を全く果たせなくなった実情に対することなので、迫りのトーンは厳しくなり、拒絶反応も激しくなる展開を見せることになります。その結果が十字架の死なのですが、それは一方では恵みの分かち合いと平和の証しの拒絶であり、拒絶の帰結は争いの中で自滅の一途をたどるという宣告となります。しかし、それは同時に、拒絶する人々のためにすべてを背負って命を捨ててまで恵みに招く姿であり、そこで招きに応えるなら自滅ではなく恵みの支配が開かれるという福音になるのです。そうした宣告と福音の狭間で、招きに応答する人々の群れが起こされる一方、神殿そのものは拒絶する人々の牙城となって自滅へと向かい、結局、予告どおりに神殿崩壊という終末的な結果に至ることになるのです。

マルコの福音書一三章は小黙示録と呼ばれますが、実際、その前半の直接に意味するところは上述の終末的結果、すなわち、紀元一世紀の神殿崩壊に関するイエスの予告となります。そこを受けとめることができれば、エルサレム入城・宮きよめに始まる神殿界隈の出来事の現場における意味が明確になり、受難週の意味合いが歴史における実社会の事柄として立体的に見えるでしょう。そして、それは、序文に記したとおりにマルコの福音書の執筆事情まで照射することになるのです。

それを思うと、小黙示録という呼び方に引っ張られてか、紀元一世紀の現場をスルーして、マルコの福音書一三章を世界の終末・主イエスの再臨にすべて引き寄せて読む読み方は、やはり一面的で単純に過ぎると言わなければならないでしょう。そうした読み方をすると、それまでのイエスの活動との関連も、その後にイエスが進んで行く十字架の道との関連も見えにくくなり、一三章だけが文脈から浮いてしまう印象を拭うことはできません。

ところが、筆者が聖書を読み始めた少年時代、時を同じくして巷でも終末ブームが一世を風靡して、いわゆる世界の破滅として未来を予測するだけの終末観、その当時、新しい翻訳が出版されて注目を浴びた『ノストラダムスの大予言』的な恐怖心を刺激するだけの終末観に乗っかるようにして聖書の預言を解釈する出版物などが出回り、中には小黙示録と言われるマルコの福音書一三章もそのように読ませてしまうものもずいぶんとありました。しかし、そういう見方をすると、そこでイエスの語る神殿がひたすらに現代から未来にかけての事柄と見えて、一九四八年のイスラエル建国がその前兆として過度に珍重されることとなり、現代の諸事象を直接にイエスの言葉に読み込んで、実際に終末は何年後なのかということに関心を寄せていくことになります。それは当時、冷戦構造の中で核兵器の開発競争が激化していた状況とも重なり、奇妙な説得力をもって響いていましたが、そうした関心は、実際には「その日、その時がいつなのかは、だれも知りません。天の御使いたちも子も知りません」(一三・三二)と語られたイエスご自身のお心に沿うものではありません。また、シオニズムを無批判的に称賛する態度は、恵みを分かち合って平和の証しとするというイエスの目的に沿うものとは言えないでしょう。むしろ、恵みの招きに目を覚まして、「人に惑わされないように」（同五節）、そして「最後まで耐え忍ぶ人」（同一三節）として、すべてをご承知の御父を仰いで（同三二節）歩むことこそが、ここでイエスが語る言葉の真髄なのです。そして、そこを見誤らないためにも、一三章だけを突然に二〇世紀以降の話に飛躍させるのでなく、紀元一世紀の現場におけるイエスの言葉の意味を捉えて、イエスご自身の現場における活動との連結を明確にすることが重要だということです。そのようにしてこそ、福音書記者の現場における意図も見えてきますし、さらには、そこを踏まえて現代の私たちが主イエスの再臨をどのように待望すべきかについても見えてくるのです。

とかく読者は何につけても文章を自分自身の現在に引き寄せて解釈したがるものですし、特に、生ける神の言葉として聖書を読もうとするときには、自分の状況への神の語りかけを意識するものです。確かに、それが敬虔な態度で実存的に聖書を読もうとすることであるならば大切なことと言えますが、それで自分が生きる世界の情勢を聖書の預言の中に読み込んで未来予測に納得を得ようとすると歪みが生じます。読んでいる文章は神の言葉としての聖書とはいえ、歴史のドキュメントという特色を持っているからです。描かれている出来事の現場と執筆現場、さらには執筆に至るまでの歴史的現場に意を用いる必要があります。それでこそ読み取るべき文章の意味が浮き彫りにされてくるのです。しかし、そこを怠って突然に自分の生きる時代を解釈に投影してしまうと、特に終末論に関する事項において聖書とは別の主張が引き出されてくることすら無きにしもあらず、となってしまうでしょう。第二次世界大戦中、西方へと勢力を拡大しようとする日本の背後に神の終末的なみこころを無理やりに読み込もうとした先達の逸脱・失敗を深く反省するものです。

歴史のドキュメントという特色を踏まえ、歴史の現場に働く神のみわざの証言として聖書を読むならば、そこに示されるのは神の約束とその成就という構造で、これが聖書の終末論の基底となっていることが分かります。そして、その中心軸は言うまでもなく主イエス・キリストで、この方が「旧約」と「新約」という約束とその成就を切り結ぶ決定的な出来事を遂行し、歴史をそのゴールへと向かわせるのです。聖書において、この方以外に、この方と並ぶ「時代区分」的なものは認められません。マルコの福音書に言わせれば、「時が満ち、神の国が近づいた。悔い改めて福音を信じなさい」(一・一五)という主イエスの宣教そのものが福音的な終末論の基礎だということなのです。それは、主イエスにおける神の国の決定的接近であり、旧約の満期(成就の開始)であり、やがて迎える完成を確かに約束するものです。そして、この神の国の内実は恵みの支配であるゆえ、悔い改めと信仰をもってその招きに応答するときに恵みに生きて分かち合う交わりが形づくられて、そこに平和が生まれるということで、その完成を志向し待望するというのが福音的な終末論に立つ信仰のあり方ということになるでしょう。

筆者は、この恵みの分かち合いと平和の証し、また、それらを主イエスの活動の中心として終末論的に捉える把握の仕方について様々なところから学んできましたが、その中でも筆者の中で大きかったのは、メノナイト系の神学者たちとの出会いでした。東京ミッション研究所の創設者で、筆者の留学中に様々なアドバイスを下さったロバート・リー博士。筆者の聖書の読み方を一変させた *Journey Toward Holiness*（邦訳は『〈聖〉をめざす旅』東京ミッション研究所、二〇〇〇年）の著者、アラン・クライダー博士。本書は、聖書記述が描く出来事の意味を歴史の現場に徹して実社会のこととして読み取ることを教えてくれました。また、イースタン・メノナイト神学校で教義学と現代神学を指導してくださったトム・フィンガー博士。フィンガー博士の *Christian Theology: An Eschatological Approach* は、タイトルのごとく終末論的に教義学を捉え直す書物で、筆者はいつの日かこれを翻訳したいとの希望を持っています。そして、メノナイトの代表的神学者ジョン・ヨーダーは筆者の研究対象でしたが、その代表作である *The Politics of Jesus*（邦訳は『イエスの政治』新教出版社、一九九二年）がルカの福音書の解釈から主の平和を説き起こしていたことは、このたび筆者がマルコの福音書に取り組むことへの良い刺激となってきました。そのほか、ノーマン・クラウス博士やウィラード・スウォトリ博士、また、ルター派ですがラインハード・ヒュッター博士、メソジスト派のスティーヴ・ロング博士からも、こうしたテーマについて多くを学ばせていただきました。良き出会いのうちに、幸いな学びをさせていただけたことに心から感謝しています。

この先も、受けた学びが単なる理解のレベルにとどまることなく、実践において結実するように祈りつつ、まさしく教会の現場において取り組んでまいりたく願っています。世界情勢などを見ますと心が痛みますが、同時に自らの非力さを感じざるを得ないのが正直なところ。けれども、身近なところで恵みを分かち合って平和を証しする人々の群れを構築しながら、神のみわざを待ち望んでいく者でありたいと考える次第です。

「イエスが《主》である。我々は共に生きることによって次のように宣言する。過去において信実であられた我々の神は、未来においてもその御業を続けてくださる、と。希望を持ち、恐れることなく、我々は人に呼びかける。神のプロジェクトは勝利のうちに終わる。神ご自身がそれをなさる。」

（アラン・クライダー『〈聖〉をめざす旅』）

二〇二四年　秋

基督兄弟団一宮教会牧師室にて

中島真実

＊聖書 新改訳 2017© 2017 新日本聖書刊行会

だから、目を覚ましていなさい

2025年2月20日 発行

著　者　中島 真実
印刷製本　日本ハイコム株式会社
発　行　いのちのことば社
〒164-0001 東京都中野区中野2-1-5
電話 03-5341-6922（編集）
03-5341-6920（営業）
FAX03-5341-6921
e-mail:support@wlpm.or.jp
http://www.wlpm.or.jp/

ISBN 978-4-264-04535-9